互联网金融

李远刚◎主　编

孙茂华　孔　涛◎副主编

清華大学出版社
北京

内 容 简 介

本书通过 10 章的内容把互联网金融置于金融产品和市场参与者的大场景中,讲述了互联网的发展历程、互联网技术推动的金融变革带来的社会问题,以及互联网如何影响未来金融业发展。同时,本书还结合互联网时代的业务场景,专门探讨了数字货币、数字银行、互联网消费金融、大数据金融和供应链金融等新兴互联网金融业态及应用。为了便于读者阅读,本书每章遵循共性的结构,从基本理论概念引入,介绍商业模式和相关技术,不仅配有行业案例分析,而且汇集了相关的政策法规和专家观点,帮助读者全面了解相应行业的产生背景、发展现状和未来展望。

本书可作为高等院校金融、互联网金融、经济、管理等专业本科生、研究生教材,亦可作为从事互联网研究的相关人员的参考资料。

图书在版编目(CIP)数据

互联网金融 / 李远刚主编. —北京:清华大学出版社,2022.6(2025.1重印)
ISBN 978-7-302-60908-7

Ⅰ. ①互… Ⅱ. ①李… Ⅲ. ①互联网络—应用—金融 Ⅳ. ①F830.49

中国版本图书馆 CIP 数据核字(2022)第 087436 号

责任编辑:杜春杰
封面设计:刘 超
版式设计:文森时代
责任校对:马军令
责任印制:刘海龙

出版发行:清华大学出版社
  网　　址:https://www.tup.com.cn,https://www.wqxuetang.com
  地　　址:北京清华大学学研大厦 A 座　　　邮　　编:100084
  社 总 机:010-83470000　　　邮　　购:010-62786544
  投稿与读者服务:010-62776969,c-service@tup.tsinghua.edu.cn
  质量反馈:010-62772015,zhiliang@tup.tsinghua.edu.cn
印 装 者:三河市少明印务有限公司
经　　销:全国新华书店
开　　本:185mm×260mm　　　印　　张:12.5　　　字　　数:296 千字
版　　次:2022 年 7 月第 1 版　　　印　　次:2025 年 1 月第 2 次印刷
定　　价:49.00 元

产品编号:088304-01

前 言 | Foreword

　　人类步入文明时代可以说是从火种的出现开始的，从古至今，社会的发展变革都离不开技术的创新：蒸汽机的诞生让人类进入了蒸汽时代，实现了工业化生产；电力的发明使得科学技术的创新突飞猛进，大大促进了经济的发展；而互联网的出现，则让人类进入信息共享的社会，改变了人类社会的组织和生活方式。现在，我们已经进入了一个新的时代——互联网时代！

　　到底什么是互联网金融？有人说是关于金融服务的互联网应用，也有人说是金融服务科技化发展的产物。在过去的十多年发展中，金融服务迎来了极大的创新。互联网金融作为一种新的金融业态在我国发展迅速，倒逼了传统金融机构的变革与转型，开启了金融创新的又一浪潮。

　　回归到金融的本原，资金如何从盈余方更高效便捷地转向需求方始终是金融服务追求的目标。在互联网时代，金融业为了适应市场环境开始拥抱科技。这种融合不断打破传统金融边界，重塑金融业的服务方式和服务形态。举例来说，在市场定价和资金融通的过程中，如果每一个投资者在做每一个决策前都需要收集、处理并分析海量信息，毫无疑问将大大降低交易达成的可能性。一方面，当交易涉及复杂的会计信息、高难度的数学算法时，大部分投资者和消费者只能求助于专业化的金融机构。另一方面，传统金融机构受制于线下网点数量、服务时长、人力成本等因素，面对不断增长的客户群体，以及金融产品和服务的多元化发展需求，同样面临多重挑战。互联网技术，特别是移动互联网技术作为支撑金融服务机构提升服务效率、压缩成本、改善用户体验的重要应用，大大降低了金融服务的门槛和准入壁垒，成为金融市场上不可或缺的一股力量。

　　随着全球化的发展，尤其是最近的 20 年里，许多新兴国家和发展中国家实现了快速发展，然而这种发展并不均衡。在金融服务领域，全球至今大约有 17 亿人无法享受到正常的金融服务，如存储、支付、保险及信用贷款等。世界银行的一项数据显示，在一些非洲国家，贫困人口几乎生活在现金经济当中，无法接触到现代数字化金融体系。互联网金融的快速发展则极大缓解了这一窘境，即使在没有传统的银行分支机构，甚至缺乏成熟现代金融系统的地区，通过移动互联网，人们也可以享受相对先进的支付服务。毫无疑问，互联网金融的发展极大地提升了金融服务的普惠性。

　　近年来，随着移动互联网、大数据、人工智能、区块链、云计算等前沿科技的快速发展，越来越多的技术被用于金融服务和提升金融行业的效率与安全。数字货币、数字银行、互联网消费金融、大数据金融、供应链金融等新兴互联网金融服务业态开始蓬勃发展，互联网金融的发展趋势没有改变。需要指出的是，新兴互联网金融人才匮乏已成为我国互联网金融发展的瓶颈。因此，建立新兴互联网金融教学体系，培养高等学校互联网金融人才刻不容缓。

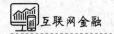

相比其他互联网金融教材，本书主要有以下特点。

（1）内容新颖翔实。本书较为系统地梳理了新兴互联网金融的主要业态，包括数字货币、数字银行、互联网众筹、互联网消费金融、互联网征信、大数据金融、供应链金融以及互联网金融门户等，对这些主要新兴业态的内涵特点、运营模式、风险防范、发展趋势进行了全面介绍，并对国内外互联网金融发展现状及监管情况进行了具体分析，有助于学生了解和掌握整个新兴互联网金融的概况。

（2）理论与实践相结合。本书除了理论教学，还配有相关的案例和分析，突出理论与实践相结合，能够改变学生对理论教学感到枯燥和茫然的学习状态，使其更深入地理解互联网金融理论，学以致用。

本书由上海商学院商务信息学院副教授李远刚主编，具体编写分工如下：第一章、第二章、第三章、第五章、第八章、第九章由李远刚编写；第四章、第六章、第七章由大连交通大学孙茂华编写；第十章由辽宁轻工职业学院孔涛编写。

本书作者虽拥有丰富的教学、科研和金融实践经验，但是由于我国互联网金融仍处于探索与发展之中，囿于时间和个人能力，难免顾此失彼。对于书中存在的错误和不妥之处，敬请学界同人和广大读者批评指正。

编　者

2021 年 11 月

目 录 | Contents

第一章　互联网金融概述

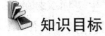

知识目标

◇ 了解互联网金融的发展前景。
◇ 掌握互联网金融的概念。

能力目标

◇ 能够理解互联网金融的特征。
◇ 能够解析互联网金融的发展基础。
◇ 能够认知互联网金融的基本业务。

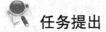

任务提出

支付宝成为全球移动支付厂商

支付宝（中国）网络技术有限公司（以下简称支付宝）是国内领先的第三方支付平台，致力于提供"简单、安全、快速"的支付解决方案。支付宝于 2004 年建立，始终把"信任"作为产品和服务的核心，旗下有"支付宝"与"支付宝钱包"两个独立品牌，自 2014 年第二季度开始成为当前全球最大的移动支付厂商。

支付宝主要提供支付及理财服务，包括网购担保交易、网络支付、转账、信用卡还款、手机充值、水电燃气缴费、个人理财等多个领域。在进入移动支付领域后，支付宝为零售百货、电影院线、连锁商超和出租车等多个行业提供服务，还推出了余额宝等理财服务。

分析：
你的生活被支付宝、微信等类似的移动支付软件改变了吗？

第一节　互联网金融基本概念

一、互联网金融的概念

互联网金融的本质是金融，无论是互联网企业开展金融业务，还是金融机构运用互联网技术改造传统金融服务，两者并无本质上的区别。互联网企业在金融业务中，广泛运用

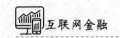

大数据与云计算等现代科技，降低了信息获取、加工与处理的成本，使金融活动的交易成本与信息不对称程度都显著下降，大大提高了普通民众和企业开展金融业务的便利。例如，第三方支付创办理财产品，使普通民众的闲置、小额资金可以更便利地进入金融市场，分享收益。再如，P2P、众筹等互联网融资模式为中小企业获得融资提供了可能。

所谓互联网金融，是指传统金融机构与互联网企业（以下统称从业机构）利用互联网技术和信息通信技术实现资金融通、支付、投资和信息中介服务的新型金融业务模式。互联网与金融深度融合是大势所趋，将对金融产品、业务、组织和服务等产生更加深刻的影响。互联网金融对促进小微企业发展和扩大就业发挥了现有金融机构难以替代的积极作用，为大众创业、万众创新打开了大门。促进互联网金融健康发展，有利于提升金融服务质量和效率，深化金融改革，促进金融创新发展，扩大金融业对内对外开放，构建多层次金融体系。作为新生事物，互联网金融既需要市场驱动、鼓励创新，又需要政策助力、促进发展。

实际上，从现在来看，任何涉及金融领域的互联网应用，都可以称为互联网金融。互联网金融既包括我们所熟悉的支付宝、财付通等第三方支付业务，又包括目前广泛推广的P2P网络贷款及影响范围日益广泛的众筹、互联网借贷、网络保险、网络理财等模式。

P2P（peer to peer）网络借贷就是其中一种融资模式，通常的运作模式是个人通过网络借贷平台以第三方支付方式向他人借出小额资金并收取利息。如阿里小贷，它是阿里巴巴集团为其电商会员提供的一款纯信用贷款产品，开始于2010年，其通过互联网数据化运营模式，为电子商务平台上的小微企业、个体创业者提供可持续性的普惠制的电子商务金融服务，向较难获得贷款的弱势群体提供"金额小、期限短、随借随还"的纯信用小额贷款服务。又如众筹平台，它是指创意人向公众募集小额资金或寻求其他支持，再将创意实施结果反馈给出资人的平台。网站为网友提供发起筹资创意、整理出资人信息、公开创意实施结果的平台收取一定比例的手续费，其核心就是在互联网上通过大众来筹集新项目或办企业的资金，典型的有美国的Kickstarter、国内的众筹网等。由此可见，互联网金融基于网络信息技术，通过大数据、云计算等手段挖掘相关金融数据，在对资金需求者的信用状况做出分析和判断方面显现出一定的优势。

第三方支付和货币市场基金等各类在线理财产品的活跃，一定程度上是因为中国的利率市场化改革滞后，以银行为代表的传统金融机构赚取了很高的利润，技术创新给互联网企业制造了分食利润的机会。但随着我国利率市场化改革的推进，这种大规模的套利机会可能会消失。

互联网金融发展的目的在于满足客户的三大基本金融需求：支付、投资、融资。

二、互联网金融的发展前景

互联网金融是实现普惠金融的重要一环，能服务于传统金融机构未能覆盖的空白人群，为中小微企业带来高效的、定制化的融资服务，有效地弥补传统金融机构的不足；同时可降低信息不对称，提升金融资源配置效率和风险管理水平，转变传统金融服务的理念和业务方式。在互联网金融模式下，传统金融的分工和专业化被淡化，取而代之的是互联网及其相关软件。市场参与者更为广泛，普通大众也可以通过互联网进行各种金融交易；复杂的交易可以大大简化，易于操作，同时业务处理速度更快，更智能。因此，互联网金融是一种更为民主化，更惠及大众的，而不是少数专业精英控制的金融模式。

中国证监会表示，要鼓励互联网金融创新和发展，包容失误，不搞"一刀切"，对互联网金融评价要留有一定的观察期，传统金融行业和互联网金融应形成一种相互博弈、相互促进、共同发展的态势。互联网金融的发展不单吸引大众目光，国家政府对其发展同样极为重视：2015 年，央行等国务院十部委联合印发的《关于促进互联网金融健康发展的指导意见》积极鼓励互联网金融平台、产品和服务创新；互联网金融首次被纳入"十三五"规划战略中。

当下，以 P2P 网贷、众筹、第三方支付、互联网保险等为代表的互联网金融行业发展尤为火热，并朝着健康、理性、合规的方向快速发展，吸引着众多社会资本争相进入互联网金融领域，俨然已成为互联网行业中的"种子选手"。互联网金融发展到今天，已逐渐从"野蛮生长"过渡到规范有序的发展道路上。伴随着移动互联网、人工智能技术的持续发展，互联网金融也将从中吸收精华，获取新一轮发展机遇，迎来蓬勃发展的时期，未来发展前景广阔。具体来看，未来互联网金融可能在以下几个领域有较为深入的进一步发展。

（一）移动支付

智能手机的快速普及催生了移动支付这个巨大行业的发展，我国是一个拥有 10.8 亿手机用户、6.2 亿手机网民的互联网大国，移动支付有可能变革传统的商品交易模式，如 Apple Pay 进入中国，上线两天即完成了 300 万张银行卡的绑定。

互联网实现的一大金融功能便是移动支付。随着手机、iPad 等移动工具的使用，以及支付宝、财付通等网络支付的运用，人们随时随地都可以上网支付。支付宝正是因为其方便快捷的支付方式，牢牢抓住客户，最终获得认可，第三方支付市场也日益蓬勃发展。

在移动支付的年代，应尽量实现账户的多功能性，集购物、支付、投资理财等服务功能于一身的账户，才能给客户带来最大的便利，让客户产生强大的黏性，从而锁定客户。

（二）大数据分析与挖掘

随着产生数据的终端与平台的快速发展，2015 年开始，大数据成了科技界最为火热的话题。依托新兴的大数据分析与挖掘技术，可以从现有数据平台的海量数据中提取出数据的价值；提供数据分析与挖掘服务，可以帮助企业提升营销与广告的精准性，看似指数级膨胀的大数据，貌似负担，实则是无价之宝；借助先进的工具挖掘和分析数据，对用户的行为模式进行提炼和分析，可能为公司在发现新的商机、拓展业务等方面带来极大的惊喜。

移动互联网的应用与发展、金融行业整体业务和服务的多样化、金融市场整体规模的扩大和金融行业的数据收集能力的提高，将形成时间连续动态变化的金融海量数据，其中不仅包括用户的交易数据，还包括用户的行为数据。对金融数据进行分析才能快速匹配供需双方的金融产品交易需求，发现隐藏的信息和趋势，进一步发现商机。

在金融领域，越来越多的机构正在充分运用大数据分析。阿里小贷公司便运用交易数据提供信用评估，据此为申请贷款的客户发放贷款。华尔街的投资高手已经开始通过挖掘数据来预判市场走势，如根据民众的情绪指数来抛售股票，对冲基金根据购物网站的顾客评论来分析企业产品销售状况；银行根据求职网站的岗位数量来推断就业率；投资机构搜集并分析上市企业信息，从中寻找企业破产的蛛丝马迹。麦肯锡在一份"大数据，是下一轮创新、竞争和生产力的前沿阵地"的专题研究报告中提出，对企业来说，海量数据的运用将成为未来竞争和增长的基础。

（三）线上线下互动营销

互联网的应用和新的商业模式的产生，将带动金融服务新方式的诞生与发展。线上线下互动模式，即O2O模式，已经广泛被互联网所关注。过去是泾渭分明的两个世界，即现实世界的传统零售企业和虚拟世界的互联网企业。而虚实互动的O2O新商业模式带动了新的营销方式、支付方式和消费体验方式。

近年，移动互联网加速对用户生活的渗透，而O2O模式很好地结合了线上信息资源与线下实体资源。以用户生活为核心，关注用户细分需求的移动O2O生活服务也取得了大发展。

金融行业相比传统零售行业，更容易采用线上线下互动的商业模式。金融服务的产品大多为虚拟产品，不需要实体的物流运输，规避了物流损耗风险等问题。例如，运用二维码进行营销推广，将大幅度提高营销的直接性及到达率。可以想象，每个金融产品配置一个二维码，当一个客户对公司的资管产品满意度较高并愿意推荐给朋友时，只需要让朋友用手机扫一下产品的二维码，便可直接进入产品页面进行详细了解和订购支付，其他客户的评价也可直观地显示在产品页面，供客户购买参考。再如，对客户的调查活动可通过扫描二维码，填写并点击提交的方式。比起此前的电话、马路调研等人工方式，这一方式将大大降低调研成本，让调研过程与结果更可靠、有效，解决方案也更具针对性。

（四）大平台运用

建立支付体系以及大交易平台，让投资者在平台上实现自助式投资理财、交易融资等一站式的金融服务，这或许是多数金融机构的终极目标。

在大平台运用上，资源实现自主优化配置是核心价值。大量的供求信息在平台上集合，在信息对称、交易成本极低的条件下，形成"充分交易可能性集合"。例如，资金供求信息的交集与配置，使得中小企业融资、民间借贷、个人投资渠道等问题迎刃而解。对于证券公司而言，互联网首先只是一个接触客户的渠道，专业化服务才是让其在竞争中脱颖而出的核心要素。通过大平台展示的个性化、满足客户需求的金融产品与服务，才是证券公司的核心竞争力。

三、互联网金融的特征

互联网金融是互联网技术与金融功能的有机结合，这种结合虽然没有改变互联网金融作为金融的本质，但是依托大数据、云计算、搜索引擎、社交网络等技术，在金融业态和服务体系方面有新的表现。互联网金融是一种创新性的金融形式，具有普惠金融等不同于传统金融的特征。同时，随着互联网技术的不断发展，及其对金融的不断渗透，互联网金融的新模式层出不穷，业务范围不断扩大，表现出发展的动态性和阶段性。

（一）互联网金融是一种新型金融服务模式，具有创新性

"中国式"互联网金融借助互联网平台提供金融服务，是一种新兴金融业态，相比传统金融，互联网金融在金融服务模式方面具有创新性，这主要体现在以下几个方面。

1. 支付结算工具的创新

第三方支付是"中国式"互联网金融发展最早也最为成熟的模式。第三方支付伴随着电子商务的发展而发展起来，最初是为了解决电子商务企业与各银行间结算，以及消费者与卖家间支付的问题。随着电子商务在中国快速发展，互联网企业获得了海量数据，借助大数据和云计算技术分析和挖掘这些数据隐藏的金融需求，逐渐向转账支付、小额信贷、供应链金融、理财产品销售等传统金融领域渗透和扩张。

随着互联网技术和移动互联网技术的发展，支付结算工具从银行柜台发展到计算机，再延伸到移动终端。在这个工具创新过程中，伴随着交易成本的降低，以及支付结算效率的提升，金融服务实体经济能力有所提高，极大促进了第三方支付，尤其是第三方网络支付和第三方移动支付的发展。

2. 投融资模式的创新

互联网金融通过互联网平台将资金需求方和资金供给方连接起来，实现金融"脱媒化"，即摆脱传统的金融中介而进行资金融通。互联网金融借助大数据、云计算等技术拥有快速处理海量信息的能力，能够更快捷地获取资金供求双方的信息，实现更有效的资金期限匹配和风险匹配，提高资源配置效率。

互联网金融降低了投融资门槛。P2P网络借贷模式对投资者的起始投资金额要求很低，100元甚至50元就可以起投；对融资额要求也相对较低，万元以下项目也可以成功融资，大大降低了投融资门槛。

3. 风险管理的创新

在互联网时代，互联网金融运营主体通过互联网平台获取和积累交易双方的信息，将交易双方的资金流动置于有效的监控之下，降低信息处理和加工成本，提高风险管理水平，降低信用违约风险。

相比传统金融，互联网金融通过更加分散化的投资实现风险的分散化。P2P网络借贷、众筹模式均是集众多人的小额资金为某一项目融资，这样个体投资者的风险更加分散化，风险更小。但需要注意的是，信息技术的复杂性和易传播性可能会带来互联网金融的系统性风险。

（二）互联网金融是一种普惠金融，体现金融的普惠化进程

普惠金融也称包容性金融，核心是为社会所有群体提供有效和全方位的金融服务，尤其那些被传统金融所忽视的农村地区城乡贫困群体及小微企业。联合国2006年《建设普

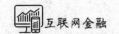

惠金融体系》蓝皮书指出，普惠金融的目标是："在健全的政策、法律和监管框架下，每一个发展中国家都应有一整套的金融机构体系，共同为所有层面的人口提供合适的金融产品和服务。"

互联网金融是普惠金融理念下具有代表性的金融创新，是"开放、平等、分享、协作"的互联网精神与传统金融服务业相结合产生的一个新兴领域。诺贝尔经济学奖获得者希勒教授认为"互联网是推动普惠金融的重要力量"，信息技术可以让金融实现更复杂的功能，如可以利用大数据来精细计算合同价值等。互联网金融具有普惠特性，体现金融的普惠化进程。

从金融服务主体角度看，互联网金融的普惠性表现在增加了金融服务提供者的数量，打破了传统金融体系的垄断，使得越来越多的电子商务平台和互联网企业进入金融行业，增加了市场竞争主体，提升了市场竞争程度。

从金融服务客体角度看，互联网金融的普惠性一是表现在金融服务的多样性。互联网技术和移动互联网技术的发展，及其对传统经济活动的渗透和颠覆，涌现出越来越多的新型产品和新兴行业。支付结算与互联网结合产生了诸如支付宝、财付通等第三方网络支付；货币基金与互联网结合产生了诸如"余额宝"等各类"宝宝"；民间个人借贷与互联网结合产生了诸如宜信、人人贷等 P2P 网络借贷；……凡此金融产品和服务均借助互联网技术而产生，也借助互联网平台而进行传播。二是表现在金融服务对象的广泛性。互联网金融服务对象以被传统金融所排斥的众多中小微企业和小额投资者为主。互联网金融以计算机网络、网络平台为载体，通过分布式协作，为用户提供低成本、高效率、便捷性的金融产品和服务，覆盖传统金融业服务不到的范围。三是表现在金融交易地理范围的拓展。互联网金融通过互联网基础设施的普遍覆盖性，使金融覆盖地理范围大大扩展。传统金融机构网点虽然很多，但还无法覆盖每个村、镇。移动互联网技术的成熟和终端设备的普及极大地拓展了互联网金融服务的地理边界，无线信号覆盖之处皆可开展互联网金融业务。四是表现在金融服务的低成本。无论是传统金融机构通过互联网、移动互联网等开展金融业务，还是互联网企业通过自身已有的平台开展金融业务，均是将一部分或全部业务放在网络上进行，降低了金融服务的提供成本。金融服务的低成本使得金融服务更易于被众多中低收入者所接受，因为这些人群对成本的敏感性更高，即对金融服务的需求弹性较高，相应地，较便利和低成本的金融服务对这些人群带来的边际效用更大。

（三）互联网金融是一种平台金融，具有双边市场性

由于监管严格、垄断性强，银行等传统金融机构缺乏足够的创新空间和动机，互联网企业成为"中国式"互联网金融主体。互联网金融业务是具有双边市场特征的平台企业在依靠各自核心业务成功聚合庞大用户数量基础上发展起来的，这一独特的发展路径使我国互联网金融具有双边业务特征。

双边市场具有如下特征：一是平台企业连接两个不同的用户群体；二是双边用户之间具有交叉网络外部性，即一边用户数量的增加会导致另一边用户数量的增加和效用水平的提高；三是价格总水平不变时，平台企业向两边用户定价结构的不同会影响使用该平台的

用户数量。电子商务平台具有典型双边市场特征。买卖双方构成电子商务平台的双边用户群体，入驻该电子商务平台的卖家数量越多，竞争就会越激烈，买家选择空间越大，就越能够以低价格获得商品和服务；反之，越多的买家选择某一电子商务平台进行消费，卖家获益越大。而电子商务平台为扩展市场，提高用户数量，往往向买家免费，甚至在发展初期向买家给予大量优惠，即向买家定负价格，而向卖家收取一定费用。

利用电子商务平台，双边用户的交易过程其实是一个资金支付和管理过程，在这个过程中，电子商务平台积累了双边用户大量商业信誉、交易规模支付结算等包含金融需求的信息，这使得电子商务企业有先天优势和基础提供金融产品和服务，也使得互联网金融业务具有双边市场特征。第三方（网络）网络借贷和众筹具有典型的双边市场性，以第三方支付为例，收款方和付款方构成支付平台的双边用户，越多的收款方使用该支付平台，会激励越多的付款方使用该平台。同时，支付平台通常不向付款方收费，而向收款方收费，这会促使更多的付款方选择免费的支付平台。

（四）相比传统金融，互联网金融加速了金融的深化

首先，互联网金融极大地提高了金融运行效率。随着平板电脑、手机的普及，其随时上网、携带方便、易于操作的特点，使客户可以随时随地享用互联网金融提供的金融服务。在互联网金融模式下，资金供求双方通过网络平台自行完成信息分析、市场匹配、结算清算、交易转账等业务，操作流程简单，业务处理速度快速，客户不需要排队等候，甚至不需要亲自前往，大大提高了金融运行效率。

其次，互联网金融扩展了金融交易边界。在互联网金融模式下，客户摆脱时间和地域的约束，通过互联网寻找需要的金融资源，使金融服务更直接，客户基础更广泛。例如，传统金融模式中一直困扰人们的小微企业贷款难问题，通过互联网金融模式的运作向人们展示了美好的前景。不管是融360、好贷网这类作为互联网金融门户的网站模式，还是像巨汇财富 GTG 网站和拍拍贷网站这类网络贷款模式，其共同点是通过互联网金融方式为小微企业提供融资贷款服务，覆盖了部分传统金融业的金融服务盲区。

再次，互联网金融降低了交易成本。互联网金融业务主要由计算机处理，比起传统金融业务，操作流程简便，信息对称，凡能计算机系统处理的金融交易尽量不用人力，凡电子渠道能销售的金融产品尽量不用网点，凡能远程集中处理的业务尽量借助互联网用低成本人工和场地，凡数据挖掘能找到的目标客户尽量用移动互联网方式营销客户，从而大大降低了交易成本。

最后，互联网金融凸显需求推动的金融创新。在传统金融模式下，金融创新的主体是金融机构自身，产品与服务的创新模式单一化、同质化、标准化，譬如理财、基金、证券、信托等，产品一旦设计出来，就可以在同业间迅速推广普及，投资者或消费者被动接受这些产品和服务，这是一种明显的供给型金融创新。而在互联网金融模式下，来自用户、消费者的个性化、细分化、非标准化的金融需求成为金融创新的新动力，互联网金融企业根据消费者的消费习惯、风险偏好、信用情况、支付能力等设计开发个性化金融产品和服务，消费者选择的范围更加广泛，市场竞争也呈现多元化、异质性的特征。

第二节　互联网金融发展基础

一、互联网金融的技术基础

（一）移动互联网

移动互联网是指通过各种智能移动终端（如智能手机、iPad、电子书等）接入无线网络（如 2G、3G、4G 移动网络，WLAN、WiMax 等）进行数据交换，从而获得商务、生活、娱乐等互联网应用服务。根据中国工业和信息化部电信研究院发布的《移动互联网白皮书》，移动互联网包括 3 个要素：移动终端、接入网络和应用服务。移动终端是移动互联网的前提，接入网络是移动互联网的基础，而应用服务则成为移动互联网的核心。

一方面，移动互联网将移动通信与互联网连接在一起，用户可直接在移动终端上实现对互联网的访问，无线移动通信网络是数据传输的媒介；另一方面，移动互联网终端具有可移动、随身携带、可定位等特性，伴随着这些特性产生了大量个性化的移动应用服务，拓宽了用户的体验范围。

随着宽带无线接入技术和移动终端技术的飞速发展，人们迫切希望能够随时随地乃至在移动过程中都能方便地从互联网获取信息和服务，移动互联网应运而生并迅猛发展。然而，移动互联网在移动终端、接入网络、应用服务、安全与隐私保护等方面还面临着一系列的挑战，其基础理论与关键技术的研究对于国家信息产业整体发展具有重要的现实意义。

（二）大数据

大数据即一个体量特别大、数据类别特别丰富的数据集，并且这样的数据集无法用传统数据库工具对其内容进行抓取、管理和处理。金融业是大数据的创造者，同时金融业也高度依赖信息技术，是典型的大数据驱动的行业。在互联网金融行业，数据已经成为金融核心资产，大数据的技术基础极大地撼动了传统客户关系、抵质押品在金融业务中的地位。

大数据可分成大数据技术、大数据工程、大数据科学和大数据应用等领域，目前人们谈论最多的是大数据技术和大数据应用。

大数据的"大"通常是为了突出数据规模庞大的特点，指数据量大到超过传统数据处理工具的处理能力，同时它也是一个相对的、动态的概念。后来，大数据又被引申为解决问题的方法，即通过收集、分析海量数据获得有价值的信息，并通过实验、算法和模型，发现规律、收集有价值的见解和帮助形成新的商业模式。

（三）云计算

云计算（cloud computing）是分布式计算技术的一种，是计算机技术和网络技术联合发展的产物。云计算是指 IT 基础设施的交付和使用模式，即通过网络以按需、易扩展的方式获得所需的资源（硬件、平台、软件）。提供资源的网络被称为"云"，"云"中的资源是可以无限扩展的，并且可以随时获取、按需使用、随时扩展、按使用付费。

云计算的特点有以下几点。

（1）超大规模。目前 Google 云计算中心已拥有 100 多万台服务器，亚马逊、IBM、微软、雅虎等的"云中心"均拥有几十万台服务器，企业私有云一般拥有数百上千台服务器，"云"能赋予用户超大规模的计算能力。

（2）虚拟化。云计算支持用户在任意位置、多种终端获取应用服务，所请求的资源来自"云"，而不是固定的有形实体。用户只需一台计算机或者一部手机就可以通过网络服务获得需要的资源。

（3）高可靠性。"云"使用了数据多副本容错、计算节点同构可互换等措施来保障服务的高可靠性。

（4）通用性。云计算不针对特定的应用，同一个"云"可以同时支撑不同的应用运行。

（5）高可扩展性。"云"的规模可以动态伸缩，满足应用和用户规模增长的需要。

（6）按需服务。"云"是一个庞大的资源池，用户需要按需购买。

（7）廉价性。基于"云"的特殊容错措施可以采用非常廉价的节点来构成云，其自动化集中式的管理模式大大降低了数据管理成本，其通用性使资源的利用效率较传统系统有大幅提升，用户可以只花费几百美元、几天时间完成以前需要数万美元、数月时间才能完成的任务。

互联网金融在诞生之初，就意在将互联网技术与金融两个因素相结合，用互联网技术来解决金融行业业务发展的瓶颈，这也限定了它是一种以云计算和大数据为基础的全新金融模式。在互联网金融所使用的技术中，云计算和大数据是相辅相成的，云计算为大数据的存储、处理和分析技术的实现提供了技术基础，通过对大数据的收集、整理、分析、挖掘和深度应用来创新产品、技术、营销和风险管理。

（四）信息技术

信息技术（information technology，IT），是指主要用于管理和处理信息所采用的各种技术的总称，是以电子计算机和现代通信为主要手段实现信息的获取、加工、表达、交流、管理和评价等功能的技术总和。按表现形态的不同，信息技术可分为硬技术（物化技术）与软技术（非物化技术），前者指各种信息设备及其功能，如显微镜、电话机、通信卫星、多媒体计算机，后者指有关信息获取与处理的各种知识、方法与技能，如语言文字技术、数据统计分析技术、规划决策技术、计算机软件技术等。信息技术主要包括传感技术、通信技术和计算机技术。

传感技术——信息的采集技术。传感技术的作用是扩展人获取信息的功能，其包括信息识别、信息提取、信息检测等技术。信息识别包括文字识别、语音识别和图形识别等。信息提取即为信息抽取，是把文本里包含的信息进行结构化处理，变成表格一样的组织形式。信息检测，是指将所得到的信息进行筛选和识别。传感技术、测量技术与通信技术相结合而产生的遥感技术，会进一步提高人感知信息的能力。

通信技术——信息的传递技术。通信技术的主要功能是实现信息快速、可靠、安全的转移。各种通信技术都属于这个范畴。

计算机技术——信息的处理和存储技术。计算机信息处理技术主要包括对信息的编码、

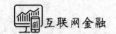

压缩、加密和再生等技术。计算机存储技术主要包括着眼于计算机存储器的读写速度、存储容量及稳定性的内存储技术和外存储技术。

目前，信息技术的核心是微电子技术和软件技术。现在每个芯片上包含上亿个元器件，构成了"单片上的系统"（SOC），模糊了整机与元器件的界限，极大地提高了信息设备的功能，并促使整机向轻、小、薄和低功耗方向发展。软件技术已经从以计算机为中心向以网络为中心转变。软件与集成电路设计的相互渗透使得芯片变成"固化的软件"，进一步巩固了软件的核心地位。软件技术的快速发展使得越来越多的功能通过软件来实现，"硬件软化"成为趋势，软件技术已成为推进信息化的核心技术。

（五）区块链技术

作为比特币的底层技术，区块链（block chain）是一个去中心化的，与比特币相关的重要概念。区块是一串使用密码学方法相关联产生的数据块，每一个数据块中包含了一次比特币网络交易的信息，用于验证其信息的有效性（防伪）和生成下一个区块。

区块链技术在行业领域的重大应用是物联网。顾名思义，物联网是物物相连的互联网，其核心和基础仍是互联网，它在互联网的基础上延展到物与物之间，进行信息交换。物联网的应用场景非常广泛，如院方可以远程监控、调节患者病情，工厂能自动化处理生产线，酒店可以根据客人的个人偏好调节房间内的温度。传统的物联网模式是由一个中心化的数据中心收集所有已连接设备的信息，但这样在生命周期成本、收入方面有严重缺陷。为了解决这个问题，每个设备都必须能自我管理，这样就无须经常做人工维护——这意味着，设备的运行环境应该是去中心化的，它们彼此相连，形成分布式云网络。而要打造这样一种分布式云网络就得解决节点信任问题——在传统的中心化系统中，信任机制比较容易建立，毕竟存在一个中央机构来管理所有设备和各个节点的身份。但对于潜在数量在百亿级的联网设备而言，这几乎不可能做到。然而区块链技术却可以完美地解决这一问题。区块链技术解决了著名的拜占庭将军问题（Byzantine Failures）——它提供一种无须信任单个节点，还能创建共识网络的方法。区块链有着广阔的应用前景，在金融领域的应用还包括数字货币、数字资产、支付等。

二、互联网金融的市场基础

互联网金融发展的市场基础可以从两个方面进行描述：一个是互联网相关产业的成熟与充分发展，它从技术层面提供了金融创新的供给侧可能性，也培育了以互联网方式寻求各种需求满足的消费群体；另一个是现有金融体系中市场空白、垄断高价与套利空间的存在。

（一）发展成熟的互联网相关产业

互联网相关技术和产业的发展毫无疑问是互联网金融创新的技术基础，互联网相关产业的发展与普及培育了大批熟悉和信任互联网、习惯于通过线上方式满足自身需求的消费群体，这是互联网金融产品早期市场化过程中最重要的用户群体。

互联网金融产品用户的线下向线上迁移的典型路径是这样的：上网浏览新闻或搜索→

网上购物→开通网银并关联支付宝或者财付通账号→使用手机终端进行支付或使用其他金融服务，也就是说，互联网金融的用户基本来自其他互联网产业用户的迁移。如果没有在互联网金融之前的其他互联网应用领域——搜索、新闻浏览、游戏、网上购物的丰富经验，如果没有习惯于网上购物而产生的网络支付依赖，很难想象互联网金融产品能在短时间里吸引大批的用户。更为重要的是，早期发展的互联网应用产业所培育的用户群体以低龄和白领人口为主，当他们转化为互联网金融的消费者时，随着年龄和资历的提高，其收入水平和投资能力都处在生命周期的快速发展期，这个用户群体的金融需求非常旺盛。互联网金融是典型的网络产业，早期面临用户基础建立的难题，但如果能够达到临界规模（critical scale）和行业"触点"（tip point）就会引发爆发式增长，而其他互联网行业恰恰为中国的互联网金融培育了这批用户。

（二）金融行业的市场空白、垄断高价与套利空间

互联网金融能够发展的另一个市场基础在于金融领域本身未被满足的潜在市场需求，以及由于金融管制或机构垄断所形成的套利空间。正是由于这一市场基础的不同，世界各个经济体的互联网金融产品形态、平台的运行主体和模式呈现出不同的特点。

互联网金融创新在早期的发展阶段以填补现有金融体系留下的市场空白，连接金融网络中的断点为市场切入点。例如，中国的网上第三方支付工具的大规模使用源于网上购物的支付需求。在一些发达国家，如日本，信用卡是网购的首选支付方式，但中国的支付市场情况是信用卡使用率很低，支付方式的缺乏是电商发展的严重瓶颈。近年来，美国市场 Apple Pay 和 Square 支付的发展也基于相似的原因。在线下交易中，由于成本或系统的问题，一部分商家没有安装 POS 机，不能使用银行卡支付。Apple Pay 和 Square 则通过智能手机、读卡器和移动通信网络建立了一个持卡人银行卡和商家银行账号之间的连接，在小额零售市场支付中占据了一席之地。

互联网金融的市场基础不仅仅在于其他互联网相关行业的发展以及现有金融体系中市场空白的存在这样一些外部因素，更重要的是互联网金融开拓者们基于互联网思维、不受传统金融范围的创新精神。近十年来，这个群体盯住"长尾市场"，不断试错，基于实体经济的各种场景开发金融产品，以改善消费者体验为至上目标来设计流程和整合产品。他们的创新植根于对技术的真正理解和对消费者的充分尊重，这才是真正推动互联网金融发展的市场基础。

第三节　互联网金融相关实务

一、网络贷款实务

网络贷款，简称网贷，又称 P2P 网络借贷。P2P 是英文 peer to peer 的缩写，意即个人对个人、点对点信贷，国内又称"人人贷"。P2P 网络借贷是指个人或法人通过独立的第三方网络平台相互借贷。一般来说，是由 P2P 网贷平台作为中介机构或平台，借款人在平

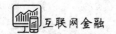

台发放借款标，投资者进行竞标向借款人放贷的行为，一般需要借助电子商务专业网络平台帮助借贷双方确立借贷关系并完成相关交易手续。借款者可自行发布借款信息，包括金额、利息、还款方式和时间，实现自助式借款；借出者根据借款人发布的信息，自行决定借出金额，实现自助式借款。

这种债权债务关系的形成脱离了银行等传统的融资方式，资金出借人可以明确地获知借款人的信息和资金的流向。在 P2P 网贷模式中，P2P 网贷平台在借贷双方中充当服务中介的角色，通过安排多位出借人共同分担一笔借款额度来分散风险，同时也可以帮助借款人以较优惠的利率条件获得融资。2015 年 7 月 18 日，央行会同有关部委牵头、起草、制定互联网金融行业"基本法"——《关于促进互联网金融健康发展的指导意见》（以下简称《指导意见》），其中规定："网络借贷包括个体网络借贷（即 P2P 网络借贷）和网络小额贷款。个体网络借贷是指个体和个体之间通过互联网平台实现的直接借贷。在个体网络借贷平台上发生的直接借贷行为属于民间借贷范畴，受合同法、民法通则等法律法规以及最高人民法院相关司法解释规范。个体网络借贷要坚持平台功能，为投资方和融资方提供信息交互、撮合、资信评估等中介服务。个体网络借贷机构要明确信息中介性质，主要为借贷双方的直接借贷提供信息服务，不得提供增信服务，不得非法集资。网络小额贷款是指互联网企业通过其控制的小额贷款公司，利用互联网向客户提供的小额贷款。网络小额贷款应遵守现有小额贷款公司监管规定，发挥网络贷款优势，努力降低客户融资成本。网络借贷业务由银监会负责监管。"

2015 年 12 月 28 日，《网络借贷信息中介机构业务活动管理暂行办法》正式公开征求意见，网贷作为互联网金融业态中的重要组成部分，近几年的发展呈现出机构总体数量多、个体规模小、增长速度快以及分布不平衡等特点。许多业内人士表示，网贷行业形成以来由于监管政策和体制缺失、业务边界模糊、经营规则不健全等，在快速发展的同时也暴露出一些问题和风险隐患。

从《指导意见》中我们可以看出，P2P 平台在互联网金融领域只是一个中介角色，仅仅承担信用认定、信息匹配、利率制定以及法律文本起草的责任，不仅不能介入借贷交易，也不能替出借人分担借款人的信用风险，借贷违约的风险全部由出借人自己承担。

二、众筹实务

众筹翻译自国外 crowdfunding 一词，即大众筹资或群众筹资。众筹由发起人、跟投人、平台构成，具有低门槛、多样性、依靠大众力量、注重创意等特征，是指一种向群众募资，以支持发起的个人或组织的行为，一般而言是通过网络上的平台连接赞助者与提案者。众筹利用互联网和社交网络服务（social network service，SNS）传播的特性，让小企业、艺术家或个人能够对公众展示他们的创意，争取大家的关注和支持，进而获得所需要的资金援助。

相对于传统的融资方式，众筹更为开放，项目的商业价值不再是获得资金的唯一标准。只要是网友喜欢的项目，都可以通过众筹方式获得项目启动的第一笔资金，为更多小本经营或创作的人提供了无限的可能。

一般来说，众筹具有以下一些特征。

（1）低门槛：无论身份、地位、职业、年龄、性别，任何有想法、有创造能力的个人都可以发起项目。

（2）多样性：众筹的方向具有多样性，在国内众筹网站上的项目类别包括设计、科技、音乐、影视、食品、漫画、出版、游戏、摄影等。

（3）依靠大众力量：支持者通常是普通民众，而非公司、企业或是风险投资人。

（4）注重创意：发起人必须让自己的创意（设计图、成品、策划等）可展示，这样才能通过平台的审核，而不单单是一个概念或者一个点子，要有可操作性。

筹资项目必须在发起人预设的时间内达到或超过目标金额才算筹资成功。筹资成功后，发起人可获得资金；筹资项目完成后，支持者将得到发起人预先承诺的回报，回报方式可以是实物，也可以是服务；如果筹资项目失败，那么已获得资金全部退还支持者。众筹不是捐款，支持者一定要有相应的回报。

三、互联网支付实务

随着经济的发展和支付手段的增加，各国先后对第三方支付机构进行了定义。1999 年，美国《金融服务现代化法案》将第三方支付机构界定为非银行金融机构，将第三方支付视为货币转移业务，本质上是传统货币服务的延伸。1998 年，欧盟《电子货币指令》规定第三方支付的媒介只能是商业银行货币或电子货币，将类似 PayPal（贝宝）的第三方支付机构视为电子货币发行机构。2005 年，欧盟《支付服务指令》规定第三方支付机构为"由付款人同意，借由任何电信、数码或者通信设备，将交易款项交付电信、数码或网络运营商，并作为收款人和付款人的中间交易人"。中国人民银行 2010 年颁布的《非金融机构支付服务管理办法》将非金融机构支付服务定义为"在收付款人之间作为中介机构提供下列部分或全部货币资金转移服务：互联网支付、预付卡的发行与受理、银行卡收单"。

从电子交易、电子货币和电子认证技术三大角度综合来看，第三方支付机构概念为：运用信息网络、电子货币及电子认证技术，提供个人、企业和机构用户之间支付结算、资金清算等货币资金转移及其延伸服务，从而实现电子交易中资金流与信息流高效匹配的现代非银行金融中介服务机构。

所谓第三方支付，就是一些与产品所在国家以及国内外各大银行签约，并具备一定实力和信誉保障的第三方独立机构提供的交易支持平台。在通过第三方支付平台的交易中，买方选购商品后，使用第三方平台提供的账户进行贷款支付，由第三方通知卖家货款到达、进行发货；买方检验物品后，就可以通知付款给卖家，第三方再将款项转至卖家账户。

第三方支付机构通常可在用户之间提供银行卡收单、互联网支付、移动支付、预付卡支付、电话支付、数字电视支付等多种形式的支付服务。

四、互联网消费金融实务

（一）互联网消费金融的概念

互联网消费金融是"互联网+消费金融"的新型金融服务方式，它是指银行、消费金融公司或互联网企业等市场主体出资成立的非存款性借贷公司，是以互联网技术和信息通信技术为工具，以满足个人或家庭对除房屋和汽车之外的其他商品和服务消费需求为目的，向其出借资金并分期偿还的信用活动。在我国，互联网消费金融有着特定的经营服务范围。《指导意见》将互联网金融业态分为互联网支付、网络借贷、股权众筹融资、互联网基金销售、互联网保险、互联网信托和互联网消费金融七大类。其中，互联网支付、网络借贷和互联网消费金融属于广义消费金融范畴。但是从《指导意见》的表述看，我国对互联网消费金融采取了相对严格的界定：一是互联网消费金融不包括互联网支付，互联网消费金融属于银监会监管，而互联网支付属于中国人民银行监管；二是互联网消费金融不包括网络借贷，特别是 P2P 网络借贷；三是互联网消费金融业务的缩小化。

（二）互联网消费金融的产业链

完整的互联网消费金融产业链包括上游的资金供给方、消费金融核心圈及下游的催收方或坏账收购方，其中消费金融核心圈又包括消费金融服务提供商、零售商、消费者和征信/评级机构四部分。

上游的资金供给方包括消费金融服务商的股东、消费金融服务商的资产受让方、P2P网贷平台投资人等。消费金融服务提供商包括银行、互联网消费金融公司、大学生消费分期平台、提供消费分期服务的电商平台、P2P 网贷平台等。零售商是广义的零售商，包括各种消费品和服务的经销商。下游的催收方式、专业的催收公司、坏账收购方是专门收购坏账的金融机构。

其中，消费金融核心圈分为消费者支付和消费金融服务提供商支付两大模式，第三方独立征信与评级在现阶段缺失，消费金融服务提供商风险控制成本较高。

（1）消费者支付模式，是消费金融服务提供商先给消费者发放贷款，消费者在消费时自行支付给零售商。这种模式的产品主要有信用卡和综合性消费贷款，对于综合性消费贷款，消费金融服务提供商难以控制消费者的资金流向。

（2）消费金融服务提供商支付模式，是消费者在进行相应消费时消费金融服务提供商直接向零售商支付，这一模式可以保证专款专用，但需要消费金融服务提供商拓展更多合作商户。目前，互联网消费金融平台"美利金融"采用的就是消费金融服务提供商支付模式，其旗下的力蕴汽车金融和深圳有用分期，在消费者提出购买二手汽车和 3C 电子产品的借款申请后，直接将钱款支付给零售商，贷款目的更为明确且真实。

在消费金融核心圈中，第三方征信与评级是消费金融服务提供商风险控制的关键环节，但目前国内信用体系建设滞后，个人征信与信用评级体系在现阶段处于缺位状态。

五、互联网保险实务

互联网保险又称网络保险，指实现保险信息咨询、保险计划书设计、投保、交费、核保、承保、保单信息查询、保全变更、续期交费、理赔和给付等保险全过程的网络化。实践中表现为保险公司或新型第三方保险网以互联网和电子商务技术为工具，来支持保险销售的经营管理活动的经济行为，是一种新兴的以计算机互联网为媒介的保险营销模式，有别于传统的保险代理人营销模式。

就目前互联网保险品种来看，现阶段占比高的为理财型业务和车险。但从近阶段互联网保险的业务开展情况来看，目前的这些险种与渠道并非互联网保险真正的突破点，也不能将其视为未来互联网保险的发展方向，而在互联网生态链上的保险、技术驱动保险及空白领域的保险等或是下一步的主流。从风险管理的角度，互联网保险应该从目前简单的风险转移、转嫁功能向风险降低过渡，这是保险本质的真正体现。

六、互联网基金实务

互联网基金销售是指基金销售机构与其他机构通过互联网合作或自行销售基金等理财产品的行为。与传统的基金销售相比，该模式充分利用了互联网的便捷性。传统的基金销售是基金管理机构自行销售或委托第三方渠道进行代销理财产品的模式，主要利用门店及渠道来推广销售。这些销售方式具有明显的地域性及时间性，受制于物理网点的时间与空间，营业网点的关门停业及位置均影响基金的销售。而互联网大大拓宽了时空维度，不受物理网点时间与空间的限制，大大提高了交易的效率，降低了销售的成本与费用。

互联网基金销售平台是指以互联网和电子商务技术为工具开展理财产品业务的媒介或渠道，这个平台在实践中大概有四种情形：第一类是包括基金管理公司在内的财富管理公司自己利用互联网技术开展理财产品业务而搭建的平台，其实质是"理财产品+互联网"；第二类是财富管理公司借助第三方互联网平台开展理财产品销售业务，主要是大型的电子商务平台或互联网比价平台等；第三类是大型的互联网公司开展理财产品销售业务；第四类是独立的第三方机构运用互联网开展理财产品销售业务。

七、互联网金融征信实务

互联网金融下的征信模式可在传统金融征信模式基础上进行创新，有以中国人民银行征信中心为代表的政府主导型模式、以电商征信机构和金融征信机构为代表的市场主导型模式、以互联网金融协会信用信息中心为代表的行业会员制模式三种选择。

（1）丰富政府主导型模式下征信中心的数据库，中国人民银行、征信中心采集的金融机构的贷款、信用卡等记录，有系统技术成熟、规模效应、信息保密性强等优势。在互联网金融下，可逐步接入 P2P、众筹等网络贷款平台，并征集相关信用记录，在为互联网金融企业提供服务的同时丰富中国人民银行征信中心的数据库。

（2）以电商征信机构和金融征信机构为主，设立市场主导型模式的征信机构。电商组建征信机构利用自身用户多、交易数据包含的信息量大的特点，通过大数据、云计算充分挖掘数据信息，控制信贷风险，并对外提供征信服务。金融机构组建征信机构，通过组建电商平台，并利用综合牌照、风险管理能力等优势，将交易数据和传统资产负债、抵押物等信息综合，充分挖掘银行、证券、保险、信托、基金等信息，控制信贷风险，并对外提供征信服务。

（3）以互联网金融协会为依托，设立行业会员制模式征信机构。互联网金融协会设立征信机构，通过采集互联网金融企业信贷、物流信息开展征信活动，并免费实现会员共享，也可向非会员开放收取金融中介服务费用。

在互联网金融征信业务发展初期，以政府主导型模式为主，互联网金融企业可充分利用中国人民银行征信系统，了解借款信用，控制信贷风险。随着互联网金融企业逐步成熟，中国人民银行征信系统可逐步接入 P2P、众筹等平台，收集信用数据，完善征信系统的数据库，逐步引导市场主导型模式健康发展，鼓励互联网电商平台、金融机构组建征信机构，在充分保护个人信息和企业商业秘密的前提下，开展征信活动，条件成熟的可以对外提供征信服务。同时，要完善相关立法，加快建设互联网金融征信行业标准。

知识巩固

1. 简述互联网金融的含义。
2. 互联网金融的发展基础是什么？
3. 简述互联网金融的基本业务。

案例讨论

陆金所的风险监控模式

陆金所全称是上海陆家嘴国际金融资产交易市场股份有限公司，于 2011 年 9 月成立于上海，注册资本 8.37 亿元，是中国平安保险（集团）股份有限公司旗下成员之一。美国 Lend Academy 调查报告显示，截至 2019 年 10 月，陆金所已经是世界上第三大 P2P 平台，并且是其中增长最快的平台。在 2012 年 8 月，陆金所正式推出"稳盈-安 e 贷"时，月交易额不足 4000 万元，而到 2014 年 7 月，日交易额已接近 3000 万元，这是传统金融产品难以企及的成长速度。陆金所是全球第三大 P2P 平台，但陆金所绝不满足于此，陆金所给自己的定位是大金融资产交易平台，为达此目标，陆金所倾力打造了两大交易平台：网络投融资平台（Lufax）和金融资产交易服务平台（Lfex）。

Lufax 是陆金所的个人金融服务即 P2P 网贷业务，Lufax 平台提供了多种产品，包括稳盈-安 e 贷、稳盈-安业贷、富盈人生、专项理财和 V8 理财五种产品。陆金所尽管也采用 P2P 模式，但与 LendingClub 等都存在一些差异，主要体现在"线上+线下"模式、平安集团全额担保、标准化产品。

"线上+线下"模式：陆金所的投资者全部是从网站上直接获客而来，但部分借款人仍然来源于线下的渠道，由线下门店推荐而来的借款申请人在网站提交借款申请后，在网点提交纸质申请资料（陆金所在国内有 26 个服务网点）。面对面的资料审核虽然有助于陆金所控制信用风险，但也给陆金所获客的地域和实效性带来了不良影响。

平安集团全额担保：陆金所 Lufax 平台上的产品（除 V8 理财外）都由平安提供全额担保，平安集团的背书基本保证陆金所 P2P 网贷的零信用风险。平安集团拥有数十年综合金融经验，在无抵押贷款方面较早进入市场，结合平安集团 7000 多万客户的大数据，形成了成熟的个人金融消费风险管理数据模型。陆金所及合作的担保公司还组建了国际化专业风控团队，邀请在美国和亚洲超过 20 年风控经验的风控专家加入，仅风控团队的人数就达100 多人，进行严格的风险管理。为防范欺诈风险，针对借款人，陆金所全部采用线下验

证方式，要求借款人到指定渠道进行身份验证及资料核对，再将资料上传到后台进行统一风控审核。

资料来源：王慧杰. 起底陆金所的前世今生[EB/OL]. （2021-01-29）[2022-03-16]. http://www.hmszqq. com/ArticleShow4.asp?ArticleID=7395.

讨论题：

我国 P2P 网络借贷平台发展现状如何？通过查找资料进行小组讨论，并给出自己的观点。

第二章　数 字 货 币

知识目标

✧ 了解数字货币的定义。
✧ 掌握数字货币的种类。
✧ 掌握数字货币的风险。

能力目标

✧ 能够理解数字货币的监管。
✧ 能够解析数字货币的特征。
✧ 能够认知中国数字货币发展现状。

任务提出

推动数字人民币国际合作　深圳先行示范区方案释放重磅信号

央行数字货币再迎重磅政策利好。2021 年 10 月 11 日，中共中央办公厅、国务院办公厅印发了《深圳建设中国特色社会主义先行示范区综合改革试点实施方案（2020—2025年）》，其中提出，在央行数字货币研究所深圳下属机构的基础上成立金融科技创新平台。支持开展数字人民币内部封闭试点测试，推动数字人民币的研发应用和国际合作。

同日，央行副行长陈雨露亦在《中国金融》杂志撰文称，要加快中央银行法定数字货币的研发和可控试点，保障支付安全；加强金融科技创新研究及其在金融基础设施建设中的应用，拓展金融基础设施覆盖范围，弥合数字鸿沟，提升运行效率与监管效能。

央行法定数字货币是顺应数字化经济发展，但对各国央行来说，法定数字货币仍是新事物。我国积极推动法定数字货币研发应用与国际合作，加强数字货币安全、监管等方面信息共享和经验交流，不仅有利于我国法定数字货币健康发展，也将加快推动数字货币服务全球经济社会，实现共赢。

资料来源：岳品瑜，刘四红. 推动数字人民币国际合作 深圳先行示范区方案释放重磅信号[EB/OL].（2020-10-11）[2022-03-16]. https://baijiahao.baidu.com/s?id=1680259959944690055&wfr=spider&for=pc.

分析：

有观点认为，数字货币将是未来货币市场竞争的制高点。对此，你怎么看？

第一节　数字货币概况

一、数字货币的定义和种类

（一）数字货币的定义

传统观念认为，货币就是法币，确定其职能是价值尺度、流通手段、储藏手段、支付手段和世界货币，并根据使用方式将其划分为现金、票据、卡基支付、移动支付等不同的支付手段。在互联网时代，网络空间逐渐成型并与物理空间并存，社会大众对货币的认识变得宽泛，认为"货币就是法律规定或世俗约定能够用于支付的手段"，前者为法定货币，后者为私人货币，并出现了虚拟货币、数字货币等概念。

迄今并未有关于数字货币权威统一的界定，根据当前大多关于数字货币的论述，数字货币（digital currency）即数字化的货币，它是指以互联网为基础，以计算机技术和通信技术为手段，以数字化的形式（二进制数据）存储在网络或有关电子设备中，并通过网络系统（包括智能卡）以数据传输方式实现流通和支付功能的网络一般等价物，具有货币最为基本的交易、流通等职能。数字货币是互联网时代社会经济发展到一定阶段出现的一种新型货币形态，它以满足用户的安全性与便利性需求而存在，也代表了未来货币存在形式的发展方向。

与数字化货币相关联的还有一个概念，即货币数字化。货币数字化是指通过数字设备实现货币支付与资金转移的行为。货币数字化不创造货币，不会导致货币总量的变化，只是为用户提供了一种更快捷的货币使用方式。借记卡、信用卡等银行卡均属于货币数字化的手段，卡片本身不储藏价值，仅用于识别身份，使用者可以连接到自己的储蓄账户或信用账户，并实现已有货币的转移，但不会产生新的货币，只是通过商业银行的服务避免了实物货币的使用，并且理论上必须是实名制的。

此外，电子货币、虚拟货币也是经常与数字货币相提并论的两个概念。通常情况下，电子货币是与银行账户相关联的记账式货币，如卡基支付、移动支付，属于前述的货币数字化，是法定货币；虚拟货币则不属于法定货币，包括数字加密货币（如比特币）和非加密商业货币（如 Q 币、积分等）两种类型，其价值完全由市场决定。在实际应用中，虚拟货币与数字货币的概念越来越融合。

（二）数字货币的种类

当前存在的数字货币从技术原理上来分有非加密货币和加密货币两种。

1. 非加密货币

非加密货币通常是指网络社区虚拟货币，由公司或者私人等自我发行，不需要通过计算机的显卡 CPU 运算程序解答方程式即可获得。比较知名的非加密货币有国外的 Amazon Coin、Facebook Credits 等，以及国内百度公司的百度币、腾讯公司的 Q 币、新浪的微币等。

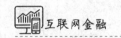

由于其依据市场需求可无限发行，所以不具备收藏以及升值的价值。

非加密货币在现实中具体表现为服务币、游戏币等种类。服务币一般只能通过用户在互联网上的特定行为获得，且仅在封闭虚拟社区使用，如论坛积分、迷你豆等。这类服务币由于没有在全网推广因而使用范围较窄，但是被各种论坛和站点频繁采用，使用频率较高。游戏币则可通过实体货币购买，但购入后不能或者很难兑换回实体货币，如Amazon Coin、Q币等。此类货币使用范围较广，以Q币为例，其不仅可用于购买腾讯公司的商品或服务，还可在第三方兑换平台上出售。虽然腾讯公司禁止将Q币兑换回人民币，但由于第三方兑换平台的存在，Q币可以用来购买电话充值卡，实际上实现了人民币的兑换过程。另外，在网游、论坛等地方，也有不少虚拟货币的获取和使用。目前困难的是各种货币之间兑换关系不固定，渠道也不畅通，还没有形成统一货币的影响力。

2. 加密货币

加密货币是一种新型的数字货币，有人又把它称为算法货币，它依据全世界的计算机运算一组方程式开源代码，通过计算机显卡、CPU大量的运算处理产生，并使用密码学的设计来确保货币流通各个环节的安全性。基于密码学的设计可以使加密货币只能被真实的拥有者转移或支付。新型的数字加密货币不依靠法定货币机构发行，也不受中央银行管控，因而对现行以中央银行为核心的货币发行和货币政策体系形成了冲击和挑战，也受到明显的质疑。目前比较知名的数字加密货币有Bitcoin（比特币）、Litecoin（莱特币）等。

数字加密货币与其他非加密货币最大的不同，是其总数量有限，具有极强的数量稀缺性。因为这一组方程式开源代码总量是有限的，如果想获得，就必须通过计算机显卡CPU的运算才可以。正因为加密货币总量有限，具有稀缺性，所以开采的越多，剩下的就越少，币值就升得越高，就好像地球上埋在地里的黄金，数量有限，永不贬值，而计算机运算方程式代码的运算过程就好比金矿挖矿，因此，数字加密货币的产生过程被形象地比喻成"挖矿"。通过挖矿开采出来后，加密货币就是一串代码，跟人民币左下角的那一串序列号一样，谁拥有这一串序列号，谁就拥有这一加密货币的使用权。

除了非加密货币与加密货币的这种分类方法，早在2012年，欧洲中央银行按照是否与法定货币存在自由兑换关系把虚拟货币（数字货币）分成了三类：第一类是两者之间不存在自由兑换关系的，只能在网络社区中获得和使用，如各种游戏币；第二类是可以通过法定货币来换取的，用来购买虚拟或真实的商品或服务，但不能兑换回法定货币，如Amazon Coin等；第三类是两者之间能相互兑换，并可用来购买虚拟或真实的商品或服务，如Bitcoin等。美国将Bitcoin之类的数字加密货币称为可转换的虚拟货币，并将其从税收的角度归类为特殊商品。

由于非加密货币的货币属性相对较弱，当前关于数字货币的关注点主要在加密货币上。

二、数字货币的特点

（一）货币形态的虚拟性

虚拟性是数字货币最为显著的特征。数字货币在网络虚拟社区中虽然也可以显示成为金黄色的金币或者其他外形，但是它只是技术上的显示方式。事实上，数字货币只是以磁信号、光信号等形式储存于计算机系统中的一段二进制数据，这与现实中的法定货币的形式——纸币和硬币完全不同。

（二）应用时空的局限性

数字货币的局限性体现在空间和时间两个方面。从空间上来看，数字货币存在于互联网系统或平台，而且目前的非加密数字货币也仅仅是流通于各自的网络平台及游戏之中，离开了特定的虚拟社区便不再具有任何价值。从时间上来看，每个企业每款游戏都不可能永远存在下去，都有自己的经营周期，当企业走向破产、游戏被玩家冷落时，相应地，这部分数字货币就会退出市场，也可能会出现新的虚拟货币。即使是数字加密货币，受监管等因素的约束，目前从使用的空间范围上也有很大的局限性。有关研究发现，比特币自产生以来，大部分并没有参与流通，它们被转入特定账户之后，就从流通中消失了。

（三）交易价格的不稳定性

现实货币的发行是由中央银行按照市场上经济发展对货币的需求状况，以及国家的宏观货币政策制订相应的计划，尽可能确保市场的稳定和促进经济的发展。但是非加密数字货币的发行种类与数量都是由网络运营商决定的，价格也由其任意决定，而加密货币的价格更是波动剧烈。

以比特币为例，2009 年诞生时几乎一文不值，2011 年初价格为 0.3 美元，短时间内迅速攀升至 30 美元左右；2013 年价格又出现大幅度波动，11 月曾达到 1300 美元，然后很快回落，价格持续震荡；2016 年 4 月，价格基本在 450 美元左右；2017 年 12 月，比特币达到历史最高价 19 850 美元；2018 年 11 月，比特币有所回落，跌破 4000 美元大关，后稳定在 3000 多美元；2019 年 4 月，比特币再次突破 5000 美元大关；2020 年 2 月，比特币突破了 10 000 美元；2021 年 2 月，比特币价格突破 50 000 美元。2021 年 6 月，萨尔瓦多成为世界上第一个赋予数字货币法定地位的国家，比特币在该国成为法定货币。

从供求关系来看，比特币的供给固定，总量有限但其需求波动较大。与黄金相比，供求关系对价格影响有所不同，二者面临的需求曲线大体相同，但供求曲线差异大。比特币价格波动剧烈的原因主要有两个方面：一是挖矿能力与货币供给无关，使得其无法通过提高挖矿能力来增加货币供给从而减轻货币价值增加的压力；二是挖矿能力本身不稳定，在比特币价值增加时挖矿有利可图，而当比特币价值下降时，挖矿缺乏激励，支付网络的处理能力也很快降低。此外，比特币的价格受重大媒体舆论事件的影响也比较大。

（四）计量单位的特殊性

现实中的法定货币分为主币和辅币，而且各单位之间都存在着固定的换算关系。我国相关银行法规定，人民币的单位是元，辅币单位是角和分，主辅币单位换算遵循十进位制。但是数字货币是以电磁信号、光信号等形式储存于计算机中的二进制数字化信息，因此没有必要做出主币与辅币的区分，每种数字货币都有自己的计量单位，具有较强的可分性，适用于小微型交易，一个比特币可以被细分到小数点后 8 位，0.00000001BTC 是比特币的

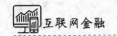

最小单位。

除了以上特点，相对于纸币而言，数字加密货币还有如下特点：省去了印刷数据审核、防伪、排运流通、保险库保管等各方面的成本；完全去中心化，没有发行机构，不可能操纵发行数量；依托互联网，无国界限制，全球流通方便快捷；账户具有隐匿性，只有一串无规律字符，不体现账户拥有者的特征，一个人还可拥有很多账户；尚无监管机构，交易费用低，任何商店使用加密货币交易，可省去税收成本。

三、数字货币的本质

与以往现实货币相比，数字货币的虚拟性并不是最重要的，最重要的是内在价值问题。也就是说，虚拟数字货币代表的价值，与一般货币代表的价值具有什么样的联系与区别。货币问题是现代性范畴的问题，虚拟的数字货币问题则是后现代性范畴的问题，它们之间并不共享同一基础范式，而正是范式的差异导致了两者的不同。

（一）价值形成机制不同

一般货币与虚拟货币的价值基础不同，前者代表效用，后者代表价值。从行为经济学的观点推导，货币作为一般等价物，它所"等"之"价"，语言上虽称为价值，但实际上是指效用。而数字货币代表的不是一般等"价"之"效"，而是价值本身。

数字货币不是一般等价物，而是价值相对性的表现形式，或者说是表现符号；也可以说，数字货币是个性化货币，在另一种说法中，也可称为信息货币，它们的共性在于都是对不确定性价值、相对价值进行表示的符号。原有含义的货币，只能是新的更广义货币的一个特例。货币既可作为一般等价物的符号，也可作为相对化价值集的符号。

（二）货币决定机制不同

一般货币由央行决定，数字货币由个人决定。一般货币的主权在共和体中心，数字货币的主权在分布式的个体节点。从信息经济学的角度看，一般货币是数字货币的一个特例。这种特例的特殊点在于：第一，参照点不变，因此，价值从一个集被特化为一个可通约的值，当参照点不变时，价值等同于效用。第二，效用相对于参照点的得失不变，这意味着，参照点所拥有的值是一个稳定的理性值、均衡值，在理性经济中，参照点也可能不变，但仍是一个散集，其不同在于这个散集中的每一个点（实际成交价）都是不稳定的，只有均衡值是稳定的；但在数字货币的价值集中，每一个点都可能是稳定的，相反是那个理性均衡值可能是不稳定的。

反映到货币决定机制上，央行正是理性价值的一个固定不变的参照点的人格化代表，而虚拟的货币市场（如股市、游戏货币市场）是由央行之外的力量决定的。正是在这个意义上，在经济学中有人把股票市场称为虚拟货币市场，把股市和衍生金融市场形成的经济称为虚拟经济。虚拟经济的本质是以个体为中心的信息经济。

（三）价值交换机制不同

一般货币的价值转换，在货币市场内完成；而数字货币的价值转换，在虚拟的货币市场内完成。一般货币与数字货币的价值交换，通过两个市场的总体交换完成，在特殊条件下存在不成熟的个别市场交换关系。因此，一般货币与数字货币处于不同的市场。

现实中的法定货币能够用来购买商品，如果想再换成货币可以再将商品卖出，这样货币和商品的双向互换交易就实现了，进而保证了市场上货币的供给与需求的协调，为我国央行制定和实施科学合理的货币调控政策提供了保障。但是目前的网络数字货币市场并没有形成这种机制，人民币可以兑换成某种特定的虚拟货币，但是数字货币不能再兑换成人民币，只能由人民币向数字货币单方向流通，缺乏退出机制。

（四）货币创造能力不同

现在的数字货币不需要提现，实行的是完全零储备制度，加之以互联网为基础的网络支付更加便捷，进而加快了数字货币的流通速度，这样就让数字货币在理论上具有了无限扩张的能力。在这种情况下，尽管网络运营商不会无限地提供虚拟物品，但是虚拟数字货币的交易量依然可以无限倍地放大。

（五）风险不同

数字货币的风险大于现实法定货币，现行发行货币是由国家根据市场情况发行的，以国家和中央银行的信誉为担保，但是数字货币均是由不同的企业根据自身的需要而设计开发的，以发行机构本身的资产和信誉为担保。

第二节　数字货币的产生与发展

一、数字货币的产生

数字货币的产生是货币自身发展在技术进步推动之下的演进结果。货币随着简单交换而产生，其形态随贸易交换发展而变化，每一次形态的演变，从具体到抽象，从实体到观念，货币都在试图任何一种使用价值，充当价值符号，寄身于纸币、信用卡、电子终端设备中，不断向社会化、虚拟化的方向发展。

在历史上，商品货币表现为实物货币、金属货币两种形式，这种货币兼具商品与货币的双重职能，其作为货币的价值与作为商品的价值相等。物物交换限定了交易的发展，这种生产关系不再满足生产力的发展，随即过渡到信用货币。信用货币发行都有一定的担保，国家发行的主权货币也是依靠国家的信用而强制流通的，货币信用担保也因国家的强制发行流通实现了具体化向抽象化的发展，从具体的物品到抽象的符号，实现了货币发展的一次飞跃。货币由纸质形态进入电子化时代，纯粹地变成一串数字符号。这种电子货币是一种以电子脉冲代替纸张进行资金传输与存储的货币，它的出现使得存取款、投融资、交易等有关的交易都变成数字化的电子数据交换形式，货币开始向着无纸化方向发展，实现了第二次质的飞跃。

互联网的发展创造了繁荣的虚拟网络环境与丰富的虚拟网络产品，从而产生了数字货

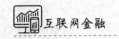

币利用网络社会进行的交易，这种货币是一种存储在网络服务器的数据文件，依赖于整个互联网而存在，其货币形态更进一步虚拟化。

（一）数字货币的产生

世界上第一种数字化货币是由被誉为"数字货币之父"的戴维·乔姆发明并发行的。乔姆20世纪70年代在美国加州大学获得博士学位，作为数学家、密码学家和计算机专家的他于70年代末，开始研究如何制作数字化货币。他看到互联网潜在的巨大商机，认为在互联网上必须有自己的网络货币，它可以在互联网上自由流通，成为互联网上商品交易的货币媒介；同时它又应是一种无纸货币。经过多年的辛勤钻研，乔姆终于获得了成功，并于1995年开始在互联网上发行数字化货币。由于数字化货币属于金融创新，各国也未有法律规定不允许发行，他发行数字化货币也就不违法。为使发行成功并得到流通，他详细地说明了数字化货币的发行理念和使用方法。凡是向他申请使用互联网数字化货币的1000名网络货币发烧友，均可免费获得500元数字化货币，在互联网上出售各种数字化商品的商人均可在网上定价，通过互联网向购买者收取数字化货币。由于互联网上许多软件是免费赠送的，与其白送，不如收取一些数字化货币，聊胜于无；同时，互联网上有些商品滞销，无人问津，与其等着，不如卖一点算一点，哪管数字货币是否值钱。对于前1000名申请者来说，这500元数字化货币是免费得到的，又能用它购买一些网络产品，何乐而不为呢？就这样，50万元数字化货币很快就发行完了。令人振奋的是，确有商人接受这种货币，这样有买有卖，乔姆的数字化货币就开始在互联网上流通了。

数字化货币是以电子化数字形式存在的货币，是由0和1排列组合成的通过电路在网络上传递的信息电子流，其发行方式包括存储性质的预付卡（电子钱包）和纯电子系统形式的用户号码数据文件等形式。数字化货币与信用卡和电子支票不同，它是层次更高、技术含量更多的电子货币，不需要连接银行网络就可以使用，并具有不可跟踪性。但从技术上讲，由于各个商家和个人都可以发行数字化货币，如果不加以规范控制和标准统一，将不利于网上电子交易的正常发展。

1995年年底，由于乔姆发明的数字化货币使用者越来越多，它竟然被设在美国密苏里州的一家"马克·吐温"银行所接受。该行在网上刊登广告，招揽生意，凡是在该行拥有存款账号的客户，均可在国际互联网上拥有自己的数字化货币账户，用户有权将自己存款中的美元或其他货币转为互联网数字化货币，从而在互联网上进行交易时，使用这种电子货币进行支付。如果接受这种数字化货币的商人在马克·吐温银行也拥有自己的账号，整个交易就能顺利完成。

自此以后，各种科研机构和高科技公司陆续开发出各种各样的数字化货币及其支付系统，直至2009年比特币的诞生，引起世人对新型数字加密货币的广泛关注。

（二）数字加密货币产生的技术基础——区块链

当前的数字加密货币基本上都采用了与比特币相同或相似的工作原理，其底层技术和基础架构就是区块链，其核心思想延续了"无法被追踪的匿名特征"并且"政府的作用被排斥在外"。区块链本质上是一个去中心化的巨大分布式账本数据库（即分布式记账系统），是一串使用密码学相关联所产生的数据块，每一个数据块中包含了多次数字货币网络交易有效确认的信息。随着加密交易不断产生，"矿工"不断解密验证交易，创造新的区块来记录最新的交易，这个账本就会一直增长和延长。新的区块按照时间顺序线性地被补充到原有的区块末端，就构成了区块链。区块链上保留每个节点比特币的余额信息，并随着自身的延长向各个节点进行自动更新。

在数字货币的交易过程中，为了保护交易者隐私和避免同一货币被多次使用，可以采用公钥密码原理和分布式时间戳技术。在保护隐私方面，公钥可以作为数字货币的接收地址，私钥被用来确认账户中货币的转移支付。公钥与电子邮件相似，是公开的；私钥与电子邮件密码相当，通过它才能对信息进行访问和处理。接收者的公钥地址和交易信息（包括本次和上次的交易数额及费用等）都通过互联网传递，发送者会使用私钥对交易信息进行数字签名，并向支付网络发送交易信息。

交易信息的有效性（包括该信息是否由特定发送者发出、发送者是否对交易货币拥有所有权以及该货币是否被重复使用等）需要进行确认。与传统金融体系中由中央结算机构来确认每笔交易的有效性所不同的是，数字货币（如比特币）网络中只有一个全局有效性的交易链，并分布式储存在支付网络的每一个节点。为避免无效信息的泛滥和网络恶意攻击，支付节点产生新的交易模块时需要进行复杂的计算，被视为支付节点的工作证明。该计算是一种概率很低的随机碰撞试验，需要消耗支付节点大量的计算资源，因此率先完成工作证明的节点会得到一定的奖励，这个过程被称为"挖矿"。"挖矿"不仅是新的数字货币产生的过程，同时也保证了货币支付平台的高效运行。

由上可见，支撑数字加密货币的区块链技术拥有以下主要特点。

（1）去中心化。整个网络没有中心化的硬件或者管理机构，任意节点之间的权利和义务都是均等的，且任一节点的损坏或者失去都不会影响整个系统的运作。因此，也可以认为区块链系统具有极好的稳定性。

（2）去信任。参与整个系统的每个节点之间进行数据交换是无须互相信任的，整个系统的运作规则是公开透明的，所有的数据内容也是公开的。因此，在系统指定的规则范围和时间范围内，节点之间是不能也无法欺骗其他节点的。

（3）集体维护。系统中的数据块由整个系统中所有具有维护功能的节点来共同维护，而这些具有维护功能的节点是任何人都可以参与的。

（4）可靠数据库。整个系统将通过分布式数据库的形式，让每个参与节点都能获得一份完整数据库的拷贝。除非能够同时控制整个系统中超过51%的节点，否则单个节点上对数据库的修改是无效的，也无法影响其他节点上的数据内容。因此，参与系统中的节点越多和计算能力越强，该系统中的数据安全性就越高。

（5）开源。由于整个系统的运作规则必须是公开透明的，因此对于程序而言，整个系统必定会是开源的。

（6）隐私保护。由于节点和节点之间是无须互相信任的，因此每个参与的节点的隐私都受到保护。相较于其他技术，区块链技术较好地解决了分布式系统中进行信息交互时面临的"拜占庭将军问题"难题。其分布式的授权机制，让安全性大大高于那些将权限数据储存于中心化数据库的形式；而分布式的加密特点，保证了没有中心数据库可以被侵入或篡改。随着区块链在数字货币清算结算、数字资产管理等方面的推广，区块链技术的独特效应正在逐步显现。一般认为，区块链已经或即将发生从区块链 1.0 到区块链 3.0 的演变。区块链 1.0 主要是指支撑比特币的基础技术；区块链 2.0 是其在金融业务上的延伸，其应用涵盖金融机构、金融工具和智能合约；区块链 3.0 包括行业中的新兴应用，除了银行和金融科技，它包括在备案管理、知识产权管理、物联网、教育应用和政府管理等诸多方面的使用。

二、数字货币的发展

在历史演进的漫漫长河中，不同时期、不同区域都出现过不同形态的货币。即使是传统的支付方式被电子化之后，底层的支付技术也几乎没有根本性的改变，银行体系仍然是其很重要的构成。以比特币为代表的数字加密货币的出现实际上创新了一种新的支付模式，尤其是创造了一个全新的全局分布式账户系统。人们将可以通过该系统进行支付，而不再依赖银行系统的支持。数字货币自出现后交易量在迅速上升。

1982 年，David Chaum 最早提出了不可追踪的密码学网络支付系统。

1990 年，David Chaum 将他的想法扩展为最初的密码学匿名现金系统，这个系统就是后来所谓的 ecash。

1998 年，Wei Dai 发表文章阐述了一种匿名的、分布式的电子现金系统，他将其命名为"b-money"。同一时期，Nick Szabo 发明了"Bit gold"。和比特币一样，"Bit gold"也设置了类似的机制，用户通过竞争解决"工作量证明问题"，然后将解答的结果用加密算法串联在一起公开发布，构建出一个产权认证系统。"Bit gold"的一个变种是"可重复利用的工作量证明"，开发者是 Hal Finney。

2008 年，中本聪在 metzdowd 的密码学邮件组列表中发表了一篇论文，论文描述了比特币的电子现金系统。

2009 年 1 月 3 日，比特币网络诞生，中本聪本人发布了开源的第一版比特币客户端。Bitcoind，世界上第一个比特币区块链诞生，世界上首批 50 个比特币同时被创造出来。一年以后，比特币的第一个公允汇率诞生了，来源是 bitcointalk 论坛上用户之间的自发交易。该交易是一名用户用 10 000 比特币购买了一个比萨饼。比特币最为主要的参考汇率是 Mt.Gox 交易所内比特币与美元的成交汇率。

2011 年，维基解密、自由网、Singularity Institute、互联网档案馆、自由软件基金会以及其他的一些组织，开始接受比特币的捐赠。电子前哨基金会（electronic frontier foundation）也接受了一段时间的比特币捐赠，但是随后宣布停止，因为比特币这样的货币系统在历史上没有先例，基金会对于其法律前景的不确定性感到担心。一些小型的企业也开始接受比特币，LaCie 公司是一家上市公司，接受比特币作为其 Wuala 服务的付款方式。

2012 年 10 月，BitPay 发布报告说，超过 1000 家商户通过他们的支付系统来接收比特币的付款。

2012 年 11 月，WordPress 宣布接受比特币付款。声明说肯尼亚、海地和古巴等地区遭受国际支付系统的封锁，比特币可以帮助这一地区互联网用户的购买服务。

2013 年 4 月，海盗湾、EZTV 开始接受比特币捐款。

2013 年 4 月，中国四川省雅安地震后，公募基金壹基金宣布接受比特币作为地震捐款。

2015 年，数字货币在欧洲相关国家和地区的交易量超过了 10 亿欧元。数字货币作为一种金融工具正在被欧洲的大多数国家认可，挪威在货币数字化的道路上处于全球领先地位。

2016 年 1 月 20 日晚，中国人民银行数字货币研讨会在北京召开，进一步明确央行发行数字货币的战略目标，做好关键技术攻关，研究数字货币的多场景应用，争取早日推出央行发行的数字货币。

2016 年 11 月 15 日，中国央行旗下《金融时报》报道称，央行数字货币研究所筹备组组长姚前表示，中央银行发行的数字货币目前主要是替代实物现金，降低传统纸币发行、流通的成本，提升经济交易活动的便利性和透明度。央行数字货币是由央行发行的、加密的、有国家信用支撑的法定货币。

2019 年 8 月 10 日，中国人民银行支付结算司副司长穆长春在中国金融四十人论坛上表示，央行数字货币即将推出，将采用双层运营体系。

虽然新的技术更快捷、便宜、安全和透明，但现有的系统不但运行得很好，在某些方面甚至比早期的区块链技术更加优越。美国存管信托和结算公司的白皮书指出，目前区块链技术还未成熟，还有内生规模化限制，并缺少下层结构，不能完全整合到既有金融市场环境之中。因此，该技术可能不会是每个问题的解决办法。美国佛蒙特州议会的一份报告指出，把区块链应用到公共记录管理系统中的代价可能要超过它潜在的收益。

美国兰德公司近期的报告认为虚拟货币和区块链对国家安全将产生重大影响。2016 年 1 月，IMF 总裁 Christine Lagarde 在达沃斯论坛中指出，虚拟数字货币及其相关技术是金融领域的重大进步，我们可以借助它们提高效率，但是这些技术同样也可被用来洗钱、恐怖组织融资和逃税。IMF 认为，各国政府很可能很难对上述技术达成一个清晰且一致的定义，因为区块链技术的"去中心化"性质很难符合传统监管模式。德国 MEP 委员会委员 Jakob von Weizsacker 指出，如果区块链的使用成几何级数增长，监管者应当在其发展到非常大之前理解这种技术，否则容易出现很多风险。

三、数字货币的风险

作为一种时间短、速度快、效率高、费用低的微型支付媒介，数字货币提高了市场效率，推动经济更快发展，在一定领域内执行了货币的价值尺度和流通手段职能，具有近似货币的性质。但是与传统货币相比，数字货币的交易平台脆弱，监管环节薄弱，一旦出现问题，连锁反应必然会导致一定的金融风险。虚拟货币的深入发展，是否会影响央行的宏观调控，是否会造成全球通货膨胀，都对现行的金融政策提出了挑战。

（一）市场操纵风险

因为数字货币可以通过组建"矿机"挖取，所以若在某数字货币尚未红火之时，投入大量资金开采数字货币并在市场上逢低吸纳，当其在市场上占有一定比例时，如 15%以上，便可能操纵整个市场。相对于股票市场中的小盘股而言，操纵一个新兴的非比特币的数字货币市场更为容易。普通投资者在这样的市场中想要赚钱难度极大。

因此，避免市场操纵风险的对策之一就是要形成行业自律，平台应对账户进行监控。对平台中出现大批量吸入数字货币的行为应予以警示乃至停止其交易，谨防其依靠大资金操纵市场。但考虑到数字货币本身所倡导的互联网精神，做到这一点极其困难。另外，当前各个平台均为非官方机构，平台间信息共享非常困难，且很难通过身份验证、银行账号便锁定是否为同一集团在进行建仓及操纵市场。

（二）流动性风险

数字货币经常因为市场深度不足，在非理性繁荣思维或突发性恐慌后，市场价格暴涨暴跌，很难以合理价格买入或卖出，尤其在大资金或大批量虚拟货币进入市场时，此现象尤为明显。

因此，数字货币的现有参与者可考虑积极向政府和民众推荐这一品类，增加市场参与者；对比特币采取 FOF 的方式运作，即形成投资于该数字货币的投资基金，允许投资者按份额购买，而非必须以整数形式购买；大平台应有一定的数字货币储备，形成有实力的做市商来保障遭遇大资金突发性冲击时，可以吸纳市场上出现的大量数字货币或资金；做好对投资者的教育工作，市场上的成熟参与者越多，市场越趋于稳定。

（三）平台风险

当前有很多数字货币平台，基本都需要将资金存入该平台进行买入或卖出。有些平台为了吸引投资者的加入，往往会提供免手续费的优惠条件。但有些免费的平台风险较大，如 2013 年 10 月，一家在中国香港注册的比特币交易平台以"遭黑客攻击"为由，突然跑路，高管全部失踪，其后估算，本次事件卷走了大约 3000 万元人民币。

因此，投资者应在确定自己是否投资数字货币、具体投资哪种数字货币后，对平台进行考察和甄别，不要受手续费高低的蝇头小利影响，应选择有实力、声誉好的平台进行交易；投资者应关注自己所投资平台的各类消息，做好对其声誉变化的观测；监管机构应将数字货币的交易平台纳入监管范畴，要求其缴纳准备金及保证金，预防此类风险发生。

（四）流通风险

货币的根本职能之一就是能够在商品流通过程中，不断地充当购买手段，实现商品的价值。迄今为止，只有少部分商家接受数字货币作为支付手段进行流通。或者可以说，当下进行数字货币投资的参与者，相当一部分是以博取差价为目的，而只有一小部分是怀着将其视为未来的货币进行提前储藏的目的。因此，解决数字货币的流通问题，必须要增加市场上愿意接受数字货币作为支付手段的商家数量。

（五）法律主体风险

数字货币目前仍处在法律和监管的灰色地带，面临着合法化的挑战。2013 年 12 月 5 日，中国人民银行会同工信部、银监会、证监会和保监会印发了《关于防范比特币风险的通知》，声明比特币应当是一种特定的虚拟商品，不具有与货币等同的法律地位，不能且不应作为货币在市场上流通使用。

美国国税局发布的 2014 年第 21 号通告称比特币及其他虚拟货币将被视作财产而不是

一种货币。从互联网精神来看，去中心化的比特币是最符合网上世界的虚拟货币的，其发行权不可能集中在某一家机构，但是从文化和习惯上说，能否为广大消费者接受，恐怕还有较长的路要走。总而言之，数字加密货币的法律主体地位确立仍有很长一段路要走。

此外，数字货币未实名的账户存在安全隐患。由于比特币交易在监管之外，所以暂时不需要纳税，可是其进一步发展，可能会威胁传统货币的利益，给现行的金融法律制度带来冲击，给各国的宏观经济调控带来困扰，因此，各国政府对比特币的合法性会有一段相当长的探讨时期。

四、数字货币的监管

数字货币给监管带来的挑战主要表现在以下三个方面。

（一）没有中心化的管理机构

在一般的监管法规中，核心内容即是监管机构对中心机构提出合规性要求，中心机构依据合规要求开展业务活动。但数字加密货币没有任何中心机构发行和维护，一旦参与数字货币交易的消费者遭受损失，就会使得损失无法追溯，这使得监管需要创新来适应新环境。

（二）匿名性

传统金融机构需要执行严格的客户识别程序，以避免其参与非法金融活动，因此除现金外，其他常用金融交易形式都和客户信息相关联。而数字加密货币提供了更多的匿名性，使得非法行为也更容易藏匿。

（三）易受攻击

在数字货币协议里，交易一经确认不能被取消。曾经屡有比特币被盗，盗窃的问题不仅出现在个人计算机的使用者，还包括从事比特币交易的商业机构，比如 Mt.Gox 在遭受黑客攻击后丢失大量比特币以致破产；一些黑客在用户不知情的情况下，控制计算机用于"挖矿"，将"挖矿"所得非法占有。

数字货币的重要使命之一就是部分替代现金，降低现金印制、发行、清分、销毁的巨大成本。因为数字货币并不同于现有的"去中心化"的数字加密货币，所以尝试建立数字货币的技术实现框架，首先要深入研究数字货币的主要特性和边界约束条件，逐渐形成符合国家治理能力现代化要求，成为社会共识的数字货币需求，然后才能确定区块链技术如何改进和"为我所用"。

因此，要成为一种广泛使用的支付手段，数字货币须具备区别于传统电子货币和现有其他数字加密货币的显著特点，在监管中要加强各方面的力度和投入，包括安全性、可控匿名性、不可重复性、周期性、系统无关性，并且要在开放互联环境中达到很高的交易性能。

1. 安全性

为了应对有组织、大规模的网络攻击，数字货币体系可采取无中心模式或多个分中心模式。为了保障数字货币的正确性、一致性和完整性，应采取足够安全可控的密码算法以

及密钥分发保存机制。为提高应用安全性，防范病毒、木马侵犯以及后门威胁，数字货币载体（如手机）需要一个可信、可控、可管的使用环境，并在其中储存数字货币及持币人的信息最小集。

2. 可控匿名性

为了区别于电子货币并被持币人所青睐，同时兼顾反洗钱、反恐怖融资等要求，数字货币不能实名也不能完全匿名，货币当局不能直接或通过商业银行间接为持币人建立账户。可控匿名性表现在两个方面：一是在使用环节（转移数字货币所有权）登记持币人变动数字货币的信息，类似于现在采集纸币冠字号和比特币的"挖矿"操作；二是保持追踪持币人身份的线索信息。

3. 不可重复性

不可重复性主要体现在以下三个方面：一是数字货币必须可识别，通过不变的标识号（ID）和系列参数保证其唯一性，并可用技术手段确认；二是数字货币的正常付款过程不可逆；三是数字货币使用历史不可篡改、不可抵赖。

4. 周期性

数字货币没有整洁度要求，不存在损毁和残旧回笼等问题，但在算法破译持币人个人密钥泄露、关键网络节点被劫持等特殊情况下，首先，数字货币需要全面"换版"或进行挂失，并且确保"换版"或挂失操作的及时性、有效性，衔接好同一数字货币新旧版本的使用记录。其次，还需要考虑和解决数字货币的"大小票兑换"问题。

5. 系统无关性

数字货币应尽量减少网络依赖和系统依赖，做到脱机小额支付、与现金和电子货币自由转换，适用于包括自然灾害在内的各种复杂环境。基于以上考虑，数字货币的技术实现框架的核心是云计算和加密算法（包括对称加密算法、非对称加密算法、散列算法及其组合）。具体包括以下四个方面。

（1）建立两级系统结构。维持整个比特币体系稳定运行的动力，是参与者以"挖矿"操作（对一个时间段内的交易打包生成区块链）抢夺作为战利品的比特币。为控制货币发行量，数字货币体系不能采用类似的奖励机制，需要由货币当局建立若干登记中心系统，以完成货币发行、使用登记、"换版"等各种操作，形成"控制中心（发行库）—登记中心（业务库）"的两级系统结构。

控制中心将在线控制、监测整个数字货币体系的运作。为提供快速扩充的计算与存储能力，数字货币两级系统采用云计算技术架构，系统之间采用安全可控的量子通信技术。云计算技术架构有较好的健壮性，但需要重视和解决开放环境中的"云安全"。

（2）使用加密算法体系作为加密技术。单一加密算法将面临较大的安全风险，必须使用多种加密算法构成组合加密算法，分别用于识别和保护持币人、网络节点、数字货币、数字货币交易等。组合加密算法是数字货币体系的核心和基础，须由国家密码管理机构定制设计。除了加密之外，区块链技术抵御攻击的思路是"算法加密与信息公开相结合"，以"信息改不了"代替"信息很难改"，这一做法极有创意并值得借鉴。

为每枚数字货币建立永久标识代码。为保证每枚数字货币的唯一性，并且防止被窃取冒用和重复使用，每枚数字货币的标识代码（类似纸币冠字号）经数字签名后，与持币人公钥、最近若干次支付历史信息一起，形成可用技术手段鉴别的数字货币信息。持币人使用注册名。为提高匿名程度和保护持币人隐私，不使用网络实名制、有限实名制（前台昵称，后台实名），也不在持币人注册时采用多种关联信息进行交叉身份验证。不过，持币人每次操作的网络地址、地理位置信息都会记录下来，作为特定情况下追踪交易和排查持币人身份的线索，从而达到可控匿名性的要求。

（3）采用"分布式记账"的账本技术。把交易散列值组合成为前后链接的区块（交易记录集）并进行快速分发，每个网络节点都拥有账本的一致性、可追溯副本，从而大大降低了账本篡改风险，这是区块链技术具有较高网络攻击抵御能力的重要原因。不过，数字货币是开放环境中的高频支付手段，沿用"分布式记账"的做法，数据同步量大而且受制于网络，需进行精巧的流程再造和应用设计。

采用分区记账方式。与微机和有线网络相比，智能手机的计算、存储和交换能力始终较弱，账本及其副本"尺寸"不能太大，因此可以在全网交易的基础上划分记账区域，并分别记账，同时设计分布式数据存储机制、定时核对机制，在数字货币体系建设中兼顾安全与效率。

对交易结果进行数字签名。区块链技术记载了每个比特币"出生至今"的使用历史（散列值），进而通过全网副本的一致性比较降低账本篡改风险。在数字货币体系中，账本"尺寸"缩小且不一定全网分发副本，可对交易信息进行数字签名，增加账本篡改难度。

（4）数字货币钱包技术。在移动互联时代，被誉为"人体器官"的智能手机作为数字货币载体，显然优于芯片卡等其他方式。智能手机之间的数据交换，除了使用无线网络之外，还包括蓝牙近场通信（NFC）等面对面方式，降低了对POS机、ATM等受理终端的依赖。智能手机必须具备相对独立于手机操作系统的可信执行环境和硬件安全模块，存储和处理关键敏感信息。钱包软件自动检测运行环境的安全性，并确认关键敏感信息是否被篡改。

第三节　中国数字货币的现状

一、中国数字货币的产生

随着数字经济的发展，数字货币由幕后走向台前，并衍生出一个新兴的名字——央行数字货币。央行数字货币是经国务院批准计划发行的法定数字货币。

法定数字货币，是指由中央银行依法发行，具备无限法偿性，具有价值尺度、流通手段、支付手段和价值储藏等功能的数字化形式货币。

根据金融资产流动性的大小、中央银行对经济运行监测和货币政策操作需要，我国中央银行于1994年第三季度开始正式确定货币层次的划分。

M0=流通中的现金，即流通中的实物现金。

M1=M0+企业活期存款+机关、团体、部队存款+农村存款+个人持有的信用卡存款。

M2=M1+城乡居民储蓄存款+企业存款中具有定期性质的存款+信托类存款+其他存款。

M3=M2+金融债券+商业票据+大额可转让定期存单等。

互联网金融飞速发展，支付方式快速吸收互联网技术和信息通信技术实现电子支付形式。当前传统电子支付主要涉及流动性相对较高的 M1-M0 部分，其中企业、居民活期存款可以通过银行网络支付、移动支付完成电子支付，其他形式的银行存款也可以较快地通过商业银行网上业务转换为活期存款而具备电子支付功能；脱离了商业银行支付系统，但存储于第三方支付机构账户中的余额亦可通过相应的 APP 完成电子支付。在 M1 货币统计口径内，脱离了商业银行的支付体系，又没有成为第三方支付机构账户余额的实物现金。M0 尚未数字化，不具有电子支付能力。

中国自 2014 年开始着手，准备 6 年之久的央行数字货币（DCEP，digital currency electronic payment，数字货币及电子支付工具）项目定位于数字化 M0，替代实物现金。具体来说，是以一种具有电子支付功能的加密数字形态对现有实物现金的替代。这种替代降低了货币印制、投放、回笼、销毁等方面的资源能源消耗，具有更高的支付便捷度。因其与实物现金一样具有无限法偿能力，且同属于央行直接负债，在逐渐替代实物现金的过程中，将会同实物现金一起重新定义 M0 外延，实现数字化 M0。

二、中国数字货币的特征

在与信用货币、电子货币、现金货币、私人数字货币的对比中，DCEP 的特征逐渐清晰，"点对点+电子支付+央行信用"是央行数字货币的主要特征。

信用货币，是以信用作为保证的货币。广义来讲，指由国家法律规定的，强制流通不以任何贵金属为基础的独立发挥货币职能的货币，目前世界上几乎所有国家主权货币都采用这种形态。狭义来讲，指由商业银行信用作为支撑的、整个银行系统利用超额准备金进行贷款所派生的银行存款。此处讨论涉及信用货币的狭义概念。

电子货币，指利用互联网和计算机技术将现金或存款兑换为代表相同金额的数据，并可通过电子通信方式进行信息流交换从而实现支付结算功能的货币。随着互联网的高速发展，电子支付方式越来越流行。

现金货币，即实物现金，指主权国家法律确定的、央行发行的、实物形态的、具有无限法偿能力的交换媒介，包括中央银行发行基金保险库、商业银行业务库、流通中的现金。

私人数字货币。一种不受管制的、数字化的货币，通常由开发者发行和管理，被特定虚拟社区的成员所接受和使用，性质上类似于在一定范围内可流通的商品。世界主流的私人数字货币包括比特币 BTC、以太币 ETH、瑞波币 XRP、比特币现金 BCH、艾达币 ADA、LTC 莱特币、新经币 XEM 等。

"电子支付"指交易双方、金融机构之间使用电子手段把支付信息通过信息网络传送到银行或相应的结算处理机构，来实现货币交易流转的支付方式。DCEP 的电子支付就是使 M0 脱离物理实物形态，以加密数字串形态接入电子支付方式。

"点对点"指的是货币在交易流转过程中，支付方与对手方不必须暴露真实身份的匿名性。DECP 的点对点支付就是将实物现金的匿名性融入电子货币中。值得注意的是，电子支付的信息流天然具有可追踪性，因此中央银行将全部 DCEP 的流转确权登记归于中央银行登记中心处理，从而实现对商业银行、第三方支付平台等其他金融机构匿名的可控匿名性。

"央行信用"指货币由央行信用作为支撑。DCEP 的央行信用指其作为实物现金的替代品，同样具有高于银行存款和第三方支付平台账户余额的央行信用，是一种主权范围内具有最高信用的无限法偿法币。DCEP 的央行信用就是以央行信用弥补比特币等虚拟货币缺乏价值支撑的缺陷。

"点对点+电子支付+央行信用"内涵体表明了 DCEP 相比于其他货币的区别，体现了中国央行应对全球在支付结算服务的发展，私人数字货币对支付体系、经济运行、金融稳定等方面带来的冲击，在货币创新上的探索设计思路。

三、中国数字货币的发展

近年来，各主要国家和地区央行及货币当局均在对发行央行数字货币开展研究，新加坡央行和瑞典央行等已经开始进行相关试验，中国人民银行也在组织进行积极探索和研究。

2014年，中国央行成立专门的研究团队，对数字货币发行和业务运行框架、数字货币的关键技术、发行流通环境、面临的法律问题等进行了深入研究。

2015 年，央行发行数字货币的系列研究报告，央行发行数字货币的原型方案完成两轮修订。

2016 年 1 月，央行召开数字货币研讨会，进一步明确了央行发行数字货币的战略目标，指出央行数字货币研究团队将积极攻关数字货币的关键技术，研究数字货币的多场景应用，争取早日推出央行发行的数字货币。

2016 年 11 月，央行确定使用数字票据交易平台作为法定数字货币的试点应用场景，并启动了数字票据交易平台的封闭开发工作。

2017 年 1 月，央行在深圳正式成立数字货币研究所。

2017 年 2 月，中国人民银行推动的基于区块链的数字票据交易平台测试成功，将开展基于区块链技术的数字票据交易平台建设相关工作。

2018 年 1 月，数字票据交易平台实验性生产系统成功上线试运行，并结合区块链技术前沿和票据业务实际情况对前期数字票据交易平台原型系统进行了全方位的改造和完善。

2018 年 3 月，全国金融标准化技术委员会成立了法定数字货币专项工作组，人民银行召开 2018 年全国货币金银工作电视电话会议，会议指出"稳步推进央行数字货币研发"。

2018 年 9 月，中国人民银行数字货币研究所推出的湾区贸易金融区块链平台上线试运行，初步构建了数字化贸易金融生态圈。

2019 年 7 月，在数字金融开放研究计划启动仪式暨首届学术研讨会上，中国人民银行研究局局长王信曾透露，国务院已正式批准央行数字货币的研发，央行在组织市场机构从事相应工作。

2019 年 8 月 2 日，央行在 2019 年下半年工作电视会议上表示将加快推进法定数字货币的研发步伐。8 月 10 日，央行支付结算司副司长穆长春在中国金融四十人伊春论坛上表示，"央行数字货币可以说是呼之欲出了"。8 月 18 日，中共中央、国务院发布关于支持深圳建设中国特色社会主义先行示范区的意见，提到支持在深圳开展数字货币研究等创新应用。8 月 21 日，央行官微发布两篇有关数字货币的文章，一是发表于 2018 年 1 月的副行长范一飞谈央行数字货币几点考虑，二是支付结算司副司长穆长春 8 月 10 日在伊春的演讲。

截至 2019 年 12 月，已有诸多国家在"央行数字货币"研发上取得实质性进展或有意发行"央行数字货币"，包括法国、瑞典、沙特、泰国、土耳其、巴哈马、巴巴多斯、乌拉圭等。多方研究显示，全球多家央行已在数字货币研发上取得进展，"央行数字货币"或将在不久的未来破茧而出。

央行副行长范一飞曾表示，中国央行数字货币应采用双层运营体系。该模式不改变流通中货币的债权债务关系，不改变现有货币投放体系和二元账户结构，不会构成对商业银行存款货币的竞争，不会增加商业银行对同业拆借市场的依赖，不会影响商业银行的放贷能力，也就不会导致"金融脱媒"现象。同时，由于不影响现有货币政策传导机制，不会强化压力环境下的顺周期效应，且能提升支付便捷性和安全性，还具有央行背书的信用优势。

2020 年 4 月，中信证券指出，央行数字货币推进再提速，反映数字经济需求与海外央行推进示范。央行发行+商业银行（支付机构）分发的双层运营体系日渐清晰，未来支付机构功能与定位或重构：银行有望借数字钱包加快布局支付业务；第三方支付机构分化加速，分发机构与多元持牌机构将受益；支付清算机构的跨业和业内竞争将加剧。

2019 年 10 月，中央政治局集体学习区块链技术，央行数字货币正契合高层提出的技术革新与产业变革双重方向；此外疫情背景下，数字经济发展亦对数字货币与数字支付提出更高需求（3 月国家发改委数字经济新基建课题研究会议）。

与此同时，2020 年 2 月以来，瑞典、法国、韩国等央行先后公布数字货币测试计划或方案，示范效应下国内央行亦有动力加速推进。

（1）定位与原理。现金数字化替代，两层运营体系。从报道看，央行数字货币功能的使用需先使用银行卡账户中的现金进行数字货币兑换，因此央行数字货币完全可以理解为现金的数字化替代。此外，关于大行开展内部测试，也表明"央行发行与管理—主要商业银行和支付机构进行分发"的双层运营体系已具备较强的落地可行性。

（2）钱包与账户。APP 独立虚拟单元+手机数字钱包。从报道材料看，央行数字货币功能依托"DCEP 个人钱包 APP"实现。预计未来推广使用阶段，上述 APP 亦有可能内嵌整合为手机银行 APP 或第三方支付 APP 的独立功能单元。就账户体系而言，考虑到加密属性和可控匿名属性，央行数字货币的账户或将单独于既有的银行账户。

（3）支付动作。兼容二维码、NFC 和转账功能。从报道界面看，央行数字货币钱包具备扫码支付（即主扫支付）、付款码（即被扫支付）、碰一碰（即近场 NFC 支付）和汇款功能。从用户体验而言，预计和目前主流的移动支付方式基本等同。此外，从前期央行人士介绍推测，央行数字货币或支持"双离线支付"（交易双方均离线状态下，可完成支付交易动作）。

截至 2020 年 4 月，央行数字货币已在部分银行进行内部测试，首批试点地区包括苏州、雄安、成都和深圳等地。银行科技项目的测试周期一般在半年至一年，3 月央行年度货币金银会议亦提出"坚定不移推进法定数字货币研发工作"，因此判断自上而下推动央行数字货币年内上线的可能性较大。

目前国内 M0 规模 8.3 万亿（增速逐年下降至 5%以内），作为 M0 部分替代，预计央行数字货币投放量将在万亿规模，受客户习惯和技术条件的限制，取决于现金交易替换规模和电子支付替换规模。

央行货币的数字化有助于优化央行货币支付功能，提高央行货币地位和货币政策有效性。央行数字货币可以成为一种计息资产，满足持有者对安全资产的储备需求，也可成为银行存款利率的下限，还可成为新的货币政策工具。同时，央行可通过调整央行数字货币利率，影响银行存贷款利率，同时有助于打破零利率下限。

2020 年 4 月，最新报道称，苏州相城区各区级机关和企事业单位，工资通过工农中建四大国有银行代发的工作人员，将在 4 月份完成央行数字货币（DCEP）数字钱包的安装工作。5 月，其工资中的交通补贴的 50%，将以数字货币的形式拿到手。随着内测出炉，国内央行数字货币试点推出进入倒计时，中国有望成为全球首个发行数字货币的主要经济体，央行数字货币的发行势必将对现有的金融市场带来颠覆性的变化，创造全新的商业机会。

四、中国数字货币的影响

中国数字货币的发行有着重要而深远的影响。首先，发行中国数字货币不会造成人们现有财富的缩水，也不会增加使用难度，反而更方便快捷，也不用另外购买支付终端，改变的只是后台处理程序。其次，中国数字货币和现钞能否自由兑换要看当时国家的规定。如果国家强制限期现钞兑换数字货币，则不能自由兑换。预计在推行数字货币后会有很长一段时期两种货币并存，直至条件适合时全面使用数字货币。最后，使用中国数字货币不会侵犯公民的个人隐私。中国数字货币由国家专属部门管理，不是随便哪个人就可以查阅追溯使用记录。只有在涉及金融犯罪或者国家经济需要（如统计）时，国家才会按照法定程序批准进行针对性查询。

中国数字货币性质上属于数字法币，具有比特币等其他数字货币所没有的国家信用和货币锚。中国数字货币将借鉴区块链等网络新科技来增强自己的安全稳定性，在中国数字货币上应用区块链技术，能提高安全稳定性，而不是再造一种比特币。中国数字货币依赖于安全稳定的互联网络，量子通信技术的推广应用将对中国数字货币的安全提供重要保障。

在我国当前经济发展的新常态下，探索中央银行发行数字货币具有积极的现实意义和深远的历史意义。

（1）发行数字货币可以大大降低传统纸币发行、流通、使用等环节的高昂成本，降低金融服务的交易成本和时间成本。数字货币的交易成本十分低廉，并且交易数据处理可以在瞬间完成，有利于提升经济运行效率，提升经济交易活动的便利性和透明度。数字货币不依赖于实体网点和人工服务，基础设施和人力资源成本低廉，能依赖较少的物力和人力投入获得较大的服务容纳量。实现无钞化交易，也符合当前飞速发展的电子支付潮流。

（2）发行数字货币可以借助互联网新技术大大增强防伪功能，减少洗钱、逃漏税等违

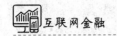

法犯罪行为，并可以提升央行对货币供给和货币流通的控制力，实现对货币流动的监控，这对预防和惩治金融违法犯罪行为具有重要意义。

（3）数字货币发行流通体系的建立还将有助于我国建设全新的金融基础设施，进一步完善我国支付体系，增加金融服务的覆盖面和便利性。数字货币无须通过金融中介机构就能进行远程现金交易，还能和互联网、物联网等各类现代技术对接，配合日新月异的移动技术，显著提升金融服务的覆盖面和便利性。

（4）可提升金融服务的质量和满意度。基于数字货币的金融服务具有"海量交易笔数、小微单笔金额"的小额、便捷等特征，有效地拉近了老百姓与金融服务的距离，在便民服务领域具有突出的优势，在许多方面可填补传统金融服务的空白，满足人民群众对业务融合、安全便捷、标准规范的高质量金融服务要求。

随着信息科技的发展以及移动互联网、可信可控云计算、终端安全存储、区块链等技术的演进，数字货币的发展进程不断加快，对中央银行的货币发行、货币政策和货币监控带来新的机遇和挑战。中国发行数字货币绝不是权宜之计，它代表着未来货币的发展方向。

 **知识巩固**

1. 简述数字货币的含义。
2. 数字货币的风险有哪些？
3. 数字货币的特点有哪些？
4. 简述中国数字货币发展现状。

案例讨论

中国央行数字货币 DCEP

在 Facebook 发行加密货币 Libra 成为互联网全球金融市场焦点的同时，中国人民银行打造的数字货币 DCEP（digital currency electronic payment）也正式从幕后走向台前。

DCEP 的设计开始于 2014 年，远远早于 Libra 币提出的 2019 年，DCEP 是中国人民银行在数字货币领域多年研究的结果。回顾中国数字货币大事件：2014 年央行成立法定数字货币专门研究小组；2016 年在原小组基础上设立数字货币研究所；2018 年 6 月成立深圳金融科技有限公司；2019 年 8 月，中央发文在深圳开展数字货币研究和移动支付试点。在庆祝中华人民共和国成立 70 周年活动新闻中心首场新闻发布会上，中国人民银行行长易纲表示：央行的数字货币将替代部分现金，这些都足以说明在数字货币研究领域，中国一直走在科技金融的前沿。

讨论题：

你认为，在央行数字货币呼之欲出的背景下，会有哪些市场机会值得关注呢？

第三章 数字银行

知识目标

◇ 了解金融科技的含义。
◇ 掌握数字银行的发展历程。
◇ 掌握数字银行的发展模式。

能力目标

◇ 能够理解金融科技在数字银行发展中的作用。
◇ 能够解析中国数字银行存在的问题。
◇ 能够认知中国数字银行的发展趋势。

任务提出

国内第一家无人银行在上海正式开业

2019 年 7 月，中国建设银行正式宣布，国内第一家无人银行在上海正式开业，没有一个保安，取而代之的是人脸识别的闸门和敏锐的摄像头，更找不到一个柜员，取而代之的是效率更高、懂你所要的智能柜员机、VTM 机、外汇兑换机及各类多媒体展示屏等琳琅满目的金融服务与体验设备。无人银行作为全程无须柜员参与办理业务的高度"智能化"网点，通过充分运用生物识别、语音识别、数据挖掘等最新金融智能科技成果，整合并融入当前炙手可热的机器人、VR、AR、人脸识别、语音导航、全息投影等前沿科技元素，为广大客户呈现了一个以智慧、共享、体验、创新为特点的全自助智能服务平台。

智能服务机器人担负起了网点大堂经理的角色，可以通过自然语言与到店客户进行交流互动，了解客户服务需求，引导客户进入不同服务区域体验完成所需交易。生物识别、语音识别等人工智能技术得到广泛应用，实现对客户身份识别与网点设备的智慧联动，"一脸走天下"成为现实。通过 AR 网点导览功能，客户手机 APP 在真实空间和精准位置识别不同的设备，为客户介绍不同场景功能，可代替网点员工辅助客户完成交易。

各种自助机具承担了 90%以上传统网点的现金及非现金业务，对 VIP 客户的复杂业务还专门开辟了私密性很强的单独空间，可在这里通过远程视频专家系统由专属客户经理为其提供一对一的尊享咨询服务。

无人银行已不单单是一家银行，而是与书店、品牌商店等相结合的集金融、交易、娱乐于一体的场景化共享场所，完全改变了人们对传统银行网点程式化、专业化的印象。无人银行内有约 5 万多册图书供到店客户免费阅读,并可通过 APP 免费保存至客户手机带走;前沿的 VR、AR 元素游戏可供客户畅享,完成游戏体验还会获得各具特色的小礼物;办理相关金融业务可在自助售货机上领取免费饮料;VR 科技被运用于让客户独享身临其境的看房体验,在将建行"建融家园"中所有租赁房产信息尽收眼底的同时免去预约看房等待时间及驱车前往现场看房的舟车劳顿。让客户来到银行不止办理金融业务,网点从传统服务型银行场所完成了向新型金融服务体验场所的"华丽转身"。

资料来源:谢海平. 银行巨变! 国内第一家无人银行在上海正式开业[EB/OL].(2018-04-11)[2022-03-16]. https://finance.sina.com.cn/money/bank/gsdt/2018-04-11/doc-ifyuwqez8783594.shtml.

分析:

对于未来数字银行的发展与变革,你有哪些展望?

第一节　数字银行概况

近年来,数字经济成为当今世界的热点。习近平总书记多次提出推进"数字中国"建设,并将其纳入国家发展的重要战略。数字化的快速发展给银行业带来了颠覆性的影响,以中国商业银行为代表的金融机构,开始积极探索如何利用金融科技推动数字化转型建设之路。然而,当互联网巨头手握新兴技术和巨额流量,通过金融、科技与互联网的结合,改变了原来金融服务的路径依赖,将越来越多线下用户转移至线上终端,一度与传统金融机构尤其是银行形成对垒之势,甚至压缩了传统银行的生存空间。

冲击的速度之快,让多数传统银行措手不及。客户和资金的巨大流失,运营、营销、服务的成本高、效率低,无法覆盖的长尾用户,俨然威胁到了传统银行的生命线。加快数字转型对银行而言,已经不是发展问题,而是生存问题。未来已来,面对人工智能、云计算、区块链等新兴技术的突破和迭代,面对激烈的市场挑战与同业竞争,面对客户需求的快速变化,银行加快转型发展迫在眉睫。

转型后的银行应区别于传统银行,无论是否设立分行,都不再依赖于实体分行网络,而是以数字网络作为银行的核心,借助前沿技术为客户提供在线金融服务,服务趋向定制化和互动化,银行结构趋向扁平化,这便是数字银行。

而转型的关键是,要以人工智能、云计算以及区块链等新兴技术为抓手,打造与客户的"超级关联度",使个性化服务触及长尾客户,从而打破传统银行业二八结构的困局,为银行业的发展提供新的引擎。

一、金融科技发展历程

金融科技(FinTech),是 Financial Technology 的缩写,可以简单理解成为 Finance(金融)+Technology(科技),指通过利用各类科技手段创新传统金融行业所提供的产品和服务,提升效率并有效降低运营成本。根据金融稳定理事会(FSB)的定义,金融科技主要是指由大数据、区块链、云计算、人工智能等新兴前沿技术带动,对金融市场以及金融服务业务供给产生重大影响的新兴业务模式、新技术应用、新产品服务等。

放眼全球，随着技术的进步，客户与银行间的金融关系经历了多重改变。发达的西方国家，从 20 世纪 50 年代信用卡的产生开始，人们随身携带现金的习惯逐渐被改变；20 世纪 60 年代推出的 ATM 取代了银行出纳员的工作；20 世纪 80 年代起，银行出现了逐渐趋于成熟的数据和记录系统；20 世纪 90 年代末，由互联网技术带动的网上银行开始兴起；21 世纪初，跟随智能手机出现的移动银行使越来越多的客户选择采用数字化的方式解决自己的金融需求，银行服务也在跟随客户的行为趋势不断演进。

金融科技发展史可以分为三个时代。

在金融科技 1.0 时代里，金融通过传统 IT 的应用提高了办公和业务的电子化、自动化水平，达到了提升业务效率的目的；金融科技 2.0 时代，表现为互联网金融，通过互联网或移动终端的在线业务平台拓展客户渠道，实现业务中资产端、交易端、支付端及资金端任意组合的互联互通，本质上是对传统金融渠道的变革和对业务的融合；而目前所处的金融科技 3.0 时代，则是通过以人工智能、大数据、云计算及区块链等新 IT 技术提升传统金融的效率，带来新的金融服务能力。

全球金融业都在面临科技创新带来的冲击与挑战，紧锣密鼓地落实前瞻性的金融科技战略。领先的大型银行在保持客户优势的同时，通过与新兴金融科技公司合作，不断加强自身科技力量，主动寻求变革创新。借助金融科技助力银行转型，已成为一场没有硝烟的战争。

二、数字银行发展历程

自银行出现以来，数字银行大致经历了四个阶段。

银行 1.0（1472—1980 年）：以分行为主要客户渠道的古老传统银行。

银行 2.0（1980—2007 年）：自助设备开始出现，这是有史以来银行在打烊之后仍能为客户提供服务的重大转变。通过电汇、ATM 提款机等功能，初步打破了只有在特定场所和特定时间才能完成金融服务的限制。

银行 3.0（2007—2017 年）：智能手机的出现和普及，颠覆了客户使用银行服务的时间地点与方式。银行已经不再是一个地方，而是一种行为。银行需要摆脱对线下网点的过度依赖，要开发多渠道、全通路，要重视从所有通路和客户互动的关系，进而调整组织及资源的分配。

银行 4.0（2017 年至今）：银行通过技术创新带动业务创新，通过技术为客户提供无处不在的、内嵌的银行服务。这种服务通过数字化渠道，融入客户的一切生活场景中，与客户产生无障碍的互动。此时的银行除了要提升传统银行业务能力外，还需要聚焦在以客户旅程为中心的客户体验能力，包含风险管理、技术整合等的科技运营能力及囊括合作伙伴管理、合规研究等的企业业务运营能力上。

在计算机技术和通信技术飞速发展的支撑下，国内银行金融科技进入了 3.0 时代。大数据、云计算、人工智能和区块链等技术在这一阶段得到了迅速发展和应用。银行外部通过收购、投资、战略合作等多种方式布局金融科技，内部优化组织架构、增加金融科技投入，内外部结合打造全新的核心竞争力。在这一阶段，国内数字银行市场有两类参与者：一类是传统银行，以建立直销银行为代表；另一类则是近几年刚获批的民营银行，其中不乏以纯互联网形式运营的银行。这两类银行都以互联网作为业务开展的渠道，同样倚重前沿技术满足监管需求、增加业务的多样性，为银行业注入了新鲜的血液。

三、金融科技在数字银行发展中的作用

科技是第一生产力。作为出资方，金融市场是科技创新的主要受益者。而科技创新带来的产品改进、产业改革，也为金融市场源源不断地注入了活力，扩展了金融市场的广度和深度，驱动着金融市场的健康发展。例如，移动互联网的出现改变了触及用户的方式，大大提高了整个金融的普及；云计算技术极大提升了计算的效率，大幅度降低了交易的处理成本；借助云计算可以处理很多小额的交易，让整个交易更加方便；大数据可以帮助我们更好地甄别和计量风险，给风险定价，我们更好地管理风险，极大地降低交易的成本；人工智能可以在未来的智能投顾方面，在金融产品和服务的投放和推荐方面，在面向用户的服务方面都有很多空间。区块链技术作为支撑比特币发展的基础技术，近年来受到互联网和其他领域专业人士的热捧，被普遍推崇为下一代全球信用认证和价值互联网的基础协议之一。它的出现预示着互联网的用途可能从传统的信息传递逐步向价值传递转移，从而为传统金融行业带来前所未有的革命和挑战。

实际上，金融科技的发展一直都是银行业发展的重要内在动力之一，而且在金融科技以及数字银行业发展的不同阶段，前者对后者的影响在不断深化。表 3-1 总结了不同阶段，金融科技与数字银行的对应关系和前者对后者的影响。

表 3-1　金融科技在数字银行发展过程中的作用

金融科技发展阶段	代表性技术	金融科技对银行业的影响	数字银行发展阶段
/	/	/	银行 1.0
金融科技 1.0	传统 IT 技术	IT 系统是银行内部的一个成本部门，帮助银行办公业务实现电子化和自动化，提高了业务效率	银行 2.0
金融科技 2.0	互联网技术	一方面，网上银行和手机银行出现，使部分银行业务从线下向线上转移；另一方面，互联网金融机构更充分地利用了互联网和移动终端在汇集海量用户和信息方面的优势，实现了金融业务中资产端、交易端、支付端以及资金端的任意组合的互联互通，本质上是对传统金融渠道的变革，实现了信息共享和业务融合，对传统银行业发起了空前巨大的挑战	银行 3.0

续表

金融科技发展阶段	代表性技术	金融科技对银行业的影响	数字银行发展阶段
金融科技3.0	人工智能、云计算、大数据、区块链	银行业通过大数据、云计算、人工智能、区块链等新的IT技术来改变传统的金融信息采集来源、风险定价模型、投资决策过程及信用中介角色，因此可以大幅提升传统银行的效率，解决传统银行痛点，代表技术就是大数据征信、智能投顾及供应链金融。在此阶段，物理网点已不是银行核心，数字网络成为银行真正的核心，即数字银行时代正式到来	银行4.0

近年来，以人工智能、区块链、云计算和大数据为代表的新技术，正在快速走向成熟并被应用到越来越多的领域。对于商业银行来说，从近几年的发展来看，其整体的资产增幅正在放缓，净利润增速呈现出下行的状态。在移动互联网快速发展的今天，传统银行要想复苏，重新抓住客户的"心"，金融科技创新是必走之路。

在中国经济进入新常态的当下，商业银行通过金融科技创新不断提升服务能力，推动实体经济发展，其中，招商银行和平安银行依靠自身优势和迅速的反应，在零售金融及金融科技方面走在了传统银行的前列（见表3-2）。

表3-2 招商银行与平安银行金融科技创新比较

比　　较	招 商 银 行	平 安 银 行
成立时间	1987年	1987年
总部所在地区	深圳	深圳
机构属性	传统股份制银行	传统股份制银行
定位/战略	自2017年，招商银行正式将经营主战场从网点转向APP，并采取了开放平台战略。随着金融科技概念的强力崛起，诸多行业内外相关产品和服务创新层出不穷。招商银行通过促进金融科技创新，积极提升金融科技能力，推动移动互联、云计算、大数据、人工智能、区块链等新兴技术的创新应用，明确定位为"金融科技银行"，对标金融科技企业，加快向"网络化、数据化、智能化"目标迈进	平安银行继续坚定变革、转型，持续贯彻零售业务"3+2+1"经营策略，并按照全行"数字银行、生态银行、平台银行"三张名片的要求，深化"四化"新策略，着重强化"综合、差异、开放"三大能力的打造，推动信用卡、私人银行、银保业务创新突破，汽融、"新一贷"等零售贷款业务持续升级，并积极打造"中台"能力，革新组织模式，着力实现零售业务转型的换挡升级，全力打造"中国最卓越、全球领先的智能化零售银行"

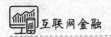

比　较	招　商　银　行	平　安　银　行
举措	招商银行全面推动零售银行的数字化转型。以MAU（月活跃用户）指标为指引，实现零售业务从卡时代向APP时代的飞跃。在此过程中，招商银行通过内外部场景的拓展广泛引入流量，通过提升APP运营能力实现流量的经营和变现，把APP真正建设成为连接客户、服务客户的主要方式。 继银行业首家银行将金融科技投入比例写入公司章程后，招商银行从体制机制上再谋重举，在总行层面成立"金融科技办公室"。 让数据多跑路，实现"一个中心批全国"，即招商银行在总行设立零售信贷工厂，集中全国44家分行的线上小微信贷业务，像现代化的工业生产一样，通过标准化、流水线的作业对贷款进行审批	为打造"一个统一入口"，该行整合原口袋银行、信用卡和直销银行三大APP，推出全新的口袋银行APP，将简单的基础交易平台升级为承载一个账户、一个入口、多种服务的金融生活服务平台。背靠平安集团，综拓渠道是平安银行独一无二的优势。平安银行持续深挖平安集团优质个人客户资源，不仅通过产品、服务，以客户推荐客户的形式进行迁徙转化，而且专门打造B2B2C模式，将银行的账户能力通过插件、接口等技术手段与集团各线上平台（如平安好医生、汽车之家）的场景、流量相结合，形成互补
成就	截至2020年年末，招商银行信用卡流通卡9953.16万张，较2019年年末增长4.44%；私人银行客户99 977户，较2019年年末增长22.41%；管理的私人银行客户总资产27 746.29亿元，较2019年年末增长24.36%；户均总资产2775.27万元	2019年，平安银行实现营业收入1379.58亿元，同比增长18.2%；净利润281.95亿元，同比增长13.6%。在向零售转型战略实施三年之后，平安银行零售业务营收占比接近六成，利润占比接近七成，零售转型已经实现。大零售、大对公六四占比的均衡格局逐步形成，零售、对公、资金同业协同发展的思路日渐清晰，科技引领的作用更加凸显。截至2019年年末，平安口袋银行月活跃用户数（MAU）为3292.34万户，较2018年年末增长23.5%。而在3年前，这个数字仅不到百万

第二节　数字银行的发展模式

在计算机技术和通信技术飞速发展的支撑下，国内银行金融科技进入了3.0时代。大数据、云计算、人工智能和区块链等技术在这一阶段得到了迅速发展和应用。银行外部通过收购、投资、战略合作等多种方式布局金融科技，内部优化组织架构、增加金融科技投入，内外部结合打造全新的核心竞争力。在这一阶段，国内数字银行市场中有两类参与者：一类是传统银行，以建立直销银行为代表；另一类则是近几年刚获批的民营银行，其中不乏以纯互联网形式运营的银行。这两类银行都以互联网作为业务开展的渠道，同样倚重前沿技术满足监管需求，增加业务的多样性，为银行业注入了新鲜的血液。

一、直销银行

直销银行的诞生，源于传统银行顺应和融入互联网发展趋势，开始围绕服务方式和销售渠道进行数字化转型。用户可以通过直销银行在线完成客户信息注册、银行卡绑定、开户和投资理财等金融服务。所以说，直销银行是互联网时代应运而生的一种新型银行运作模式，是互联网金融科技环境下的一种新型金融产物。

这一经营模式下，银行没有营业网点，不发放实体银行卡，客户主要通过电脑、电子邮件、手机、电话等远程渠道获取银行产品和服务，因没有网点经营费用和管理费用，直销银行可以为客户提供更有竞争力的存贷款价格及更低的手续费率。降低运营成本、回馈客户是直销银行的核心价值。

直销银行起源于 20 世纪 90 年代末北美及欧洲等经济发达国家，因其业务拓展不以实体网点和物理柜台为基础，具有机构少、人员精、成本低等显著特点，所以能够为顾客提供比传统银行更便捷、优惠的金融服务。在近 20 年的发展过程中，直销银行经受了互联网泡沫、金融危机的历练，已积累了成熟的商业模式，成为金融市场的重要组成部分，在各国银行业的市场份额已达 9%～10%，且占比仍在不断扩大。

面对国内互联网金融科技的飞速发展、客户消费习惯的转变以及银行利率市场化步伐的加快，我国直销银行也如雨后春笋般涌现出来。

（一）民生银行直销银行

2013 年 7 月，民生银行成立了直销银行部。2014 年 2 月 28 日，国内首家直销银行——民生银行直销银行正式上线。民生银行直销银行突破了传统实体网点经营模式，主要通过互联网渠道拓展客户，具有客群清晰、产品简单、渠道便捷等特点。

客户拓展上，民生银行直销银行精准定位"忙、潮、精"客群。产品设计上突出简单、实惠，首期主打两款产品，一是"随心存"储蓄产品，确保客户利息收益最大化；二是"如意宝"余额理财产品，对接货币基金，具有购买门槛低、实时支取、日日复利的特点。渠道建设上，充分尊重互联网用户习惯，提供操作便捷的网站、手机银行和微信银行等多渠道互联网金融服务。

作为首家直销银行，民生银行直销银行具有诸多亮点。

首先，全程互联网化。既然是银行，肯定需要具备基本的开户、存款、转账功能，民生银行直销银行将这些业务全部互联网化，客户不需要去营业厅，只需在家里电脑上即可完成操作。

客户需要在线注册，填写个人身份信息，绑定民生银行卡，设置交易密码。如果是非民生卡用户，需要上传身份证正反面清晰照片，民生银行直销银行会在 24 小时内将审核结果通过短信和电子邮件告知用户。用户在 3 日内从绑定卡上汇入金额到电子账户，银行验证后将自动激活电子账户。

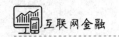

其次，三款主打产品灵活多变。民生银行直销银行推出"如意宝"理财产品，对接汇添富和民生加银两款货币基金。用户选择签约其中一款，账户中的资金便会自动申购货币基金，从而获得高于活期存款的收益。

"随心存"业务：用户签约后，账户内活期存款扣除留存金额后，如果达到或者超过1000元时，可自动转存1年期定期存款。若提前支取，将根据已存时间按照1天和7天通知存款、3个月、6个月、1年定期储蓄相应的利率进行结算。

"轻松汇"业务可将本行或者他行卡归集在直销银行电子账户内，也可以将电子账户内的资金转账至本行或者他行卡，转出转账限额为500万元。转账免收手续费，不过转账银行卡必须事先与电子账户绑定。

最后，直销银行手机APP和微信银行一应俱全。民生银行直销银行还有Android和iOS手机客户端，以及微信公众账号。网页版上的操作都可以在手机客户端完成，微信公众账号可以查询账户、转入转出资金，查询"如意宝"。

（二）兴业银行直销银行

2014年3月，兴业银行推出直销银行，这是兴业银行倾力打造的投资理财产品的互联网直销平台，享有"财富直通车"的美誉。兴业银行直销银行的特点在于为客户提供收益稳健的多种投资理财产品，并支持多家银行卡直接在线购买。用户可以持中国工商银行、中国建设银行、中国农业银行、招商银行、中信银行等多家银行卡，通过电脑、手机等移动设备直接在其上选购热销理财产品、基金、定期存款、通知存款等，免掉了繁复的注册、登录、跨行资金划转步骤，同时可以随时随地随身"一站式"查看、管理、调拨上述各家银行卡上的资金，享受在线理财规划服务，具有操作简单、"一键购买"的畅快体验。

2014年3月27日上线的兴业银行直销银行，凭借其支持多家银行卡免注册、免登录购买30余款理财产品、400余支基金以及一键就"购"的便捷性备受市场关注，上线当天即销售理财产品超过5000万元。

2014年4月10日，挟直销银行上线之势，兴业银行宣布再推互联网理财新品，携手国内知名基金公司推出T+0直销货币基金产品"兴业宝"，为银行系"宝宝军团"再添生力军。

随着余额理财产品"兴业宝"正式落地，兴业银行直销银行的服务品种已扩展至"兴业宝"、理财、基金、定期存款四大产品线。其中，兴业银行推出的T+0直销货币基金产品"兴业宝"为系列产品，第一期合作伙伴为大成基金旗下最具竞争力的货币基金产品——大成现金增利货币基金，第二期合作伙伴也已锁定兴业基金管理有限公司，后续还将与更多知名基金公司合作，为客户提供多样性的产品选择。

（三）百信银行直销银行

百信银行（全称为"中信百信银行股份有限公司"）是首家获批的独立法人形式的直销银行，由中信银行与百度公司联合发起，市场定位是"为百姓理财，为大众融资"，依托中信银行强大的产品研发及创新能力、客户经营及风险管控体系，以及百度公司互联网技术和用户流量资源，满足客户个性化金融需求，打造差异化、有独特市场竞争力的直销银行。百信银行推出了消费金融、小微金融和财富管理三大核心业务。

2016年12月30日，百信银行获得银监会正式批复开始筹建。2017年8月15日，百信银行获得银监会许可批复开业，于2017年11月18日正式开业。2018年4月，百信银行在首届数字中国建设峰会期间展示了"政府公共资源交易中心互联网金融解决方案"，为公共资源交易中心、产业互联网提供了解决方案，并与大连市公共行政服务中心签署合作协议：由百信银行将金融服务嵌入地方政府公共资源交易中心，向中小微投标企业和供应商企业提供在线融资等金融服务。

2018年9月20日，百信银行在中国互联网金融协会旗下的全国互联网金融登记披露服务平台上发布了声明书，表示已通过个体网络借贷资金存管系统测评（P2P网贷机构存管银行"白名单"）。

百信银行是一种新型运作模式的直销银行，客户主要通过电脑、电子邮件、手机、电话等远程渠道获取银行产品和服务，因没有网点经营费用和管理费用，直销银行可以为客户提供更有竞争力的存贷款价格及更低的手续费率。百信银行将聚焦智能和普惠，构建智能账户、智能风控和智能服务等核心能力，主要针对传统银行服务薄弱和未触达的空白领域进行错位发展。

百信银行作为国内首家由互联网公司与传统银行深度合作、强强联合发起的直销银行，标志着百度公司在金融服务这个容量最大、最具增长潜力的垂直服务领域迈出了里程碑式的一大步。百信银行的设立在中国银行业发展过程中也具有标志性意义，开启了"互联网+金融"的全新模式。

百信银行以独立法人形式开展直销银行业务，因此需要银监会的审批。作为国内首家，百信银行被归类为"有限牌照商业银行"。2015年5月，银监会组织部分银行就直销银行子公司进行讨论。2016年1月，全国银行业监督管理工作会议提出，指导条件成熟的银行对直销银行等业务板块进行牌照管理和子公司改革试点。对银监会来说，百信银行是探索部分业务板块和条线子公司制改革设想以来落地的创新试点方案，因此其落地对监管机构的创新监管有重要意义。

结合直销银行的定位与经营方式，目标客群将重点关注互联网客户，结合其"新潮、快节奏、追求精致生活"的特点，展开营销与推广。直销银行可提供线上和线下融合、互通的渠道服务。线上渠道由互联网综合营销平台、网上银行、手机银行等多种电子化服务渠道构成；线下渠道采用全新理念建设便民直销门店，其中布放VTM、ATM、CRS、自助缴费终端等各种自助设备，以及网上银行、电话银行等多种自助操作渠道。

商业银行对互联网金融的"热情"，源于互联网金融快速发展所带来的冲击。互联网金融的兴起不仅使银行的负债结构从活期存款转向更为市场化的同业存款，由于其部分投向银行体系外的金融资产，也将导致商业银行负债总量的减少，对银行一般存款业务的开展带来双重挑战。在这样的背景下，针对互联网金融的负债产品创新将继续开展，带来的结果之一就是，基于互联网平台的直销银行将获得较快发展和复制，并分流传统商业银行的个人金融业务。

直销银行的最大亮点体现在利用手机号、身份证号和银行卡号的交叉验证，从而实现非现场开户的创新。不足之处在于各家都还处于先期探索阶段，几家直销银行风格单一；此外，不足还体现在产品与功能略显匮乏，主要局限在余额理财、代销基金、存款与转账、信用卡还款等基础银行电子账户功能，与电子银行、网上银行趋同。

互联网是"直销银行"发展的"助推器"，而中国飞速发展的互联网技术和国人消费观念的转变，是引入直销银行概念的重要契机。银行谋求发展必须要进行发展模式的创新和变革。国外直销银行的兴盛启示，充分利用现代信息技术，借助互联网开展业务，降低成本，回馈、吸引客户，具有广阔的市场前景。

二、民营银行

数字银行的另一玩家——民营银行，于 2014 年加入市场的竞逐。自 2014 年开始，银监会批准了第一批民营银行。从设立目的而言，民营银行被认为是对现代银行体系建立的一种补充和完善，相关的规章条例有《关于促进民营银行发展的指导意见》（国办发〔2015〕49 号）和《关于民营银行监管的指导意见》（银监发〔2016〕57 号）。截至 2020 年年底，全国已有 19 家民营银行开业运营，具体情况如表 3-3 所示。

表 3-3　全国现有 19 家民营银行情况

序　号	银行名称	开业时间	银行定位	第一大股东
1	深圳前海微众银行	2014 年 12 月 16 日	互联网银行、助力小微	腾讯
2	温州民商银行	2015 年 3 月 26 日	助力小微、服务三农、扎根社区	正泰集团
3	天津金城银行	2015 年 4 月 27 日	服务小微企业、践行普惠金融	华北集团
4	上海华瑞银行	2015 年 5 月 23 日	差异化智慧银行	均瑶集团
5	浙江网商银行	2015 年 6 月 25 日	全流程网络经营	蚂蚁金服
6	重庆富民银行	2016 年 8 月 26	扶微助创、实体互联、立足两江、辐射库区	瀚华金控
7	湖南三湘银行	2016 年 12 月 26 日	产业链金融	三一集团
8	四川新网银行	2016 年 12 月 27 日	新一代互联网银行	新希望集团
9	吉林亿联银行	2017 年 5 月 16 日	数字银行，智慧生活	中发金控
10	武汉众邦银行	2017 年 5 月 18 日	专注服务中小微企业的交易服务银行	卓尔控股
11	江苏苏宁银行	2017 年 6 月 16 日	科技驱动的 O2O 银行	苏宁云商
12	梅州客商银行	2017 年 6 月 28 日	践行普惠金融、服务三农两小	宝新能源
13	威海蓝海银行	2017 年 6 月 29 日	线上线下融合发展的 O2O 类互联网银行	威高集团
14	北京中关村银行	2017 年 7 月 16 日	创新创业者的银行	用友网络
15	辽宁振兴银行	2017 年 9 月 27 日	为创新创业企业、高新技术产业提供金融服务	荣盛中天
16	安徽新安银行	2017 年 11 月 18 日	服务中小企业、支持科技创新、践行普惠金融	南翔

续表

序　号	银行名称	开业时间	银行定位	第一大股东
17	福建华通银行	2018 年 1 月 16 日	科技金融、助微惠民	永辉超市
18	江西裕民银行	2019 年 9 月 28 日	民营企业、民营经济、民生大众	正邦集团
19	无锡锡商银行	2020 年 4 月 16 日	物联网科技银行	红豆集团

三、开放银行

开放银行是一种平台化商业模式，包括银行、第三方机构、用户三个主要参与方。随着新兴技术应用于银行业，用户对多样化、透明化、专业化的金融服务需求加大；同时，行业竞争加大，供给侧改革迫在眉睫。与传统的银行经营模式相比，开放银行在需求侧和供给侧都具有明显优势。同时，开放银行通过 API、SDK 等方式进行第三方输出和场景布设，这些技术本身具备一定的技术优势。在具体将开放银行推向市场的时候，API 技术、数据共享、底层平台是重要的部分。银行可以通过自主建设、投资并购、合作三种方式参与开放银行。

纵观各国国家的开放银行发展，主要有两种驱动方式：一是监管驱动，如欧盟、英国等；二是市场驱动，如中国。近年来银行业发生了巨大变化，已经从卖方市场转入买方市场，关注用户需求的变化，对于开放银行业务创新具有极大意义。

中国开放银行引发广泛探讨始于 2018 年，但银行业对开放银行的尝试远早于此。比如，中国银行早在 2013 年就推出了开放平台。中国各银行的开放银行探索各有特点：中国工商银行以 ECOS 系统及其背后的技术实力作为支撑，以自有平台"三融"为基石，通过中国工商银行 API 开放平台"走出去"，通过金融生态云平台"引进来"；兴业银行依托其同业市场（F 端）的优势，布局开放银行，并转嫁到政府端（G 端）、企业端（B 端），通过生态互联，服务个人用户（C 端），从而构建开放生态；新网银行是全在线、全实时、全客群银行，核心业务模式是万能连接，将银行的能力与场景端、资金端连接，致力于解决场景融合问题，将数种服务结合起来为客户提供产品及服务。

开放银行的核心是通过金融数据共享，推动传统银行和金融科技公司更深层次地协作和竞争，最终追求用户利益最大化。开放银行的本质其实是共享经济和平台经济崛起。人类正从 IT（information technology）时代走向 DT（data technology）时代，IT 时代以自我控制、自我管理为主，而 DT 时代以服务大众、激发生产力为主。

DT 时代有几个很明显的特征是：生态性、开放性、共赢性和普惠性。

（1）生态性，即生态体系，是指在自然界的一定空间内，生物与环境构成的统一整体，其中各类参与者之间相互影响、相互制约，并在一定时期内处于相对稳定的动态平衡状态。在社会科学发展中，生态体系的概念经常被拿来使用，指的是某种能够实现"各方共赢"的格局，而非排斥的、恶性的市场状况。具体到平台模式中，则是能有效支撑新商业生态的发展，各类企业在平台中频繁互动，充分有序竞争，推动创新持续涌现。

（2）开放性。按照平台经济的理论基础，参与平台模式的主体越多，能够产生的正外部性就越大，最后各方获益就越多。互联网时代的平台经济模式，依托全新的信息基础设施与生产要素，可以逐渐改变集中式、封闭式的大企业发展模式，逐渐使得不同主体能够在开放条件下探索全新的交易条件与场景。

（3）共赢性。在传统交易模式中，众多市场缺损的根源都是信息不对称。在互联网时代的早期，少数获取大数据信息主控权的主体可以攫取超额利润。而随着信息社会的进一步发展，这种模式也会遭遇挑战。人们可以通过更加松散而高效的信息交换，来分享商品和服务，交易费用、搜寻成本、匹配费用也进一步降低，从而增加实现各方共赢的途径。

（4）普惠性。依托平台经济模式，可以大幅度降低不同经济主体的合作成本，促进大规模协作经济的扩张，生产能力与效率得以共享，从而实现更节约的时间、更优化的资源配置、更灵活的就业等。这使得经济活力得以进一步激发，商业服务更加便捷，创业生态更加完备，从而有助于改变传统经济发展中的扭曲，促进生产与服务的普惠性。

而开放银行这种模式的特征和 DT 时代不谋而合，因此应运而生。这种变革将开创银行业的新纪元，带来前所未有的机遇和挑战，开放银行的业务规模未来将同互联网一样大。

开放银行如同行业的游戏改变者，新生态正在形成，并将赋能任何可能的第三方，将创新业务构建在银行的数据和基础设施之上，建立起金融服务新模式。未来银行的基本业务可以像乐高积木一样模块化，金融服务可以按需求"拼凑"业务模块，增加服务的弹性和多样化，而银行将成为高度开放共享的金融服务平台。金融科技公司和银行的关系由竞争转为合作，共同构成了共生共存的金融生态圈，就像手机 APP 和手机操作系统一样。

开放银行是近年来全球金融业的大趋势，中国有全球领先的金融科技生态，银行与金融科技公司已经在实践中走出共赢的路子，并力争从如下三个方面做出突破。

一是将开放银行从一种开发技术/平台工具提升为商业模式的驱动力和战略关注点。

二是将开放银行作为商业模式、数字化战略和生态系统建立的基础，开放式 API 将可使第三方在银行的数据和基础设施之上建立起创新的生态金融服务，通过 API 化构建的开发银行生态，一个金融机构的核心资产可以被复用、共享和货币价值化，可以扩大服务的受众用户，提供新的营收来源。

三是利用新兴科技，如大数据、云计算等，构建牢固稳定的基础设施，做好基础数据治理。

但创新最难的永远是自我颠覆，原有业务增长带来的惯性思维，总会限制新业务发展的投入和成长。纵观国内的开放银行发展历程，各家大银行都在做开放银行，但做出价值者寥寥，反而是微众、网商、新网这批民营银行在不知不觉中改变了行业的游戏规则。

从政策层面来看，无论是"供给侧结构性改革"扩大有效供给，降低融资成本，提高技术利用水平的纲领性要求，还是"推进普惠金融发展规划"倡导的提升金融机构科技运用水平，鼓励金融机构运用大数据、云计算等新兴信息技术，打造互联网金融服务平台，为客户提供信息、资金、产品等全方位金融服务所提出的金融回归本源，扶持赋能中小实体经济成长的转型方针，都在为金融科技的"小、快、灵"提出转型要求。

监管部门应结合我国银行业发展实际，加快出台指导意见，强化开放银行顶层规划，避免市场"重复造轮子"，同时鼓励金融机构与领先的金融科技公司开展合作，优势互补，进而建立合作共赢的开放模式，建立长期的商业合作机制，推动银行向数字化和智能化方向转型。

中国拥有全球最大的银行体系——将近 5000 家银行，未来转型之路还很长。开放银行代表了金融科技下半场发展的重要突破口，对包括银行在内的传统金融数字化转型意义非凡。

第三节　中国数字银行现存问题及发展趋势

一、中国数字银行发展过程中存在的问题

（一）信息化建设不足

数字银行区别于传统银行的关键在于，其以数字化网络为核心，而传统银行以实体分支行为核心。信息化建设是数字银行得以快速发展的"基础设施"建设。然而，目前我国金融企业在信息化建设方面还存在如下五方面的问题。

第一，各金融体系的建设标准很难统一，阻碍了金融信息化的进一步发展。在国有商业银行全面实施国家金融信息化标准前，许多银行都已经建立了自己的体系，由于机型、系统平台、计算机接口及数据标准的不统一，使得各地银行的差距较大，系统地整合比较困难。

第二，金融信息化建设中，金融企业之间的互联互通问题难以得到解决。例如，国内众多的银行卡之间要实现互联互通，似乎需要经过一番长途跋涉。金融企业的互联互通，必须找到一种市场驱动机制来协调各方利益，找到最佳的利益平衡点。

第三，服务产品的开发和管理信息的应用滞后于信息基础设施的建设和业务的发展速度。目前国内金融企业对个性化金融增值业务的应用层次较低，部分业务领域的管理和控制还处在半信息化的阶段。

第四，互联网金融企业的统一认证中心建设速度缓慢。目前中国各金融企业的客户很多，都是网上的潜在客户，然而由于国内金融企业在建设统一认证中心的意见上难以实现统一，使得互联网金融的认证标准没有统一。统一认证中心不解决将不存在真正意义上的互联网金融。

第五，实现数据大集中与信息安全的矛盾。科技越发展，安全性越重要，而且金融行业也是一个特殊的行业，数据的安全性更是当前亟须面对的问题。数据大集中意味着统一管理，减少重复建设。数据集中能够有效提高金融企业的管理水平，加强金融风险的防范，进一步提高资金的流动性和资金营运效率，有效改善金融企业的管理，而且数据集中是实现各种新业务和新服务的前提基础。

（二）长尾客户严重流失

"二八定律"一直以来被各国银行业作为金融决策的重要依据。"二八定律"，即 80% 的利润来源于 20% 的核心客户，另外 20% 的利润则来自于其他 80% 的普通客户。在我国，这 20% 的核心客户包括大型对公企业客户以及小部分高净值个人客户，一直以来银行利润主要来自于这些客户，而利润形式主要为利差收益。然而，在利率市场化进程呈现不对称

性的同时，利率又处于下行周期，利差收缩成为不可避免的趋势。由于资产端优质资产的竞争更加激烈，负债端也呈现长期化的趋势，这将会给银行核心的存贷业务造成压力。也就是说，来自核心客户的利润会逐步下滑，如果普通客户的利润贡献不能被提升，那么整个银行的利润将进入长期下行"通道"。

为了留住核心客户，各银行注重这类客户的服务体验，向其提供了差异化服务（比较典型的如 VIP 卡的发放），与此同时，其他 80%的普通客户只能得到标准化服务。但是，改革开放以来，随着中国经济的快速发展，中国消费者在生活水平不断提高的同时，消费需求也发生了巨大转变，更加向往个性化需求。可以看出，中国消费者正处于对金融服务需求不断变化、期待创新的阶段。也就是说，普通客户在个性化服务上也具有很大需求，这便与大部分银行所提供的标准化服务相矛盾，而这正是长尾客户流失的根本原因。

总之，虽然我国信息基础设施建设发展迅猛，但是金融与信息技术的融合在银行业仍然处于起步阶段。

（三）风控手段传统低效

首先，运营效率低下。大部分银行集中作业程度低，缺乏智能应用工具。除大型银行外，大部分中小银行尚未配备 OCR 智能录入、线上智能进件等系统，手工化程度较高，导致文件录入效率低、错误率高等问题，极大地增加了运营成本，这正与人们对金融服务流程效率及体验水平的要求日益提升相矛盾。

其次，线上渠道发展水平差异大。随着智能手机的普及，年轻一代客户的使用习惯及对金融服务的需求也发生了快速的改变。埃森哲最新调研表明，超过 70%的中国消费者表示他们去线下网点的频率低于每月一次。虽然国内银行也同样意识到这种趋势，为应对变化而积极布局线上渠道，改革线下渠道，但是并不是所有银行的转型结果都尽如人意。而且银行不同业务渠道也呈现线上化水平发展不均衡的趋势。例如，零售业务产品电子化程度较高，从最初的网上银行、手机银行到直销银行，已经开始发展各渠道接口整合；但同业业务相较而言更依赖"熟人线下获客"，线上渠道有限，主要通过微信、QQ、电话、邮件等方式进行沟通。然而，通过微信等线上渠道推荐产品时，交易磋商、身份核实过程长，成本高。

再次，营销手段过于传统。银行触客手段仍较传统，大部分银行仍以传统海报、开展客户活动及网点堆砌营销物料等方式发展零售客户，以地推陌拜的方式拓展中小企业客户，触客手段较为传统，缺少专业营销管理工具及系统，曾经由网点和客户经理共同构成的触客和持续营销体系，由于数字化营销机制的出现而受到挑战。

最后，风险控制手段仍较为传统。银行是经营风险的行业，风险控制能力是银行的核心竞争力。银行通过信用评分模型来定量计算贷款违约的可能性，确定违约的损失分布，以规避风险损失，并根据预测的风险水平进行利率定价。传统的信用评分模型主要使用历史借贷数据和财务数据来预测和判断借款人的违约风险，采用传统的统计方法进行分析，这种方法最大的缺陷就是无法对那些缺乏历史借贷数据的借款人进行信用风险评估。在征信体系不完善的经济体中会存在信贷供给不足的现象。我国央行征信系统虽然覆盖了 8 亿多人，但只有 3 亿多人具有信贷历史，传统的风控技术对这部分信贷历史记录空白的群体是无效的。即便在征信业高度发达的美国，美国个人消费信用评估公司（FICO）评分也被批评信用评价标准过于单一，评估结果具有片面性，在时间上表现出严重的滞后性。

二、中国数字银行的发展趋势

（一）数字化成为核心

数字化网络是数字银行运行的核心，因此，银行改革与创新需要更多的信息化支撑。随着中国经济温和回升，中国银行业将继续保持稳健的发展态势，银行改革的力度将不断加大，行业转型步伐加快。目前，中国银行业面临发展方式的转型，风险和困难逐渐增多，对风险管理和监管的要求日益提高，对金融创新的需求日益迫切。在这个过程中，IT 在银行服务创新方面将承担越来越重要的角色。

从目前来看，只有建立符合银行业 IT 特点的，与数据中心发展模式相配套、相适应的 IT 运维一体化管理体系，明确运维管理的各项内容，统一运维管理的相关标准，规范运维管理的具体流程，切实转变传统的分散式、粗放式的运维管理模式，才能充分满足数据大集中后多层级、全覆盖的运维管理需要，实现运维管理的标准化、规范化和流程化。

可见，银行的数字化转型过程，就是金融与 IT 的融合过程，涉及金融与 IT 两大领域。由于传统银行在 IT 上不存在比较优势，因此通过 IT 外包或并购 IT 企业将成为银行数字化转型的主要方式，即建立开放银行。

开放银行（open banking）指银行通过开放的技术标准（应用程序编程接口或 API），与第三方服务商（TPP）共享客户账户信息系统和支付系统的访问权限。然后，TPP 将此访问权纳入财务应用程序，包括账户查询、财务面板、预算分析、存款产品的比价等。

开放银行有利于银行培育创新生态系统，通过 API 向第三方集成开放其核心业务功能来扩展其产品；根据用户需求定制增强型服务产品，提高客户满意度；接触服务不足的人群进入更大的利润池；纯数字服务提高营收能力；参与监管对话和技术联盟制定技术规范。

（二）智能化成为必然

在运营和渠道方面，线上服务将成为银行触客的主要方式。与传统物理渠道相比，线上渠道运营费用相对轻盈，可突破物理局限，同时吸引年轻客群。因此，各银行会不断优化线上渠道布局和结构。一方面优化线上渠道的客户体验，融入数字化互动设计，提升 APP 打开速度、运作平滑度和线上客服响应速度，进一步可引入智能投顾，利用人工智能分析客户的资产负债情况和风险偏好数据，为客户提供标准化投资顾问服务；另一方面，打造手机银行、网上银行、微信银行等线上渠道协同体系。在做好线上线下渠道的基础上，对全渠道进行整合。

另外，金融科技可从四个方面帮助物理网点进行数字化转型。第一，通过身份自动识别、智能自助服务机、远程视频柜员机等新技术的应用，将标准流程化的业务逐步向自助渠道进行迁移，达到提升业务效率、降低人工成本的效果。第二，通过智能服务机器人、智能投教让客户体验新产品新服务，并接受投资者教育。第三，实现在服务过程中抓取客户行为数据，进行精准营销。第四，用移动互联技术帮助客户经理团队转型，提升客户资源管控力度，如为客户经理团队配备标准化的展业工具，提升服务标准化水平的同时，将客户信息在公司级系统中统一记录，实现对线下客户资源的统一管控，避免因客户经理团队流失而导致的客户资源流失。国内已经有一些商业银行对网点进行转型探索，如中国银行、平安银行等。

在营销方面，数字化营销将成为主流方式。金融科技将被充分运用到客户分析和客户营销中，公私联动机制日趋成熟，基于大数据和人工智能的精准营销将普及到银行长尾客户，大大提高营销效率。比如，通过采取智能助手营销，采用客户画像，结合后台数据库，通过电话智能外呼和微信小助手触达客户。

（三）大数据成为风控的依靠

传统的数据集合往往是基于特定目的收集的，随着新兴信息技术的发展，互联网移动终端越来越融入日常生活和经济行为，尤其是智能硬件和设备的普及，与出行、消费、娱乐、支付等相关的数据呈爆发式增长趋势，互联网企业积累了大量数据。这些数据从多个维度刻画了经济主体的行为特征，从中可以挖掘出许多额外的信息和关联逻辑。传统的数据库软件工具和数据分析方法无法在短时间内抓取、管理和处理大数据，不仅因为其规模大，还在于其复杂性，传统数据一般都是结构化数据，而大数据往往包含大量非结构化数据，包括图片、视频、语音、地理位置等，并且数据都在实时更新中。云平台、云计算、机器学习等技术的突破使得对大数据的分析成为可能。金融行业由于天然具有数据量大的优势，成为大数据应用的重要领域。

大数据风控是基于互联网大数据，将数据挖掘、机器学习等大数据建模方法运用到贷前信用评审、反欺诈等风控管理环节。与传统风控模型相比，大数据风控有以下三个基本特征。

一是处理的数据种类多，更加多维。大数据风控模型除了重视传统的信贷变量之外，还纳入了社交网络信息等信息，为信贷记录缺失的群体获取基本金融服务提供了可能。

二是关注行为数据，而不仅仅是历史财务数据。传统的信用评分模型变量均与反映被评价主体债务状况和资金延付状况等资金活动相关，但大数据信用评估更关注被评价主体的行为数据，在互联网大数据时代，电子商务、社交网络和用户的搜索行为等大数据都映射着经济主体的教育背景、工作经历、社交圈子，这些信息与信用水平可能存在某种联系。大数据技术是在充分考察借款人借款行为背后的线索和线索间的关联性基础上进行数据分析，降低贷款违约率。

三是模型的建立是不断迭代和动态调整的结果。大数据风控模型的输入端是成千上万的原始数据，然后基于机器学习等技术进行大数据挖掘，寻找数据间的关联性，在关联性基础上将变量进行整合，转换成测量指标，每一种指标反映借款人某一方面的特点，比如诈骗概率、信用风险、偿还能力等，再将这些指标输入不同的模型中，最后将模型结果按一定的权重加总，最终输出的就是信用评分。在整个过程中，原始数据转换成指标需要进行不断的迭代，不同模型的权重值可以根据样本进行动态调整。

越来越多的互联网金融公司，特别是网络借贷、互联网消费金融等领域的公司开始利用大数据风控技术。一些大型银行也开始利用大数据进行授信，如中国建设银行通过与税务部门进行数据共享，为小微企业提供快捷的信贷服务。

（四）长尾客户成为利润增长新引擎

传统银行在技术和人力资源的双重束缚下，不得不将大部分资源倾斜到少数核心客户上，这些客户一直以来也是银行利润的主要来源。然而银行为满足核心客户个性化需求的边际成本逐渐上升，但边际收益却在下降，导致整个银行业的发展陷入瓶颈。但随着银行自身数据化网络基础的不断完善，大数据、云计算和人工智能技术不断发展和应用，银行的普通客户将能享受到批量个性化服务。比如利用大数据征信，银行可以为没有信贷经历的客户提供授信服务；利用智能投顾，可以对客户进行精准营销。因此，可以预期，数字银行时代下，个性化服务将在长尾客户群中普及，长尾客户也必将成为银行利润增长的新引擎。

对于银行业而言，过去80%的利润来自20%的人群，尽管这部分客户数量较少，但对金融产品的需求较大，且重复购买的次数较多，因此对商业银行利润贡献也较大，在客户群体中占据重要的地位。而近年来互联网新生业态带来的基于"长尾理论"的实践给整个金融行业上了生动的一课：将大量的散户和小市场汇聚，也可成为与以往主流创收来源相匹敌的大市场。面对这样剧变的市场环境，银行不得不从传统的经营管理逻辑中跳出来，放低姿态去接触、了解并服务80%的小微客户，而在这个过程当中银行应借助金融科技进行转型。

随着金融科技和普惠金融两大潮流的崛起，银行业逐渐看到了这80%长尾客户的价值。传统银行将目标瞄准长尾市场，如一些小微企业、夫妻店等背后的个人及有消费需求的个人，他们都有很强的金融服务需求。但由于信息不对称，加之这些用户抗风险能力相对较差，银行很难对这部分人群精准把握，这就要求银行借助人工智能和云计算等金融科技手段，结合这些用户的金融行为、社交行为、信用等数据，为这些人群精准画像，通过金融科技进行量化处理。

一直以来，银行都很想服务好80%的长尾用户，但效果却并不乐观。反观互联网企业，他们通过各种技术手段，触达了越来越多的用户，形成了"聚沙成塔"的效应。因此，银行机构要想延伸金融服务触角，金融科技是重要的手段。

传统银行在互联网浪潮中，已经把传统的支付、财富、贷款与新技术结合起来，实现了数据大集中。但在这个过程中，银行产品服务信息化多是从自身角度出发，对小微客户需求关注不足，体验欠佳，流量经营理念较弱。银行业由此受到启发开始尝试"直销银行"的业务模式，希望快速直达个体客户，吸引客户眼球，帮助客户快速决策购买产品或者使用服务。

而在构建"直销银行"的实践充分实施后，探索"开放银行"的发展应被提上日程：未来银行应充分运用大数据、云计算、人工智能等新技术，去构建"开放银行"服务体系，变渠道为平台，将面向大企业、中小企业及其上下游企业以及平台上的个体这一系列行为串联在一起，打造兼顾生态顶端大客户和大多数小微客户的综合性线上金融服务平台。

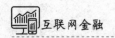 知识巩固

1. 简述金融科技的含义。
2. 简述数字银行的发展历程。
3. 数字银行的发展模式有哪些?
4. 简述中国数字银行的发展趋势。

 案例讨论

河南搭建全国首个省级金融服务共享平台

自 2020 年新冠肺炎疫情发生以来,河南省金融服务共享平台充分发挥"零接触"优势,保证省内疫情防控重点医疗机构的金融服务。截至 2020 年 4 月 12 日,各银行通过平台累计为 2085 家企业放款 35.23 亿元人民币。

河南省金融服务共享平台是运用大数据思维搭建的、以解决民营企业和中小微企业"融资难、融资贵、融资繁"为目标的省级平台,是国内第一家也是唯一一家省级公益性金融服务共享平台,于 2019 年 3 月 5 日正式上线运行。

该平台共归集工商、税务、养老、电力、信用、不动产等 17 个部门 108 类政务数据5633 万条,免费向银行推送。平台推出"310"线上贷款模式,即企业"3 分钟"完成线上贷款申请,银行"1 分钟"完成相关数据调用,企业在平台从申请到获贷全流程网上办理,实现全程"零跑腿"。此举有效解决了贷款手续繁、提交材料多、核贷时间长等问题。

河南省金融服务共享平台自 2020 年 1 月 28 日起开设"抗疫专题",联合各银行开通"云义贷""抗疫贷""医保贷""用工贷"等,保证省内疫情防控重点医疗机构的金融服务,保障重要医用物资、生活物资生产,服务支持中小微企业复工复产。河南省金融服务共享平台共进驻 24 家银行,上线 110 款信贷产品,注册 2.5 万家企业,为 13 429 家企业放款 20 834 笔,放款累计总额 593.23 亿元。

下一步,河南将紧扣疫情防控期间企业融资需求,利用大数据、人工智能、云计算、区块链等技术持续完善平台功能,加强数据治理,优化系统连接,加快产品开发,让数据成为企业融资增信的"真金白银",将更多金融"活水"引向实体经济。

资料来源:姜果,杨晓娜. 河南搭建全国首个省级金融服务共享平台[EB/OL]. (2020-04-14)[2022-03-16]. http://henan.people.com.cn/n2/2020/0414/c351638-33947516.html.

讨论题:

你认为,在金融科技的引领下,数字银行如何改变了我们原有的生活方式?

第四章　互联网众筹

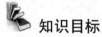

知识目标

◇ 了解互联网众筹的定义。

◇ 掌握互联网众筹的特征。

◇ 掌握互联网众筹的投资模式。

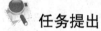

能力目标

◇ 能够理解互联网众筹的风险。

◇ 能够解析互联网众筹发展趋势。

◇ 能够认知互联网众筹发展建议。

任务提出

互联网众筹为小区治理提供新方式

2021年8月，在福建泉州鲤城区临江街道聚宝社区聚宝新城小区，一则"为外墙修复募集资金"的消息在居民的微信群里得到了积极的响应。聚宝新城小区是建成投用近30年的老旧小区，缺乏物业管理，居民互联网众筹修复外墙脱落的瓷砖，为小区的治理提供了一种新方式。

目前该小区共有5幢楼、住户520户。近年来，路面破损、外墙瓷砖脱落、雨水内涝等老旧小区的"通病"，同样也困扰着聚宝新城小区。经过初步测量计算，聚宝新城外墙空鼓脱落面积约180m^2，所需资金约5万元。然而，由于社区收入有限，修复工作迟迟无法启动。正当社区为资金筹措不足苦恼之际，社区积极对接"幸福家园"村社互助工程，破解资金难题的思路一下子就打开了。

"幸福家园"村社互助工程是由中华慈善总会联合全国慈善系统共同实施的网络公益项目，依托民政部依法指定的慈善组织互联网公开募捐信息平台"公益宝"平台，通过平台的项目管理系统上线村（社区）公益项目，围绕村（社区）居民的实际需求，可设立扶危济困互助基金互联网众筹项目。

项目上线后，社区也第一时间告知居民，发动大家捐资助力，得到广泛响应。待项目资金募集完成后，社区将用环保耐用、经济实惠的防水材料修复空鼓脱落外墙，将小区建设得更加安全、美丽。

资料来源：柳小玲,黄凯杰. 小区外墙脱落居民众筹解钱荒 互联网众筹为小区治理提供新方式[EB/OL].（2021-08-24）[2022-03-16]. https://k.sina.com.cn/article_7517400647_1c0126e4705901a2fh.html.

分析：

在你身边有哪些互联网众筹的例子？请举例说明。

第一节　互联网众筹概况

一、互联网众筹的定义

互联网众筹作为网络商业的一种新模式，来源于"众包"。与"众包"的广泛性不同，互联网众筹主要侧重于资金方面的帮助。互联网众筹是指项目发起人利用互联网传播的特性，发动众人的力量，集中大家的资金、能力和渠道，为小微企业、艺术家或创意者进行某项活动、某个项目，以及创办企业提供必要的资金援助的一种融资方式。

二、互联网众筹的起源

互联网众筹融资雏形可追溯至 18 世纪欧洲文艺作品的订购。例如，在文艺作品创作前寻找订购者提供创作经费，待作品完成时，回赠一本附有创作者亲笔签名的著作、协奏曲乐谱副本或享受音乐会首场演出欣赏资格等。

1713 年，英国诗人亚历山大·蒲柏着手将 15 693 行的古希腊诗歌翻译成英语。他花费近 5 年的时间完成了注释版的《伊利亚特》，并因此荣登英国桂冠诗人的宝座。启动翻译计划之前，蒲柏即承诺在完成翻译后向每位订阅者提供一本六卷四开本的早期英文版的《伊利亚特》，这一创造性的承诺带来了 575 名用户的支持，共筹集了 4000 多几尼（旧时英国的黄金货币）帮助他完成翻译工作，这些支持者的名字也被列在了早期翻译版的《伊利亚特》中。

1783 年，莫扎特想要在维也纳音乐大厅表演最近谱写的三部钢琴协奏曲，当时他邀请了一些潜在的支持者，并愿意向这些支持者提供手稿。第一次寻求赞助的工作并没有成功。一年以后，当他再次发起"众筹"时，176 名支持者才使他的这个愿望得以实现，这些人的名字同样也被记录在协奏曲的手稿上。

1885 年，诞生了一个很具影响力的众筹项目。为庆祝美国的百年诞辰，法国赠送给美国一座象征自由的罗马女神像，但是这座女神像没有基座，也就无法放置到纽约港口。约瑟夫·普利策，一名《纽约世界报》的出版商，为此发起了一个众筹项目，目的是筹集足够的资金建造这个基座。普利策把这个项目发布在了他的报纸上，承诺对出资者做出奖励：只要捐助 1 美元，就会得到一个 6 英寸的自由女神雕像；捐助 5 美元就可以得到一个 12 英寸的雕像。项目最后得到了全世界各地超过 12 万人次的支持，筹集的总金额超过 10 万美元，为自由女神像顺利竣工做出了巨大贡献。《纽约世界报》和普利策为此赢得了美国民众的尊敬和爱戴。

2009 年，美国互联网众筹网站 Kickstarter 诞生了，也被许多人认为是互联网众筹的起源。事实上，世界上最早建立的互联网众筹网站是 ArtistShare，该网站于 2001 年开始运营，被称为"众筹金融的先锋"。与西方众筹的历史渊源相吻合，这家互联网众筹平台主要面向音乐界的艺术家及其粉丝。ArtistShare 公司 CEO 创建这家公司时的想法是支持粉丝们资助唱片生产的过程，使其获得仅在互联网上销售的专辑；艺术家通过该网站采用"粉丝筹资"的方式资助自己的项目，粉丝们把钱直接投给艺术家后可以观看唱片的录制过程。

三、互联网众筹的发展

互联网众筹融资的发展速度是值得肯定的，无论是互联网众筹网站数量抑或是筹资数额都得到了较快增长。由于互联网众筹网站数量不断增加，行业内竞争不可避免，互联网众筹融资发展趋势呈现三个鲜明的特征。

第一个特征是抢占国内市场，积极开拓国外市场。Kickstarter 在 2012 年登陆英国之后，2013 年又在澳大利亚和新西兰发起项目。美国另一个著名互联网众筹网站——Indiegogo，自 2008 年成立伊始就坚持走国际化路线，早已在法国等欧洲国家拓展了业务。

第二个特征是除综合性互联网众筹网站之外，出现了专注细分领域的平台。例如，Appsplit 主要为移动应用项目募资，国内的乐童音乐和淘梦网则分别专注于音乐项目和微电影项目。

第三个特征是股权互联网众筹平台发展迅猛。2010 年上线的知名股权互联网众筹平台 AngelList 为超过 1300 家企业完成股权融资，募资高达 2 亿美元，单日融资额超 100 万美元。

与国外相比，互联网众筹融资在我国可以说尚处于萌芽状态，且参与者较少，筹资额度较小，国内整个行业尚未出现可以与 Kickstarter 相媲美、具有较大市场影响力的标杆平台。当然，这与国外成熟的信用环境，以及较为完备的法律体系有着密切联系。

四、互联网众筹的特征

经过近两年的飞速发展，互联网众筹领域涌现出一批具有鲜明特色的互联网众筹平台，也孵化出了一些广受追捧的互联网众筹项目。跨界互联网众筹、产业互联网众筹、单点互联网众筹、连锁互联网众筹等形式，让人眼花缭乱，心潮澎湃。

互联网众筹项目发起人和互联网众筹平台运营者应做好以下五个方面，凸显互联网众筹的特色。

（一）参与主体全程化

在国内传统行业难以为继的情况下，互联网众筹被众多创业者和小微企业看作解决融资难题、创业创新创富的"指路明灯"。

以股权互联网众筹为例，作为投资人，之所以追捧项目，有以下几个原因值得探究。

（1）基于社群关系，投资人往往与项目方是同学关系、师生关系、宗亲关系等，如百度系的"百老汇之家"、腾讯系的"单飞的企鹅"和华为系的"华友会"等。

（2）投资人对该项目的成长性、创新性，以及团队运营能力、风控能力非常看好，愿

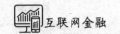

意支持，以期取得较大回报。

（3）一些思维活跃的天使投资人，愿意通过参与具体的互联网众筹项目，对互联网众筹项目全程体验，作为筛选优质项目的捷径。

股权互联网众筹融资的魅力之一就是能够解决信息不对称问题。有一定客户积累和品牌影响力的互联网众筹平台，会及时向投资人推荐大量的、优质的、匹配度高的互联网众筹项目，供投资人从中选择，从而解决了天使投资人与创业者的沟通成本和信任问题。

互联网众筹尤其是股权互联网众筹融资具有很强的参与感，随着互联网众筹项目的推进，投资人的角色会从项目参与者发生转变，如从最开始的投资人角色转变成管理者（当投资人具备项目方所需的某种能力或特殊优势时，如技术、产品、运营、风控）角色，再从管理者角色转变成创意策划者、产品测试者、用户体验者、销售者、渠道合作者、品牌推广者、活动组织者、舆情监督者及新项目发起者角色等，甚至会集多种身份于一身。

从股东会、董事会、监事会的组建到完善，再到股东会、董事会、监事会议事规则的细化和项目落地，一系列游戏规则的达成，合伙协议的完善，财务制度的公开，以及互联网众筹项目的推进，只有让投资人（即股东）完全参与进来，集思广益，真正享有话语权、建议权、监督权和表决权，才能对项目更有利。

（二）投资价值多元化

互联网众筹之所以受到追捧，除了参与主体身兼多重身份，需要全程参与项目外，互联网众筹参与者的投资价值回报体系具有多元化特色，这是传统投资逻辑不能实现，也无法实现的。

例如，在房地产项目中，开发商把普通商业地产打包成中高端理财产品，根据市场调研和用户消费能力和需求分析，将传统意义上的购房人变成 VIP 客户（即股东），VIP 客户只需支付很少的费用，如 10%甚至 5%，由开发商代为理财。一方面解决购房人买房或租房刚需，另一方面，购房人作为股东享有项目的知情权和一定的收益权。更为重要的是，根据积分制度，股东还可以享受到子女入学、大病医疗和留学移民等系列超值实惠，而不仅是业主与开发商（或物业公司）之间冷冰冰的买卖关系。

参与者不是简单意义上的产品预购人或消费者，而是真正的主角，除了能以极低的价格拿到预购的产品、享受到定制化的服务外，甚至能够左右产品的测试、研发、市场推广及定价策略等一系列进程，彻底改变了传统意义上的生产厂家研发产品，找渠道合作，解决库存产品，低价促销等劣势。他们首先拿到一笔钱，根据海量黏性极强的用户需求批量定制产品，既砍掉了各种渠道成本，又极大地方便了产品预购人或消费者的消费需求，从而达到平台、投资人、项目方甚至供应商（或服务商）多赢的局面，助推互联网众筹项目从一个社群交叉走向另一个社群，从一个领域阔步跨进另一个领域，使互联网众筹充满魔力和魅力。这样的案例包括飞机互联网众筹、电影互联网众筹、图书互联网众筹、旅游互联网众筹、教育互联网众筹、农业互联网众筹、会议互联网众筹、餐饮互联网众筹。

（三）产品设计人性化

任何一款爆品要想吸引眼球、引爆市场并非易事，都需要切中要害，找到并解决客户的痛点，否则挑剔的客户绝不会买单。

产品之所以能够火爆，被客户口口相传，不在于企划、公关和价格，而在于产品在推向市场前对核心客户的精准定位，以及对其核心需要的价值认同。

而互联网众筹恰恰能够解决产品上市之前的市场调研和预热功能，客户之所以会选择该产品，首先就是看重产品背后项目方的信用和实力，同时吻合了自己的消费需求和习惯，并将客户自己从产品预购者的身份转变成新产品优化方案的提议者和深度体验者。

（四）平台竞争差异化

截至 2020 年 12 月，我国已经上线运营的互联网众筹平台有 500 余家，既有巨无霸平台，如蚂蚁达客、京东东家、苏宁互联网众筹，又有新生代互联网众筹平台，如京北互联网众筹、小菊咖啡，还有垂直细分互联网众筹平台，如人人投（实体店铺互联网众筹平台）、优客投（跨境互联网众筹平台）、互联网众筹客（专注于吃喝玩乐的同城互联网众筹平台）……

这些互联网众筹平台既有成立时间较早的，又有 2020 年新上线运营的；既有资深行业背景支撑的，又有基于自身优势和对市场的精准判断而成立的垂直细分互联网众筹平台。在众多的互联网众筹平台中，没有现成的模式可以复制。平台运营者必须根据自身优势和对市场的准确判断，走差异化竞争之路，走抱团发展之路，打造具有核心竞争力、便于品牌传播的互联网众筹平台，在众多的平台中脱颖而出。通过线上项目展示和新媒体营销，以及线下项目路演和渠道合作，吸引海量投资人和可靠项目，整合各方力量，做一个个性鲜明、规规矩矩的信息撮合平台。

（五）风险控制立体化

平台的服务创新能力和风险控制能力决定互联网众筹平台的生死，而平台的风控能力是验证平台产品、服务、品牌和体验的最佳路径，值得互联网众筹运营者、投资人、项目方和研究者思考。

一些互联网众筹平台暴露出来的问题既有典型性，又有普遍性。在互联网众筹监管缺位、法律空白的情况下，互联网众筹平台运营者更要严格自律，坚决不触碰法律底线，坚决不弄虚作假，真正做正本清源、利国利民的互联网众筹平台。

互联网众筹平台运营者应本着对投资人负责、对项目方负责的态度，线上对项目方和投资人的资质审核要到位，线下对项目方和投资人的接洽要跟进。互联网众筹平台运营者要对项目方和投资人进行模拟投资法庭辅导和风险投资知识教育，允许投资人有一定的反悔期，充分告知项目方和投资人互联网众筹的流程及注意事项。

互联网众筹平台运营者应制定完整的工作流程和风险预警机制，对风险应具有识别、控制和解决功能。预防风险远远胜于解决问题，要想稳健运营，务必做到以下几个方面。

（1）互联网众筹平台上线前，务必到中国证券业协会备案，取得会员证。

（2）不混业经营。

（3）不非吸。

（4）不自融。

（5）不担保。

（6）资金由第三方托管。

（7）证据由第三方托管。

（8）不承诺固定回报。

（9）不虚假宣传。

（10）不发假标或不串通项目方发假标。

第二节　互联网众筹模式

一、互联网众筹的分类

互联网众筹降低了投资门槛，为终端大众提供了行业的准入资格。通过对传统金融中间环节的消除，互联网众筹显著地提高了各行业的融资效率，并降低了融资成本。依据互联网众筹周期、持有周期、退出方式、回报方式、金融架构及投融资关系等不同维度，互联网众筹又分为不同的类别。

互联网众筹的分类有不同的方式，依据其模式可以分为购买互联网众筹模式和投资互联网众筹模式两大类。依据投资人与项目发起人的关系不同，投资模式的互联网众筹一般分为债权互联网众筹模式和股权互联网众筹模式两类；依据投资者所获得的回报不同，购买模式的互联网众筹又可分为捐赠互联网众筹模式和奖励互联网众筹模式。

每类互联网众筹在实施过程中，互联网众筹参数的设计、目标客群、操作周期等各不相同。债权互联网众筹出资者获得一定比例债权，未来获取利息收益并回收本金，P2P 借贷是债权互联网众筹的一种典型形式。股权互联网众筹，顾名思义，投资者通过出资获得该项目一定比例的股权。股权互联网众筹对创业企业的发展有很大意义，可一定程度上帮助发起方解决融资难题。捐赠互联网众筹是指出资者对项目或机构进行无偿捐赠的互联网众筹模式。奖励互联网众筹又称回报互联网众筹或预购式互联网众筹，是指出资者对项目或机构投资，可以获得非金融性奖励作为回报。

二、互联网众筹的具体模式

（一）债权模式

债权互联网众筹（lending-based crowdfunding）是指投资者对项目或公司进行投资，获得其一定比例的债权，未来获取利息收益并收回本金。

债权互联网众筹一般分为两类：P2P（peer to peer）及 P2B（peer to business），此外，还可以包括购买 P2P 公司发行的证券。债权互联网众筹对投资者的回报：按照约定好的比例将收益如期返还给投资者，到期后，投资者可以收回本金并获得相应收益。债权互联网众筹的风险比较低，但收益也低于股权互联网众筹。同时，债权互联网众筹在法律底层协议中，往往包含相应形式的安全条款，无论项目发起人是否有能力还款，通过安全条款的设计，仍然能够给投资者以本金及收益保障。

据数据显示，在全球 1250 家互联网众筹平台样本中，股权互联网众筹、产品互联网众筹、公益互联网众筹和债权互联网众筹这四种最重要类型的融资金额占比非常均衡。其中，债权型平台数量仅位居第四。但是就融资额来看，债权互联网众筹仍是互联网众筹融资中融资最多的，这点与我国情况一致。在我国，债权互联网众筹先于其他互联网众筹模式疯狂生长起来，融资总量远超其他互联网众筹模式。近几年，P2P 行业出现了几家国字背景的企业，互联网巨头纷纷涉足该行业，行业整合在即，市场集中度将会逐步提高。

在如今债权互联网众筹大规模发展的情况下，投资人要投资债权互联网众筹项目有如下关键点。

（1）项目的所属行业。债权互联网众筹投资不同于简单的 P2P 投资，互联网众筹的投资都与项目所处的行业、项目本身的运营能力息息相关。因此，投资者在参与互联网众筹项目的同时，要对所属的行业进行研究，了解后再进行投资。

（2）项目的风控措施。与股权互联网众筹不同，债权互联网众筹的风控更为严格，目的是降低投资人投资的风险。债权互联网众筹的风控需要经过不同部门的诊断与审核，同时需要项目方对本项目做相应的抵押担保手续。投资人在投资时，要仔细了解该项目的风控是否到位，以避免投资风险。

（3）项目的可持续性。互联网众筹行业的债权互联网众筹持有期，依据项目方融资的不同，短至 1 个月，长至几年不等。因此，投资者在进行债权互联网众筹投资时，要对投资的项目进行相应了解，多方面考察项目的可持续性，确保收益。

（二）股权模式

在互联网众筹的分类中，为大众投资者及行业专家谈论及研究最多的互联网众筹模式，便是股权互联网众筹。作为"互联网化的私募股权"，股权互联网众筹在一定程度上颠覆了传统机构的组织形态，是共享经济的深刻演变形式。

股权互联网众筹（equity-based crowdfunding）是指募资人或募资企业通过互联网平台集合出让部分股权，获得众多个人或机构投资者小额投资，以支持其创业经营或其他社会事业的新型融资模式。

2011 年，互联网众筹正式进入中国。2013 年，我国正式诞生第一例股权互联网众筹案例。2014 年 5 月，证监会明确了对于互联网众筹的监管，并出台监管意见稿。2014 年 11 月 19 日，国务院总理李克强主持召开国务院常务会议，要求建立资本市场小额再融资快速机制，并首次提出"开展股权互联网众筹融资试点"。互联网众筹在国内处于风口，股权互联网众筹正逐步得到社会的认同。

相对于传统融资模式，股权互联网众筹融资是一种更为大众化的筹资方式，它的兴起为更多小规模企业或拥有创意项目的人提供了全新的融资方式。与 P2P 网络借贷相比，股权互联网众筹拓宽了中小企业的融资渠道，使直接融资成为可能。股权互联网众筹因为低门槛、多样性、汇集草根力量、注重创意等特点，被认为是继 2013 年 P2P 网贷在国内野蛮生长之后，2015 年国内互联网金融中非常火的领域。传统金融机构、股权交易所、互联网企业、科技园区等纷纷试水股权互联网众筹领域。

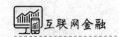

虽然按总体比例分析，全球股权互联网众筹在平台数量和融资额方面分别落后于债权互联网众筹，但股权互联网众筹的增长不容忽视。

1．股权互联网众筹的类型

依据不同的维度和标准，股权互联网众筹可细分为不同类型。从是否担保的角度，股权互联网众筹可分为两类：无担保的股权互联网众筹和有担保的股权互联网众筹。

无担保的股权互联网众筹是指投资人在进行互联网众筹投资的过程中，没有第三方公司提供相关权益的担保。目前，国内基本上都是无担保的股权互联网众筹。

有担保的股权互联网众筹是指股权互联网众筹项目在进行互联网众筹的同时，有第三方公司提供相关权益的担保，这种担保是固定期限的担保。到目前为止，国内只有贷帮的互联网众筹项目为这种模式提供担保服务，尚未被多数平台接受。

2．股权互联网众筹的运营模式

股权互联网众筹运营分为凭证式互联网众筹、会籍式互联网众筹、天使式互联网众筹等模式。

凭证式互联网众筹主要是指在互联网通过卖凭证和股权捆绑的形式进行募资，出资人付出资金取得相关凭证，该凭证又直接与创业企业或项目的股权挂钩，但投资者不成为股东。

会籍式互联网众筹主要是指在互联网上通过熟人介绍，出资人付出资金，直接成为被投资企业的股东。

与凭证式、会籍式互联网众筹不同，天使式互联网众筹更接近天使投资或 VC 的模式，出资人通过互联网寻找投资企业或项目，付出资金直接或间接成为该公司的股东，同时出资人往往伴有明确的财务回报要求。

3．股权互联网众筹的操作流程

股权互联网众筹的交易结构也不同于其他类型，对于股权互联网众筹来说，"股东制"是其重要标志。依据股权互联网众筹的交易结构，对股权互联网众筹的操作流程，可进一步细化。

（1）项目筛选。项目筛选是股权互联网众筹的第一步，也是至关重要的一步。每个项目的差异较大，因此，如何低成本、高效率、精准地筛选出优质的股权互联网众筹项目，就需要互联网众筹平台项目评估部门的质量审核，信息审核包括项目信息、团队信息、商业计划书等。通过审核后的项目，可在平台上与投资人进行联络。

（2）约谈项目发起方。对于初创公司，企业的产品及服务均处于起步阶段，决定投资的最关键因素是创业团队。创业团队是评估项目的首要标准，优秀的创业团队也会得到投资人的青睐。

（3）确定领投人。互联网众筹投资过程中，"领投+跟投"的模式较为广泛，领投人在整个项目投资中占有较重要的权重。通常，领投人多为置业投资人，在行业领域具有较丰富的经验，因此能够在整个互联网众筹过程中，制定投资条款，对项目进行投后管理，出席董事会，以及后续退出。

（4）引进跟投人。跟投人在互联网众筹过程中扮演着同样重要的角色。一般情况下，跟投人不参与公司重大决策，不进行投资管理。跟投人通过跟投项目获得投资回报。

（5）签订投资协议。与投资者签订投资协议，表示投资者与项目之间正式达成合作。投资协议除了约定投资人对被投资企业的估值和计划投资金额外，还包括被投资企业应负的主要义务、投资者要求得到的主要权利，以及投资交易达成的前提条件等内容。

（6）成立有限合伙企业。股权互联网众筹过程中，主要方式是投资人入股企业，成立有限合伙企业，领投人作为一般合伙人（general partner，GP），跟投人作为有限合伙人（limited partner，LP）。现在，股权互联网众筹的入股方式中，另一种较为普遍的方式是，通过签订委托代持协议形式入股，领投人代持股份担任董事。

股权互联网众筹是互联网众筹领域中非常特别的互联网众筹类别，发展潜力是极大的。2014 年 12 月 18 日，中国证券业协会发布了《私募股权互联网众筹融资管理办法（试行）（征求意见稿）》，中国股权互联网众筹终于迎来了规范化的监管。2015 年 3 月发布的《国务院办公厅关于发展众创空间推进大众创新创业的指导意见》中，开展互联网股权互联网众筹融资试点，增强互联网众筹对大众创新创业的服务能力，成为重要内容。虽然政策利好，但是政府重点支持的股权互联网众筹，在实际操作中不同程度地面临着一些问题。目前，国家对股权互联网众筹的法律界定仍然不够清晰，股权互联网众筹法律纠纷、风险控制及投资人保障等方面，一直是股权互联网众筹需要突破的壁垒，如西少爷肉夹馍的互联网众筹款如何追回的问题。股东权益如何保障、互联网众筹款项如何退回等问题，一定程度上反映了股权互联网众筹操作层面亟须进一步规范。

（三）购买模式

1. 捐赠互联网众筹模式

捐赠互联网众筹（donate-based crowdfunding）是指投资者对项目或公司进行无偿捐赠，又称为公益互联网众筹。

捐赠互联网众筹不同于其他的互联网众筹形式，是一种不计回报的互联网众筹。捐赠互联网众筹主要应用于公益领域，在捐赠互联网众筹的捐赠流程中，没有对投资者的回报部分，参与捐赠的大众投资者仅获得了互联网众筹法律协议及凭证，这正是捐赠互联网众筹的特点。

捐赠互联网众筹通过低门槛的公益捐助方式，汇集大众的力量，产生了意想不到的筹款效果，帮助特别需要帮助的人群，是现代进行公益慈善不可缺少的一种方式。捐赠互联网众筹必将改变传统的公益慈善，为公益捐助带来新的发展。

捐赠互联网众筹具有低门槛、多样性、依靠大众力量等特点。互联网众筹的本质也是聚集大众力量完成某件事情，无论是基金会、注册机构，还是民间组织，只要是公益项目就可以作为项目的发起方，发起捐赠互联网众筹，起投金额自由设定，给大众参与的空间。同时，每个出资者并不在乎可以获得回报，出资行为带有明显的捐赠性质。捐赠互联网众筹非常强调大众的参与度。

捐赠互联网众筹和其他互联网众筹可以从以下两个方面做区分。

（1）捐赠互联网众筹是不以回报为目的的筹资，其目的是解决某个社会问题，帮助改善社会环境；其他互联网众筹类型，多以商业回报为目的，从互联网众筹的过程中获得相

应的利益。捐赠互联网众筹获得的回报远远低于其捐赠资金的价值，因此，其溢价部分是捐赠人的公益行为，目的是解决项目发起方的需求。

尽管如此，捐赠互联网众筹和其他商业互联网众筹也有非常紧密的联系，有时，捐赠互联网众筹更需要商业思维，在进行产品的设计及推广时，要充分考虑目标客群的反应，定位要清晰。首先，对项目进行诊断及评估，每个需要互联网众筹的项目发起方都有明确的互联网众筹需求。不同类型的互联网众筹需求，在产品包装设计上有较大的不同。通过对项目发起方的需求评估及诊断，确定对应的目标客群，对目标客群做画像和描摹。其次，对客户群进行分析，包括这类目标客户群的特点是什么、怎样的推广途径能够触及这类人群。

（2）互联网众筹与公益存在天然的同质性和黏联性，二者都需要集大众力量完成低门槛参与实现。捐赠互联网众筹为不同大小的个体提供了公益的梦想空间，同时对公益机构也有一定的提升作用。互联网众筹平台是一个信息高度透明、注重监管的空间，这就体现了公益与投资者之间的信任，增加了双方的纽带，反向促进了公益事业的正规化发展。

捐赠互联网众筹的基础法律关系是赠与。赠与是赠与人将自己的财产无偿给予受赠人，受赠人表示接受的一种行为，这种行为的实质是财产所有权的转移。从法律的角度分析，规范的赠与不存在任何民事、刑事法律风险。

目前，在实务操作层面，捐赠互联网众筹存在一定的法律风险：一是项目信息造假；二是募集资金的使用情况不透明和不公开。如果互联网众筹平台没有尽到勤勉的审查义务，致使部分虚假项目上线并接受捐赠，甚至自行编造虚假项目接受捐赠，或者虽然项目真实但未将捐赠资金合理使用，则项目发起人可能涉嫌集资诈骗。

2. 奖励互联网众筹模式

奖励互联网众筹又称为回报式互联网众筹（reward-based crowdfunding）或预购式互联网众筹，是指项目发起人在筹集款项时，投资人可能获得非金融性奖励作为回报。

奖励互联网众筹一般指的是预售类的互联网众筹项目，团购自然包括在此范畴，但团购并不是奖励互联网众筹的全部，且奖励互联网众筹也并不是互联网众筹平台网站的全部。

奖励互联网众筹应用最多的两类情况，一类是对于创新型项目的产品融资，另一类是预售式互联网众筹。销售者通过在线发布将生产的产品或信息，提前锁定对该产品或服务感兴趣的目标客群，投资者提前支付该产品或服务的款项，完成互联网众筹。奖励互联网众筹解决了项目发起方的融资问题、客群问题，减少了营销成本，提前完成了项目发起方的回款与销售闭环。通常，奖励互联网众筹给投资者的产品或服务价格均低于时点发布的价格，以一定程度的优惠吸引目标客群，从而满足了投资者的需求，解决了项目方的生产周期与成本问题。

预售式互联网众筹在房地产行业的应用最为明显。在房地产行业中，相关政策规定，在没有拿到预售许可证之前，开发商不允许以任何形式进行收费。但是，在开发建设中，开发商存在资金压力、客户压力及推广压力，往往需要通过一定形式实现提前回款，并同时需要测试项目在目标客群中的定位。而互联网众筹平台正好帮助开发商解决了预售收款的问题。

奖励互联网众筹对于帮助公司预售产品并获得初期支持，是一个较好的方式和机制，但对投资者来说，实行奖励互联网众筹有利有弊。通常，能够在互联网众筹平台完成奖励互联网众筹融资的，基本上会得到客户市场及资本市场的青睐。但如果筹资未达到预期，对品牌也会产生一定的负面影响。因此，要正确看待奖励互联网众筹带来的优势和劣势，做好充分的准备，建立顺畅的反馈机制，把每个投资者作为自己的客户对待，正确利用互联网众筹平台，以期获得最大收益。

三、互联网众筹模式的优势

（一）降低投融资门槛

相较于传统的天使投资，在互联网众筹网站上，每个人的投资看起来额度很小，可能少则几元，多则上万元，但是却能够完成一些看起来目标融资金额很大的项目。因为互联网众筹突破了传统投融资模式的限制，使得"人人都能成为天使"，参与新项目或是新企业的产生。虽然股权互联网众筹由于法律等原因的限制，不能像预购式互联网众筹那样有成百上千个投资者，但是相比传统的天使投资，投资门槛已大大降低了。

（二）降低信息传播成本，提高信息传播速度

信息是金融市场框架的核心，传统金融市场主要通过发行标准化的金融工具，并建立金融中介、信用评级公司等机构收集借款人的相关信息，以解决由于信息不对称带来的逆向选择与道德风险问题。

互联网众筹模式利用网络平台传播融资信息，一方面，互联网拥有庞大的用户群和一定的社交功能，信息传播更为方便、快捷且成本低廉，相比传统的广告推广——拜访投资者或扫街式的宣传，互联网众筹模式以更低的成本为项目进行了宣传；另一方面，互联网信息交互性强，用户使用互联网众筹平台发送信息和接收信息，项目发起人除了在计划中阐述项目的优势，还能在互动平台回答投资者一些计划书中没有或是不明确的地方，以较低的成本进行高效的交流互动。

（三）满足消费者个性化定制

互联网众筹平台不仅仅为项目发起人提供了一种融资渠道，还为投资人提供了产品个性化定制的途径。美国趋势学家杰里米·里夫金在《第三次工业革命》一书中有如下观点："正在兴起的第三次工业革命有两个特点：一是直接从事生产的劳动力会不断下降，劳动力成本占产品总成本的比例会不断减小；二是新生产工艺需要满足个性化、定制化的各种需求，这一需求要求生产者了解消费者与市场。"互联网众筹为这种满足需要的个性化定制的低成本运作提供了可能。

在互联网众筹网站上，一些原本面向小众的产品被放在这一平台进行推广，满足了投资人的各类需求。项目发起人与投资者交流的项目评论板块的设置，使得网站不再仅仅是一个简单的融资渠道，还拥有市场调研的功能。一些投资者可能有着丰富的管理经验或是技术经验，可以在不同方面为发起人提供良好建议；一些投资者本身就是产品的潜在使用者或消费者，他们提出的建议能够帮助发起人更好地了解市场，使得产品更好地适应市场

的需求。

（四）应用长尾效应鼓励创新

相较传统的天使投资，长尾效应在互联网众筹融资方式中有着良好的应用。长尾理论是美国《连线》杂志主编克里斯·安德森在 2004 年首次提出的，其核心观点是只要存储和流通的渠道足够多，需求不旺或销售不佳的产品所共同占据的市场份额就可以和那些少数热销产品占据的市场份额相匹敌。

传统市场中，资金的投入更倾向于有名的艺术家或是有一定实力的企业，而互联网众筹融资平台鼓励每个人都发挥自身的创造能力发起大量具有创新性的项目。一些不是很知名的艺术家或是企业的产品或项目也能拥有宽广的展示平台和交流的渠道，降低了这类项目的营销成本，使看似需求极低的商品获得了广泛的支持，使它们所能够筹集的资金可以与主流的产品相比较。因而，互联网众筹融资在一定程度上鼓励了产品的创新。

第三节　互联网众筹的发展趋势及建议

一、互联网众筹的发展趋势

（一）互联网众筹解决民间资本与小微企业的融资需求

2011 年 7 月，工信部等四部委联合研究制定了《中小企业划型标准规定》，第一次提到了"微型企业"，其具体标准是结合行业特点，并考虑企业从业人员、营业收入、资产总额等指标制定的。该规定于 2021 年 4 月进行修订，共列出了 9 类行业的划型标准。以工业企业为例，若企业从业人员少于 20 人且营业收入小于 2000 万元即为微型企业。

小微企业的发展，是我国优化产业结构、提升国民经济增长质量、提高国际竞争力的重要基础。即便如此，小微企业融资难仍旧是世界性的难题。在严格的金融监管制度下，小微企业通过股权融资十分困难。处于创业期和成长期的小微企业，很难达到主板市场的上市标准。对于实行信息披露制度和退市制度的中小板市场，定位是高成长型企业，也不能成为小微企业融资的主要渠道。并且，公开渠道的 IPO 信息披露任务繁重，很少有小微企业能负担实施 IPO 的融资成本。由于小微企业自身存在着信用状况不好、财务体系不健全、资产结构存在缺陷、个体经营风险大等问题，银行不愿意放贷给小微企业，金融危机的影响更加剧了这种融资的困难性。

另外，在小微企业无资可融的同时，民间资本却投资无门。民间资本受到行业准入准则的限制，缺少融资渠道，致使民间资本难以转化为投资，导致这些资金多用于非法集资和投机炒作，不仅浪费了庞大的资源，更扰乱了社会经济秩序。因此，如何正确引导民间资本注入实体经济，促进技术创新，提升就业能力，是社会各界需要共同面对的问题。

传统金融市场中，参与投资的主要是风险承担能力较强的投资者，普通投资者大多通过金融机构参与金融。互联网众筹网站的出现，改变了这一局面，为普通民众提供了直接参与金融市场的渠道，有利于实现民间资本与中小企业的高效对接，缓解资本市场资金紧缺而民间资本投资无门的双重问题。

互联网众筹的筹融资方式代表了"金融脱媒"的创新发展方向。投资者对更高回报的寻求与企业对更低融资成本的寻求，都要求"非中介化"的融资方式。随着投资者日渐成熟与金融服务的不断创新，"金融脱媒"现象开始出现，这也是经济发展的必然趋势。互联网众筹融资是资金从储蓄者直接流向借款人的便利渠道，代表着未来金融市场"脱媒"的趋势。互联网众筹融资利用了互联网高效、便捷的信息传播特点，为民间资本投资搭建了平台，开拓了民间资本与实体经济的对接通道。

互联网众筹网站作为高效、公开的信息传播平台，投资者可以根据偏好选择投资项目，有效地集中了人们手中的闲散资金。创业者可利用互联网众筹网站获得创业资本，完成产品生产或技术创新等项目，顺利将民间资本投资到实体经济中，避免了资金滥用给实体经济带来的隐患，保障了实体经济的健康高速发展。

互联网众筹的融资方式可以引导民间资本转化为投资，参与技术创新，为国家经济注入活力。它为民间资本流向优质企业和项目提供了渠道，同时满足了小微企业旺盛的资金需求，为实现资本资源的合理配置提供了很大的可能。从实际情况看，短短几年，互联网众筹融资已经逐步从创意产业和慈善项目扩大到一个更为广泛的商业平台，将社交网络与种子基金、风险投资的投资方式巧妙地融合在一起，为资金需求方和供应方提供了一个新的桥梁，为小企业融资带来福音。

相较于其他模式，股权类的互联网众筹模式可以投资小微企业而不仅仅限于某一项目，更有利于企业的长远发展，股权类互联网众筹模式的推广，对于我国解决小微企业融资难的问题和开拓民间投资渠道，有着很好的借鉴意义。

（二）互联网众筹促进互联网信息技术的发展

随着互联网技术的发展，金融交易朝着更高效、更快捷、更安全的方向发展，不但将很多金融业务由线下转为线上的形式持续，而且有向手机客户端发展的趋势。大数据技术和云计算等信息科技的发展，使得资金的供给和需求有效匹配，能够满足市场的投融资需求，准确反映市场的供求信息变化，为互联网众筹模式的发展开辟了渠道，改变了以往只有有一定资金规模和从业资格的金融机构或企业才能获得融资、发放贷款和进行风险投资的局面。并且，互联网金融的发展使人们的投资突破了地理上的限制。如果没有互联网，天使投资人想要投资一个项目，必须到项目所在地进行考察，时间成本和机会成本十分高昂，并且即使投资成功，后续的项目管理过程也难以参与，互联网使远距离的投资变得更加可行。

互联网的发展，使信息的复制和传递变得更加便捷。融资项目商业计划书从文档化到数据化、标准化的线上方式，将彻底结束创业者为了推广一个项目大量发送电子邮件或到处分发商业计划书的低效融资历史。同时，互联网的筛选功能使得投资人只要输入自己感兴趣的关键字就能找到感兴趣的项目，大大提升了投资人从众多商业计划书中筛选自己感兴趣项目的工作效率。

二、互联网众筹的风险与防范

（一）法律风险

法律问题可能是互联网众筹发展遇到的最大问题，因为互联网众筹在我国发展时间较短，大多使用预购式的互联网众筹模式。我国没有互联网众筹融资的相关法律，但是，对于明确违反《中华人民共和国证券法》（以下简称《证券法》）、《中华人民共和国公司法》（以下简称《公司法》）或是《中华人民共和国有限合伙法》（以下简称《有限合伙法》）的行为，监管部门会予以禁止。现列举相关法律规定辨析如下。

根据《证券法》第九条的规定，公开发行证券，必须符合法律、行政法规规定的条件，并依法报经国务院证券监督管理机构或者国务院授权的部门注册；未经依法注册，任何单位和个人不得公开发行证券。有下列情形之一的为公开发行：向不特定对象发行证券，向特定对象发行证券累计超过 200 人，以及其他情况。根据我国法律规定，从事证券经纪业务需要取得中国证监会批准的特殊资质。

《公司法》和《有限合伙法》规定，股份有限公司的股东人数不能超过 200 人，有限合伙制企业的有限合伙人不能超过 50 人。因而，有的互联网众筹网站在筹集资金过程中，遵守了 200 人的人数限制，而有的为遵守 200 人的限制，采用协议代持的方式，变相扩大了互联网众筹的参与人数。但是采用代持的方式，容易在项目投资后期产生纠纷，因为没有相关法律保护，后期的纠纷很难解决。

《最高人民法院关于审理非法集资刑事案件具体应用法律若干问题的解释》中规定，违反国家金融管理法律规定，向社会公众（包括单位和个人）吸收资金的行为，同时具备以下四个条件的（除刑法另有规定的以外）属于"非法吸收公众存款或变相吸收公众存款"：一是未经有关部门依法批准或者借用合法经营形式吸收资金；二是通过媒体、推介会、传单、手机短信等途径向社会公开宣传；三是承诺在期限内以货币、实物、股权等方式还本付息或者给付回报；四是向社会公众即非特定对象吸收资金，但是，未向社会公开宣传在亲友或者单位内部针对特定对象吸收资金的，不属于非法吸收或是变相吸收公众存款。对于实物类互联网众筹网站来说，它们的运作模式更倾向于团购或是定制，投资者最终获得的多为实体化的产品，而股权互联网众筹的回报是公司股权。

根据法律规定，股份有限公司向不特定公众发行，必须经过批准。但法律对有限责任公司的发行方式并无明确规定，"法不禁止即为自由"。在我国对于此类网络融资平台监管尚不完善的情况下，国内一些互联网众筹网站虽然出发点是善意的，以支持实体经济发展为目的，鼓励创新与科技发展，不同于非法集资的以吸收存款为目的，但是其运作模式与非法集资有很多相似之处：未经有关部门批准，向不特定对象进行资金的募集，承诺一定的收益率。因此，尽快在法律方面予以明确定义与规范，才能更好地促进互联网众筹的发展，发挥其推动实体经济发展的作用。

（二）道德风险

目前，中国人民银行已经建立了覆盖全国的个人征信系统，一些地方如辽宁省、浙江省等也建立了独立于中国人民银行征信系统的个人征信，但是二者的信息格式不尽相同，在信息采集和信息对接方面有一定难度。并且，不同地方的个人征信系统的组织机构也不相同。例如，北京市和辽宁省等地是由发展和改革委员会组织，上海市由市经济和信息委员会主持相关工作，江苏省和福建省由省经济贸易委员会负责。这也为地方间个人征信系统的统一带来了一定的难度。

一些经济联系紧密的省市已经尝试一体化，其中江苏省、浙江省和上海早在2004年已经开始合作，安徽省于2010年加入，但是合作仅停留在基本信息共享层面。信用记录本身也可能会存在不完备性，即对信用卡和银行贷款可以查询但是对社会上的借贷并不能完全查询。这样使投资者难以获得一般合伙人的信用信息，无法对其以往的信用状况进行核查。

信用体系不健全造成的对资金使用人信用状况的获得成本较高或者无法获得，加大了对于一般合伙人道德风险的防范难度。而企业的信用数据主要由工商、公安、法院、财税、银行等部门掌握，因此，信用信息的企业主要来源为以上部门。目前，只有工商部门的信息向社会公开，但是公开的信息大部分仅限于企业的注册数据，许多数据尚未公开，少量的数据不能满足社会对企业征信的需求。对非上市公司来说，社会上要想获取其企业征信资料只能通过新闻媒体等公开渠道、实地走访和政府部门及相关机构，获取信息的时间成本和经济成本较高，一定程度上限制了企业征信信息的获得。

网络平台的虚拟性使得人们对于网站的发起人知之甚少，征信系统的不完善又使得人们对于网站发起团队的信用和网络平台的安全性信息获取成本高昂或是不能得到相关信息，可能导致一些欺诈情况的发生，加大了在网络平台投资所承受的风险。互联网众筹平台的发展也面临着同样的问题。无论是平台还是投资者，对项目发起人不甚了解，只能依靠互联网众筹网站的资料审核和领投人的尽职调查。因此，应建立互联网征信体系和信息共享系统，有效防范非法集资风险。

三、互联网众筹的发展建议

虽然互联网众筹集资中，每个投资者的投资额度较小，诉讼的动机较小，但是由于其人数较多，一旦出现问题影响较大，因此，我国有必要借鉴国外立法规范互联网众筹融资的做法，结合当前的《证券法》修改，或者出台关于互联网众筹的相关法律，规范互联网众筹融资的运营制度，做到既促进小微企业融资的便捷性和经济性，又保护小额投资者的合法权益，为我国互联网众筹融资规范发展提供合法性支持，具体建议如下。

（一）对于互联网众筹网站实行核准制的准入制度

由于对于互联网众筹网站没有相关法律法规，对互联网众筹网站的准入制度没有相应的标准，不能按照传统金融机构的法定市场准入程序进行注册登记，所以，无论是监管部门还是广大投资者，无法确定一些互联网众筹网站的合法性，加之依托于互联网平台的互联网众筹网站有一定的虚拟性，很容易沦落为不法分子的诈骗工具。投资者也不能掌握互联网众筹网站的资质和信用度，有非法集资的可能。

互联网众筹网站的发展，不能单纯地依靠网站创立者、项目发起人的诚信。因此，对

于互联网众筹网站的创立，应该实行准入制度，对互联网众筹网站的发起和成立有注册要求，由证监会对网站建立者的资质、信息技术水平、风险控制能力等方面进行审核，审核通过后颁发牌照，网站方可作为中介平台进行融资。

（二）设定投资者资格认证制度

不同类型互联网众筹网站的业务模式有差别，网站上产品项目的类型也有差别，面对的投资者的类型也不尽相同，投资者可能是机构也可能是个人，个人投资者的相关投资经验、水平和风险承受能力也不尽相同。股权互联网众筹面临的问题有很多，涉及企业大多处于种子期或者创业初期，企业规模小，市场占有率较低，因此，对抗市场风险和行业风险的能力较弱，加之企业的发展很大程度上取决于领导者的能力，企业的盈利能力波动极大，投资该类企业的风险很高。

因此，股权互联网众筹是互联网众筹模式中最应该设立投资者准入门槛的。我国的现实状况决定了准确核实个人收入水平需要一定的信息成本，依靠个人收入等因素判断投资者是否合规并为他们设定一般性准入门槛的做法实践起来有一定难度。因此，有必要根据不同的筹资模式，由互联网众筹平台主导，对投资者设置一定的准入门槛。可以从投资者银行卡流水投资记录方面进行审核，或者从项目的投资规模方面限制，设定某一项目中单个投资者的投资上限，也可以在该互联网众筹网站中，设定投资者投资总额的上限，引导投资者合理控制风险。

（三）规范互联网众筹网站平台业务

规范互联网众筹网站平台业务主要包括以下几方面。

一是投资者教育，互联网众筹网站应该在其主页显要位置对投资者进行风险提示，提醒投资者在投资过程中可能产生的风险和应承担的责任，明确告知各方应承担的权利和义务以及发生争议时的处理办法。定期对投资者宣讲或是利用其他方式宣传互联网众筹模式，让投资者对互联网众筹模式有更多的了解。

二是对网站的业务流程进行规范，包括项目的审核流程、募集期内资金是否支付给互联网众筹网站的平台、筹资期限是否固定等。

三是对一些业务进行限制，例如，互联网众筹平台不能为投资者提供相关建议或推荐，不能够参与项目发起人和投资者之间的交易，等等。

四是互联网众筹平台应有保护投资者隐私的义务。互联网众筹平台作为数据的掌握者和使用者，应该对投资者的信息进行保护，防止由于投资者的隐私泄露带来不必要的麻烦。

互联网众筹平台应与第三方机构合作，由第三方负责资金托管，代理互联网众筹平台在投资者账户、互联网众筹平台账户和项目发起人账户之间进行资金划转，保证资金的安全性，防止互联网众筹平台作为创业者或小微企业与投资人之间的中介机构，防止资金在募集期间被挪作他用。

（四）完善项目信息披露制度

互联网众筹平台上的项目能否如期完成，与项目发起人的能力有很大关系，发起人的多方面信息十分重要，包括发起人自身经历和项目的具体情况，因此，有必要对发起人信息披露进行规范。如果是个人作为项目发起人，要披露姓名、财产状况和经济现状，融资目的和用途，融资金额和最后期限等信息；如果项目发起人是公司，则需要披露的信息包括公司所属行业、主营业务、财务状况和募集的资金使用计划等。由于涉及知识产权，一些项目的核心内容只有在投资人经过信息审核后才能查看，项目信息披露过程中，应尽可能保护发起人的知识产权以鼓励创新。项目筹集资金完成后，发起人应定期披露项目的完成情况，以促进项目更好地完成。互联网众筹平台也可建立针对项目发起人的类似信用评级的评价标准，对其以往的项目发起记录、筹资金额、项目完成情况等进行记录，为投资人提供相关信息；也可以对投资人认投项目后是否真正投资进行记录，规范投资人行为。记录项目发起人和投资人在网络上的行为，有助于降低双方信息不对称带来的道德风险。

（五）建立互联网众筹行业协会

互联网众筹属于互联网金融的一种，资本市场互联网创新活动对应的监管部门是证监会创新业务监管部，因而互联网众筹融资的监管也由证监会创新业务监管部主持。2016年2月，证监会在北京、深圳等地进行了股权互联网众筹的调研，经过调研提出，试点到法案的出台需要复杂的流程，成立行业协会似乎是一种更为简便和有效的措施。

新的投资模式发展到一定程度之后，才会有相关法律法规对其进行规范，在此之前，行业协会能够协助监管部门对互联网众筹网站进行管理，对互联网众筹行业内部、互联网众筹网站和监管部门进行协调，共同促进这一行业的发展。

知识巩固

1. 简述互联网众筹的含义。
2. 互联网众筹的投资模式有哪些？
3. 互联网众筹的风险有哪些？
4. 简述互联网众筹的发展趋势及建议。

案例讨论

我国首例众筹融资案宣判

2021年1月，飞度公司与诺米多公司签订《委托融资服务协议》，诺米多公司委托飞度公司在其运营的"人人投"平台上融资88万元，用于设立有限合伙企业开办某餐厅。协议签订后，诺米多公司依约向飞度公司合作单位充值17.6万元，并进行了项目选址、签署租赁协议等工作。飞度公司也如期完成了融资88万元的合同义务。但在之后的合作过程中，诺米多公司遭遇了信任危机：第一，"人人投"平台认为，诺米多公司提供的房屋系楼房而非协议约定平房，不能提供房屋产权证；第二，"人人投"网站与众多投资人皆认为诺米多公司所定的房租远高于该地段的租金。诺米多公司同时指责"人人投"向86名投资人筹资，违反了《中华人民共和国合伙企业法》关于"融资主体最高50人"的规定。双方与投资人召开会议进行协商未果后，均诉至法院。

2021 年 4 月 15 日，全国首例众筹融资案在北京市海淀区人民法院公开宣判：结合中国人民银行等 10 部委近期出台的《关于促进互联网金融健康发展的指导意见》等精神，审理认定"人人投"与诺米多公司签订的众筹融资合同有效，判决诺米多公司赔偿"人人投"委托融资费 2.52 万元、违约金 1.5 万元。该次判决还从鼓励创新的角度，审理认定众筹融资是一种新型金融业态。

由于此案是法院系统首次就众筹融资案件进行司法审判，其中涉及众筹平台交易是否合法合规等焦点问题，受到了社会、行业以及广大投资人的关注。

资料来源：人民法院报. 全国首例众筹融资案宣判，法院确认合同有效[EB/OL]. （2022-01-18）[2022-03-16]. https://www.66law.cn/laws/130858.aspx.

讨论题：

你认为，在互联网众筹中我们应该注意哪些风险问题？

第五章　互联网消费金融

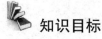

知识目标

♦ 了解互联网消费金融的内涵。
♦ 熟悉互联网消费金融在我国的发展。
♦ 掌握互联网消费金融的模式。

能力目标

♦ 能够理解互联网消费金融的产业链。
♦ 能够解析互联网消费金融的作用。
♦ 能够认知互联网消费金融的发展趋势。

任务提出

科技赋能互联网消费金融

近年来，金融科技公司与金融机构的合作日益频繁。金融机构的优势在于资金充沛且成本低、品牌和信誉度高、牌照齐全，短板则在于线上获客渠道单一、运营效率偏低、普惠程度不够高。这些短板却是金融科技公司所擅长的，金融科技公司在科技研发及科研成果转化方面具有优势，并且能够更好地洞察用户需求，场景获客能力强。双方携手优势互补，将会使智慧金融步伐加快，金融效率大幅提升。新网银行行长赵卫星认为，数字化是实现普惠金融的关键，新网银行和众多合作伙伴拥有共通的互联网基因，双方以金融科技手段共同为客户创造价值，深度携手为消费者提供最佳金融服务体验。

根据乐信发布的《分期电商用户行为报告》显示，未来消费金融高速发展的趋势不会改变，分期电商将以其场景优势、技术能力、优质人群和合规优势，充分发挥"连接器"作用，帮助商业品牌和金融机构获取更多优质年轻客户和优质消费金融资产，共同推动中国社会的消费升级，服务实体经济。

比如，分期乐商城依托场景和流量优势，全面向金融机构开放，分期电商、分期借款、信用卡发卡、信用卡分期、信用卡积分兑换等一系列产品都将标准化，迎接金融机构合作伙伴"拎包入驻"，为分期乐用户提供安全、高效、智能的互联网消费金融服务，构筑互联网消费金融生态的超级"网上营业厅"。

业内人士认为，从数据、场景、业务产品等资源禀赋上看，传统金融机构与互联网金融巨头各有所长，在发展金融科技业务过程中，完全可以错位竞争、互补发展。

资料来源：胡萍. 科技赋能互联网消费金融[EB/OL].（2018-04-23）[2022-03-16]. https://www. financialnews. com.cn/if/if/201804/t20180423_136921.html.

分析：

你认为，金融科技公司与金融机构合作会如何促进互联网消费金融的发展？

第一节　互联网消费金融概述

一、互联网消费金融的内涵

所谓互联网消费金融，是"互联网+消费金融"的新型金融服务方式，它是以技术为手段，向各阶层消费者提供消费贷款的金融服务，是传统消费金融活动网络化、信息化，其本质还是消费金融，但相较于传统消费金融，互联网消费金融属于广义消费金融的范畴。

伴随着我国经济的高速发展，人民生活水平的不断提高，消费者自身的消费意识、消费意愿增强，消费倾向也从以前的基本物质消费开始更多地转向休闲等更高层消费。此外，近年来，随着云计算、大数据、第三方支付等互联网技术的飞快发展及不断普及，以电子商务为发展渠道的新型消费模式逐渐成为新时代人们重要的消费方式，尤其受到"80后""90后"这些当前消费市场上主力军的偏爱。

互联网消费金融的驱动力同传统的消费金融一样，都是消费者，它只是依托互联网平台商品的价格壁垒来使消费者更容易得到想要的商品，从而真正刺激消费。互联网消费金融通过消费信贷分期还款等方式对金融资源进行错配，可以使整个消费市场实速扩张。但与传统消费金融相比，互联网消费金融的信息技术风险更加突出，会对行业产生破坏性的影响。在信用风险上，由于我国尚未建立起完善的征信系统和健全的信用法规，个人贷款违约风险较大，互联网消费金融企业在识别客户信用这一环节，无论从质量还是效率方面，都难以与传统金融机构的信贷审核部门匹敌。此外，互联网金融行业所导的普惠金融理念会将原先未被覆盖的"长尾"人群纳入消费金融的服务体系，由于这类人群可能欠缺相应的金融知识和风险承受能力，所以容易扩大金融风险。

二、互联网消费金融的特点

（1）在依托场景方面，常常与各类商品、服务提供商合作，在大数据征信层面，也常常会有征信公司全程参与。

（2）在资金端方面，有些以自有资金或小贷公司的资金进行放贷，还有些通过 P2P 等理财平台进行融资后再放贷。

（3）在支付方式方面，常常与第三方支付平台合作，通过其进行放贷或资金回款，极大地提高了资金的流动效率。

（4）在具体支付对象方面，有的是将款项直接支付给消费者，有的是直接支付给产品、服务提供商。

三、互联网消费金融在我国的发展

（一）发展历程

国际上，消费金融体制已有 400 多年的发展历史，最早时，由于产能过剩，为了扩大产品销售，制造商和经销商对产品进行分期付款销售，带来了消费信贷的迅速发展。中国的消费金融公司概念最早出现在 2009 年。2009 年，我国宣布启动消费金融公司试点。2010 年，银监会发布《消费金融公司试点管理办法》，之后北银、锦程、中银和捷信四家消费金融试点公司获批成立，发起人分别为北京银行、成都银行、中国银行和外资 PPF 集团，消费金融公司的成立填补了我国金融行业的空白，使金融服务更加细化，可以满足不同消费者群体不同层次的消费金融服务需求。

首批成立的 4 家消费金融公司业务快速扩张，但贷款规模仍然不足 100 亿元，占消费信贷中非常少的一部分，而且由于 4 家消费金融公司有 3 家以银行为主导，所以在成立之初，消费金融遭遇了一个尴尬的现实：消费信贷业务基本被银行信用卡覆盖，那些无法申请信用卡的客户也比较难获得消费信贷。在行业发展最初的几年间，消费金融业务模式与业绩饱受争议，参与主体的数量也没有进一步放开。

2013 年，消费金融公司试点进一步扩大，消费金融公司准入门槛放宽，2013 年 9 月，银监会修订《消费金融公司试点管理办法》并公开征求意见，与旧的管理办法相比，增加了鼓励民营资本进入，允许依托零售商网点开展异地业务，允许接受股东境内子公司及境内股东的存款等多项规定。政策层面的放松吸引了各路资金涌入消费金融领域，其中以银行的表现最为抢眼。

2014 年 8 月，银监会批复同意招商银行旗下全资子公司香港水隆银行与中国联通筹建"招联消费金融有限公司"，这是自 2013 年 9 月底银监会扩大试点范围后首家获批筹建的消费金融公司。

2014 年 10 月，兴业银行获准在福建省泉州市筹建兴业消费金融股份有限公司，该公司注册资本 3 亿元，其中，兴业银行出资占比 66%。之后，银监会陆续批复苏宁云商等消费金融公司筹建。

2014 年年初京东白条的上线和 2014 年 7 月天猫分期的推出，标志着大型电商平台介入消费金融领域，互联网消费金融的发展进入重要阶段。随后，总部位于青岛的海尔消费金融公司、总部位于武汉的湖北消费金融公司、总部位于南京的苏宁消费金融公司、总部位于重庆的马上消费金融公司也相继开业。

2015 年 6 月 10 日，国务院常务会议决定将消费金融公司试点扩至全国以增强消费经济的拉动力之后，消费金融政策限制破冰，放开市场准入，将原在 16 个城市开展的消费金融公司试点扩大至全国，这对促进我国内需消费增长和我国经济的转型意义重大。之后的两个月内，超过 12 家消费金融公司获准开业，这一数量接近之前五年消费金融公司的总和。在消费贷款规模上，2015 年 6 月当月，消费贷款在短期贷款中的占比就上升到 43%，消费贷款投放余额占比与年初相比，提高了 1 个百分点。

2015 年 7 月，经党中央、国务院同意，中国人民银行等 10 部委联合发布《关于促进

互联网金融健康发展的指导意见》，更加速了消费金融产品的诞生。

2015 年 11 月 19 日，位于广州的中邮消费金融公司成立；2015 年 12 月 28 日，位于杭州的杭银消费金融公司成立。互联网金融平台大举发展消费金融业务，逐渐成为消费金融服务的新兴力量。

2016 年 3 月，央行、银监会联合印发《关于加大对新消费领域金融支持的指导意见》，从积极培育发展消费金融组织体系、加快推进消费信贷管理模式和产品创新、加大对新消费金融重点领域的金融支持、改善优化消费金融发展环境等方面提出了一系列支持新消费金融领域的细化政策措施。

消费金融成为竞逐"蓝海"的背后，既有强大的消费动力做支撑，又以迅猛的消费贷款为预期。中国银行研究院此前发布《全球银行业展望报告》称，预计 2021 年个人短期消费信贷余额将同比增长约 15%。近年来，我国消费金融发展迅速，尤其是短期消费贷款增长明显。数据显示，截至 2019 年年末，个人短期消费贷款余额为 9.9 万亿元，同比增长 12.7%，较 2015 年末的 4.1 万亿元增长超 1.4 倍。根据中国银行业协会统计，截至 2020 年 6 月末，消费金融公司资产规模 4861.5 亿元，贷款余额 4686.1 亿元。尽管受疫情冲击，2020 年消费贷款增速出现暂时性下降，但业内对消费金融的发展韧性一直有良好预期。政策支持、经济转型、消费剧增、征信和风控体系的完善、技术的进步对于消费金融的发展都会构成利好，而前卫消费的理念将会使消费金融的规模越发铺开，消费金融似乎可以容纳更多的可能。这是一个广阔的市场，同时充满了挑战。

（二）发展状况

互联网消费金融作为传统金融与互联网技术的结合，代表着两种经营方式和理念的转变。从传统金融机构和互联网企业的互联网消费金融模式看，我国互联网消费金融正处于初步融合阶段。部分传统金融机构建立自由的电商平台，如工行的"融 e 购"等提供分期购物等方式，打造客户消费和支付融资金融服务平台。与此同时，互联网企业开始涉足消费金融行业，如京东白条、蚂蚁花呗等通过大数据分析授予用户数额不等的信用额度用于平台消费，使得消费场景从线上扩展到线下，消费信贷特点更加突出。

此外，互联网消费金融通过互联网向个人或家庭提供与消费有关的支付、储蓄与理财、信贷以及风险管理等金融活动。互联网消费金融的主要业务可分为第三方支付、互联网理财与互联网贷款三类。提供互联网消费金融服务的机构主要是互联网金融企业，也包括传统的消费金融机构。当前我国互联网消费金融的发展状况主要体现为以下两方面。

1. 以电商巨头为代表的互联网企业积极介入消费金融市场

互联网企业最早介入消费金融市场的业务是第三方支付。例如，阿里巴巴在 2004 年就推出了支付宝，其后，腾讯于 2005 年推出了财付通，百度于 2008 年推出了百付宝。自 2010 年发放"支付业务许可证"开始，第三方支付进入快速发展的轨道。

第三方支付的业务大致可分为互联网支付、移动支付、收单、预付卡四类。目前，互联网支付已开始向证券、基金、保险等多个行业领域渗透，而移动支付被认为是电子支付的发展方向。

互联网理财是互联网企业介入消费金融市场的另一个重要业务，互联网理财主要有

P2P 理财和"宝"类理财两种形式，P2P 网贷于 2006 年进入我国，近几年发展迅速；"宝"类理财产品则始于 2013 年 6 月阿里巴巴集团旗下的第三方支付平台支付宝推出的余额宝。

此外，互联网贷款早期主要有 P2P 网络借贷和互联网小额贷款两种形式，但它们主要服务于小微企业，而较少服务于消费者个人，新近出现的互联网银行则把消费金融作为重要业务来发展。对于消费金融市场而言，2014 年是一个重要的分水岭。这一年，京东白条、蚂蚁花呗、蚂蚁借呗等互联网消费金融领域的明星产品相继上线。第二年，"微粒贷"也横空出世，以前所未有的速度快速扩张。这些互联网巨头利用其在场景、数据、用户等方面的积累和优势，建立起了包括资金来源、精准营销、便捷支付、信用评估等为一体的消费生态闭环。而反过来，互联网消费金融的发展又进一步推动了这些巨头用户数据的积累和风控技术的进步。两个可以参考的数据是，截至 2015 年 9 月，京东白条累计发放消费贷款超过 100 亿，累计授信人数超过 200 万，人均贷款 0.5 万元。而截至 2016 年 11 月，开通花呗的用户数已经过亿，实际活跃用户规模达 8000 万。

从 2017 年开始，围绕现金贷、网络小贷，以及 P2P 平台一系列新规的出台，以及收紧 ABS 发行、规范助贷模式等因素的叠加都让消费金融市场的发展产生了不少新的变数。成本的上升、不良的爆发让一批能力较弱的参与者逐渐退出了市场，而与此同时，以美团、滴滴、今日头条为代表的新一代流量巨头则加速变现，开始分食消费金融的市场红利。这其中一个重要的变化还在于，消费金融场景方、资金方、技术方多方协作的商业模式日渐成熟。这不仅进一步优化了消费金融的业务链条，也再一次重构了市场格局。尤其是对 B 端服务方面，一批过去在 C 端有着大量积累的公司，将自己的经验转化为模块化的产品，为其他机构和平台提供金融科技服务。无论是巨头系如蚂蚁和京东金融，还是独立的第三方服务平台都加紧了自己的转型步伐，但在优势、业务布局和发力点方面还是有很多差别。其中，巨头的触角正在从单纯的金融科技的输出转向整个产业互联网的升级，因此很多布局越来越倾向于大场景、深入整个产业链，比如，交通出行领域、小微物流领域都是很好的例子。而独立的第三方平台们则更专注于细分领域，提升 B 端服务的效率，完善个性化服务。前述案例中的中腾信，在线上布局逐步完善之后，孵化出独立的针对 B 端的服务板块——小花科技，专注于为合作机构提供线上化的资产开发。在这个仍然在高速增长的互联网消费金融市场上，传统金融机构如银行、小贷、担保公司等，以及一些互联网流量平台们，对于金融科技服务始终有着旺盛的需求。随着这种协作模式在合规层面和商业模式方面的不断成熟，或许将为更多企业带来新的机会，市场也将迎来新一波的发展高潮。

2. 传统消费金融机构纷纷"触网"

传统消费金融机构主要包括商业银行和消费金融公司，互联网金融机构介入消费金融业务，自然会对它们形成一定的影响，不过对二者的影响并不相同。

目前来说，互联网金融机构开展消费金融业务主要是在自己的线上客户中，且所涉支付、投资理财和消费的金额较小，与银行消费金融的目标客户群存在一定的差异，因而对商业银行的影响暂时不是太大。

但是，对于消费金融公司来说，由于它们和互联网金融机构的目标客户有重叠，且后者在客户基础、业务范围、信用评估、风险控制等方面有明显优势，所以会面临比较大的竞争压力。

商业银行基于成本考虑，往往将目标客户定位于中高收入人群。不过，互联网金融正在改变着商业银行的这种观念。根据互联网经济学理论，互联网经济具有边际效用递增边际成本递减的特征，因此互联网金融可以利用互联网活动中的边际效用递增规律来优化个人金融服务模式，使资金融通的时间、空间和数量边界得以扩展。商业银行可以通过金融业务互联网化、自建互联网金融品牌以及与互联网金融机构合作等方式来参与互联网金融活动，以增强自己的竞争力。从实践来看，一些商业银行已经在积极行动。例如，中信银行就非常重视布局互联网金融和金融互联网，以互联网来推动自己的产品创新、渠道创新、服务创新和管理创新。

消费金融公司的发展一直面临着较大的困境，存在着业务范围受限、同业竞争比较优势缺乏以及风险控制难度大等问题。在当前互联网金融背景下，消费金融公司有必要探索基于互联网的运营模式，以降低成本，增强自己的业务优势。

近年来，随着我国经济发展方式的转变，扩大内需、刺激消费已成为推动我国经济增长的重要驱动力。居民消费能力的提升和消费观念的升级又进一步推动着我国消费金融市场的发展，互联网对传统经济模式的全面渗透，必然会为我国的消费金融注入新的活力。

2015年是我国互联网金融的监管元年，相较于传统金融业的高准入门槛和严格监管，互联网金融行业相对较低的准入门槛和宽松的监管政策使其在诞生之初便得以快速发展，P2P网贷、众筹融资、第三方支付等如雨后春笋般生长。但监管的滞后性也导致行业发展良莠不齐，系统风险不断加大。2015年密集落地的互联网金融政策在一定程度上规范了互联网金融这一新兴业态的发展，并为隶属于互联网金融七大业态领域的"互联网消费金融"带来了新的发展契机。

我国消费金融市场潜力巨大，随着我国居民收入水平、消费能力的稳步提升以及一系列消费刺激政策的出台，我国的消费及金融产业正在快速发展。根据中国人民银行公布的数据显示，我国目前的消费金融以中长期贷款为主，与欧美发达国家50%的比例有着明显的差距。由此可见，我国短期消费贷款市场的潜力巨大，具有较高的成长性。

我国互联网消费金融产业链在逐步壮大。我国日臻完善的金融体系、多样化的社会融资渠道、不断刷新的金融创新速度，为消费金融产业的发展奠定了较为坚实的基础。以银行、消费金融公司、小贷公司、互联网企业等为主体参与构建的互联网消费金融产业链正在不断丰富和发展壮大。一方面，互联网技术的发展和互联网精神所倡导的"开放、平等、协作、分享"，为传统的消费金融注入了新的活力；另一方面，基于电子商务的新型消费生态正在逐步形成，丰富的消费场景和消费需求成为拉动消费金融需求新的增长点。

第二节　互联网消费金融模式

一、互联网消费金融的模式

（一）信贷消费金融模式

信贷消费金融模式主要是客户通过手机客户端填写个人资料申请贷款，得到现金后用于日常生活消费，但是资金的具体用途难以掌控。该种模式下的信贷平台属于中介平台，将投资人的资金提供给消费者进行商品的分期支付，最后再由消费者按照规定的分期时间对投资人进行连本带息的借款偿还。该种模式常见于大学生分期平台，大学生分期平台实际上充当的是信用中介的角色，以其自身来担保大学生消费者可以按时还款。因此，大学生分期平台常常具有严格的风控标准和授信额度限制。

（二）P2P 平台消费金融模式

该种模式主要是 P2P 借款模式，简单来讲，就是消费者（借款人）基于消费需求通过P2P 平台发布借款项目，经 P2P 平台审核后上线该项目，由出借人（投资人）进行资金出借，满足借款人的消费需求，并于到期后由消费者（借款人）向出借人还本付息。该种模式下，P2P 平台主要充当信息中介的角色，对借款人的小额借款用途，即满足消费需求，进行一定程度的审核，但从审核、监管的成本和难度方面而言，很难监控借款人的真实意图，最后资金的流向往往很难控制，从而在一定程度上造成了该类恶性事件的发生。

（三）电商平台消费金融模式

该种模式主要适用于电商平台，以电商平台为基础，通过为客户提供商品的分期服务在平台上进行消费，并提供理财服务。这种业务模式充分借助了电商平台的大数据优势，可根据客户的消费能力和信用等级进行授信，但其在实质运作上往往大同小异。该模式中，仍需要指明的是，对消费者的授信是基于电商平台的大数据分析，对于未获得授信的消费者以及授信额度不足以覆盖商品价格的部分金额，则需要消费者冻结相应数额的资金，才可以参与其中，此举有效地加强了平台的风险防控能力。

二、互联网消费金融的作用

随着国家加大对国内消费市场的政策支持和人们收入的不断增加，我国消费水平得以稳步快速发展，这也促进了消费的升级。从国家层面的基本政策导向来讲，积极发挥新消费引领作用，加快培育形成新供给新动力，是更好地满足居民消费需求、提高人们生活质量的内在要求，是加快推动产业转型升级、实现经济提质增效的重要途径，是畅通经济良性循环体系、构建稳定增长长效机制的必然选择。

在我国经济发展减速的新形势下，互联网消费金融作为一种全新的消费金融工具，在释放国民消费潜力、完善金融市场结构、提升经济发展质量等方面均发挥着重要的作用，具体表现为以下几个方面。

（一）改变消费金融市场格局

1. 消费金融市场发展不平衡的局面将得到改变

互联网消费金融的发展使得消费将逐渐覆盖不同地区、不同收入的几乎所有网络人群，这有助于改善发达地区和不发达地区、城市和农村消费金融发展不平衡的局面。由于消费金融的边际成本极低，原来被忽视但数量庞大的客户群体将受到关注，许多潜在的市场将

被打开，处于不同细分市场的客户群体的需求都将得到满足。

2. 消费金融市场主体将呈现多元化趋势

随着互联网消费金融的发展，原来消费金融市场上以商业行为主、汽车金融和消费金融公司为辅的局面将被打破，市场主体趋于多元化，背景各异的互联网金融企业将进入消费金融领域，专注于在各细分市场专业化的消费金融服务。此外，传统金融机构和互联网金融机构也会加强合作甚至相互融合。

3. 消费金融市场创新产品将层出不穷

互联网为消费金融提供了强大的渠道挖掘能力和信息组合能力，使得各种创新产品的出现成为可能。从已有实践可以看到，互联网消费金融在支付、投资与理财、信贷等方面已经推出了许多创新产品，也具备推出更多制版产品的能力。此外，由于互联网消费金融往往是针对某个细分市场来设计产品，因而产品的质量会比较高而成本会比较低。

（二）提高消费金融市场效率

（1）互联网金融机构和传统金融机构的相互竞争将使消费金融市场的产品定价更为合理。传统金融机构提供支付、理财、信贷、信用卡等方面的消费金融产品，互联网金融机构也会以一种更"亲民"的互联网方式提供，这无疑会对传统金融机构形成压力，同时使其对产品做出更为合理的定价。例如，互联网各类理财产品大量出现后，其巨大的吸金能力提升了商业银行的资金来源成本，一度给商业银行造成了巨大的压力，促使商业银行不得不提高其对利率的定价能力。

（2）采取线上业务模式将极大地降低消费金融机构的运营成本，借助互联网开展金融业务的最大好处是可以极大地降低成本，完全采取线上业务模式运作的金融机构不需要设立网点，所有消费金融业务都在网上进行，这无疑可将消费金融机构的运营成本降至最低。深圳前海微众银行就是一家这样的纯互联网银行，传统金融机构通过机构互联网化后，可采取线上和线下相结合的运营模式，也会大大降低其运营成本。

（3）专注细分市场将增强消费金融机构的产品创新能力。互联网金融机构大多专注于细分市场，其好处是可以有针对性地开发创新产品，以最好地满足客户的需求。例如，京东针对校园、教育、旅游等不同的消费场景推出不同的"白条"产品。同时，对于消费金融公司来说，也需专注细分市场，以更好地发挥自己的产品创新能力。

（4）运用大数据技术将提升消费金融机构的风险管理能力，互联网金融机构目前还不能像传统金融机构那样从人民银行征信系统获得个人数据，它们运用大数据技术来进行信用评估和风险管理。随着征信体系的完善，互联网消费金融机构和传统消费金融机构都将可以利用大数据技术来提升自己的风险管理能力。

三、互联网消费金融与网络借贷的区别

近年来专注于个人消费金融业务的互联网金融服务迅速兴起，也就是互联网消费金融，与传统的 P2P 模式相比，二者虽然都属于互联网金融的服务范畴，但是却有着根本区别。

（一）服务对象不同：中小微企业与个人消费

在传统 P2P 平台进行投资理财的资金一般借给有资金需求的中小微企业：可能用于厂区扩建；可能用于企业运营；也可能是过桥资金，借给企业以后被花在哪里投资人难以一一查证。

互联网消费金融就是向消费者提供消费贷款的互联网金融服务方式。例如，在金融平台，投资人的钱借给有消费需求的年轻人，他们无论是买一部手机还是买一辆二手车，都是在消费场景中确切发生的，借款人虽然提交借款申请，但是，金融平台和合作商户进行现金结算，借款人拿到手的是他分期购买的商品实物。也就是说，每笔借款都有明确的借款目的，投资人知道自己的钱被用在哪里。

（二）风险管理模式不同：线下审核与反欺诈

传统金融对借款项目的审核多为线下审核，通过"三品""三表""三单"（三品：人品、产品、抵押品；三表：水表、电表、税表或海关报表；三单：对账单、出入库单、工资单）这条审贷主线进行审核。但是，国内很多小微企业（含个体工商户）存在经营不规范、财务报表不健全等问题。例如，很多小微企业的流水不走企业，而是通过实际控制人对账单来体现，这就要求对企业的对账单及实际控制人的对账单一并审核。对于依赖线下风控手段的传统 P2P 而言，一方面中小微企业的经营特点各异，所以在审批过程中存在各类问题；另一方面，互联网的高效率与线下繁杂的风控流程具有一定程度的服务不对称性，因此，传统 P2P 对小微企业的风险把控可能会受到影响。

在风控方面，互联网消费金融逐渐建立起了高效、高预测能力的申请评分模型，实现利用大数据来交叉验证的反欺诈技术。例如，金融平台所有借款客户开发、征信、审批对接到平台的过程都由金融平台的工作人员完成，不依赖任何第三方。另外，如果用户借钱买一部手机，其还款能力本身没有问题，那么主要应考虑他的还款意愿，在这个层面上，就可以通过交叉验证诸多信息把认为存在潜在欺诈倾向的人驱逐出去。

（三）发展环境不同：经营压力与消费驱动

在近几年宏观经济环境不景气的背景之下，小微企业的生存压力逐渐变大，尤其是各种社会资源更青睐大中型企业，令小微企业发展受限，虽然国家不断鼓励中小微企业发展，但收效甚微，在国内经济进入"新常态"的过程中，这一现状可能仍会持续。

目前，传统 P2P 面临的资产荒问题其实也与经济下行压力加大、优质的中小微企业资产数量日益减少有很大的关系，而与之相反的是，在国家政策的大力鼓励下，国内消费市场对消费信贷的需求正逐渐加大。

（四）资金用途不同

对于传统 P2P 平台而言，借款者借款的用途主要用于企业运营和过桥贷款，而对于联网消费金融来说，消费者贷款的目的是用于购买商品。

四、互联网消费金融产业链

在我国经济发展减速的新形势下，作为一种全新的消费金融工具，互联网消费金融对于释放国民消费潜力、完善金融市场结构、提升经济发展质量均发挥着重要的作用。总体来看，互联网消费金融的出现恰逢其时，它不仅保留了消费金融的特点，还将互联网技术应用到消费金融中，使二者整合起来，在购买和支付环节中实现了互联网化。

无论是传统金融主体如商业银行、消费金融公司等参与主体，或是以京东、阿里等为代表的电商企业，还是以人人贷、拍拍贷为代表的P2P网贷平台等，这些主体通过不同的方式和途径推动着互联网消费金融产业的快速发展，形成了完整的互联网消费金融产业链。

这条完整的互联网消费金融产业链包括上游的资金供给方、消费金融核心圈及下游的催收方或坏账收购方，其中消费金融核心圈又包括消费金融服务提供商、零售商、消费者和征信评级机构四部分。

其中，消费金融核心圈分为消费者支付和消费金融服务提供商支付两大模式，第三方独立征信与评级在现阶段缺失，消费金融服务提供商风险控制成本较高。

消费者支付模式是消费金融服务提供商先给消费者发放贷款，消费者在消费时自行支付给零售商，这种模式的产品主要有信用卡和综合性消费贷款，对于综合性消费贷款，消费金融服务提供商难以控制消费者的资金流向。对于消费金融服务提供商支付模式，本书将在互联网消费金融服务提供商处详细阐述。

互联网消费金融产业链主要包括四类参与者：① 消费者，消费金融的核心，利用金融机构提供的资金进行消费，在约定时间进行偿还；② 金融机构，包括商业银行、专业消费金融公司、电商企业等，根据消费者的信用状况、消费能力等提供资金给消费者；③ 消费公司，包括电子商务平台等；④ 行业监督机构，如中国人民银行、消费品领域委员会、行业协会等。

互联网消费金融产业链涉及的各方主体的盈利来源各有差异。其中，资金供给方、消费金融服务商的盈利主要来自息差收入和手续费收入；消费供给方收入主要来自商品销售利润；征信机构收入来自信用查询咨询费；催收坏账机构的利润主要来自欠款催收以及坏账处理的手续费收入。在整条产业链中处于核心环节的是消费金融服务商，此类机构拥有牌照门槛，数量较少，具有议价能力强等业务链优势。

（一）资金供给方

上游资金供给方主要包括消费金融服务商的股东、消费金融服务商的资产、受让方P2P网贷平台投资人等，这些资金供给方的资金主要包括自有资金和借贷资金，主体多元化，资金供给形式多样。上游资金供给方及资金供给形式因消费金融服务提供商的不同而存在差异。

每一种互联网消费金融公司都有专属于自身的资金供给方，因此其资金供给形式也各不相同。对于银行而言，上游主要是储户、股东和信贷资产证券化的投资机构，资金供给形式主要表现为储蓄、出资和投资；对于消费金融公司而言，上游主要是股东，资金供给形式表现为出资；对于 P2P 平台而言，上游主要包括资产证券化受让方、P2P 网贷平台投资用户等；对于电商消费金融平台而言，在电商平台上以赊购方式获得消费品，可选择分期付款或延迟付款；对于小额贷款公司而言，其上游资金来源主要是小额贷款。

（二）消费供给方

下游消费供给方主要提供线下消费场景和线上自营或第三方的消费平台，消费金融服务平台联结供需双方。场景是消费金融的基础，消费场景的线上转移使线上的消费金融平台更具渗透力。电商消费金融平台以电商自身的消费场景为基础，完善电商生态；而在教育、校园、装修、医疗、租房等领域，部分 P2P 公司选择以消费金融为切入点进入，进而构建"消费场景大生态"。

（三）消费者消费金融服务需求

消费者消费金融服务需求一方面是指对互联网消费金融服务商提出消费贷款申请，经互联网消费金融服务商审核通过后发放贷款给消费者。其中，通过银行、P2P 平台、消费金融公司和小额贷款公司获得的借款，可以在线下和线上购买商品和服务，而通过电商平台获得的借款，只能通过电商线上的消费平台购买商品或服务。另一方面则是从消费供给方购买产品或服务进行消费。此部分是互联网消费金融的核心环节。

（四）互联网消费金融服务商

从我国当前互联网消费金融发展的现状来看，互联网消费金融服务商包括银行、分期购物平台、电商消费金融平台和消费金融公司。互联网消费金融服务商作为消费金融核心圈的重要部分，通过发放给消费者一定的消费信贷额度，使消费者可以在进行相应的消费时由消费金融服务商直接向零售商支付，这一模式可以保证专款专用，但需要消费金融服务提供商拓展更多的合作商户。目前，互联网消费金融平台上美利金融采用的就是消费金融服务提供商的支付模式，其旗下的力蕴汽车金融和深圳有用分期在消费者提出购买二手汽车和 3C 电子产品的借款申请后，直接将款项支付给零售商，贷款目的更为明确且真实。由于互联网消费金融尚属于初步发展阶段，其消费金融服务提供商风险控制成本较高。

（五）催收机构/坏账机构

目前，我国的催收行业尚未形成规模，坏账收购方也只有四大资产管理公司专门管理银行业坏账，对消费金融的坏账处置机制尚未形成，因此消费金融坏账主要由消费金融服务提供商或资金供给方承担。催收行业刚刚起步，相应的法律法规尚未建立，催收行业的正常发展缺乏规范，消费金融坏账难以通过催收收回。消费金融行业规模仍然较小，消费金融坏账相对于银行业坏账微乎其微，针对消费金融坏账的处置机制短期内难以形成，消费金融服务提供商或资金供给方将承担实质坏账。

（六）征信机构

征信机构主要是提供个人信用报告和信用评级的机构，在消费金融核心圈中第三方征信与评级是消费金融服务提供商风险控制的关键环节。我国征信业起步于 20 世纪 80 年代，目前已初步形成一个覆盖面较广、结构基本齐备、以公共征信为主导的多层次征信体系。第一层次是以中国人民银行征信中心管理的企业和个人征信系统数据库为代表，拥有大量基础信息的公共信用数据库和若干个专业信用数据库；第二层次是以工商、税务、海关等政府职能部门的信息管理系统为代表，掌握特定经济信用信息的政府部门、投资金融机构、经济鉴证类中介机构；第三层次是对信用信息进行搜索、调查、加工并提供信用产品的专业征信机构，既包括有政府背景的地方性征信机构，又包括国内民营征信机构及在我国设立办事机构的外资征信机构。然而，我国征信业仍处于行业发展的初级阶段，征信机构还没有形成较强的市场竞争力，提供产品和服务的能力还很有限。另外，我国的个人信用信息比较分散，拥有个人数据的机构单位之间难以协调，个人信用数据难以收集。国内信用体系建设的滞后，使得个人征信与信用评级体系在现阶段处于缺位状态，消费金融的发展因此受到了很大程度的制约。

（七）银监会

中国银行业监督管理委员会（China Banking Regulatory Commission，CBRC）成立于2003年4月25日，简称中国银监会或银监会，是国务院直属正部级事业单位。根据国务院授权，统一监督管理银行、金融资产管理公司、信托投资公司及其他存款类金融机构，维护银行业的合法、稳健运行，是我国互联网消费金融产业链中的监管机构。

中国银监会系统在全国有四级组织机构，其中银监会机关在北京市金融街，内设27个部门。除中央国家机关外，银监会在31个省（自治区、直辖市）的省会城市以及大连、宁波、厦门、青岛、深圳5个计划单列市设有36家银监局，在全国306个地区（地级市、自治州、盟）设有银监分局，在全国1730个县（县级市、自治县、旗、自治旗）设有监管办事处，基本覆盖了全国各层级行政区域，全系统参照公务员法管理。

2018年3月，根据第十三届全国人民代表大会第一次会议批准的国务院机构改革方案，将中国银行业监督管理委员会和中国保险监督管理委员会的职责整合，组建中国银行保险监督管理委员会；将中国银行业监督管理委员会拟订银行业、保险业重要法律法规草案的职责划入中国人民银行，不再保留中国银行业监督管理委员会。

第三节　互联网消费金融发展趋势

2015年是互联网消费金融元年，在国内行业龙头京东、阿里、分乐的示范效应下，互联网消费金融正渗透到社会生活的各个方面，呈现出强劲的发展势头。

一、互联网消费金融的趋势

（一）综合消费金融将成为P2P信贷主流

目前我国消费信贷在信贷结构中占比仅为20%左右，而在信贷发达的美国市场，消费信贷的占比超过60%，远高于中国，以中国的人口基数其将还有很大的上升空间。对于P2P

来说，消费金融是一片蓝海，各老牌 P2P 平台如拍拍贷、财路通等开始转向消费金融，通过从用户体验上满足消费者需求，形成自己独特的消费金融产业链条并尝试以 C2B 的模式进入消费金融市场。

1. P2P 平台进军消费金融的主要优势

首先，P2P 平台已建立了较为完善的风险控制体系。消费金融对于 P2P 平台来说，意味着更高的风险系数，没有庞大的风控体系是很难做到的。拍拍贷、财路通作为中国支付清算协会互联网金融风险信息共享系统首批加入者，其风控体系自然也得到了央行的认可。拍拍贷通过 8 年的数据积累与反复休整，建立了一套完整的风控流程，包括反欺诈系统、信用评级系统模型和基于信用评级的风控定价模型。财路通同样具有非常完善的网络安全防御体系和独特的风控系统，使用先进的云计算平台，运用多种防破解、防攻击技术，用户连接网站均通过加密数据传送，独立研发的 FCO 信用分级模型，使得用户安全多一重保障。

其次，从目前国内的现有消费金融生态来看，消费金融公司数量相当有限，而国家正在鼓励扩大消费金融试点，但是当前整体的服务范围和能力都还有待提升。而以拍拍贷、财路通为代表的 P2P 平台通过提供创新的消费金融产品以及强大的服务体系，已经得到了相当部分消费金融用户的认可。根据易观数据分析，当前国内的互联网消费金融交易规模主要来自于这类 P2P 平台。

最后，从整个消费金融的生态上来看，P2P 综合消费金融包括个人房贷、车贷、医疗贷、教育贷、耐用消费品贷等，这给予消费者更多选择。对于每一个消费者而言，他们在很多方面都会有贷款的需求，这些相比单独的电商消费金融等拥有了更全面的选择。金融理财不同于其他产品，很多消费者一旦选择了某些平台，就会有比较高的忠诚度，对于大多数的消费金融用户来说，也不太可能每选择一个新的消费就换一个不同的平台。

2. P2P 平台进军消费金融的不足

虽说目前 P2P 平台综合消费理财金融占据了整个消费金融市场的主要部分，但是随着越来越多的垂直细分领域涌入不同的消费金融，他们必然会对 P2P 造成相当大的冲击，尤其是 P2P 在以下两方面尚存在不足。

（1）缺乏场景化入口。大家都知道，消费金融意味着需要一个消费的生态，诸如京东的白条、阿里的花呗，他们紧紧围绕着自己的电商平台，很容易刺激消费者通过这种借贷的方式进行提前消费。

（2）流量入口上存在不足。不可否认，很多 P2P 平台都已经拥有了一批忠实的理财用户，但是相对电商类的平台而言，如京东商城、天猫商城等，他们在流量入口上还是比拼不过。

（二）旅游消费金融成为市场新的爆发点

目前，"去哪儿""驴妈妈""途牛""首付游"等旅游平台，以及兴业银行、中国银行等金融机构都推出了旅游金融分期消费，旅游消费金融正在成为旅游平台竞争的新焦点。

从消费者的需求角度来看，旅游对很多人来说都是一件非常向往的事情，尤其是对一

些收入并不高的年轻人来说，有时会因为经费不足而让他们的旅行只能成为泡影。这种情况下，旅游金融分期消费自然而然成为他们考虑的一种需求。

从旅游类平台的发展来看，当前"去哪儿""途牛"等各大旅游平台普遍存在亏损的现象，这是困扰所有在线旅游平台的一大难题，而旅游金融的出现则让在线旅游平台看到了新的利润增长点。事实上，旅游金融类产品并不像想象的那样单一，除了比较常见的旅游分期金融服务，还包括旅游理财、旅游保险经纪等方面的产品和服务，在推出旅游分期消费的同时也推出各类旅游相关理财产品，这势必会给在线旅游平台带来更多的利润空间。

从旅游服务的角度来看，推出旅游金融消费是对在线旅游服务的一种最好补充。由于很多消费者都存在旅游金融方面的需求，但是过去很多平台却没有提供这方面的服务，消费者的体验自然会存在不足。如今"去哪儿""驴妈妈""途牛"等各大旅游平台推出了各种不同形式的旅游消费金融，必然会增加用户的黏性和用户的忠诚度。不过从目前旅游消费金融市场的整体情况来看，各大平台推出的旅游消费金融时间都不是很长，要想让旅游消费金融成为一种常态，他们还需要从以下两个方面努力。

第一，对于在线旅游平台推出的旅游消费金融，很多用户目前普遍还不是十分了解。虽然旅游消费金融需求存在，但是旅游消费金融的消费习惯并没有形成，还需要一段时间的消费者市场培育过程。

第二，从实际市场看，旅游的新兴消费群体多为经济能力有限的年轻学生、白领，但与此同时这部分消费者的还款能力也相对有限，旅游消费平台需要增强自身的风控能力。

（三）医疗消费金融会成为医保的一种补充

很多家庭由于经济原因负担不起昂贵的医疗费用，这个时候分期医疗付费也就由此诞生了。目前国内有少数医院通过与银行合作，推出了分期付费的方式。但国内还没有单独的医疗金融平台通过与各大医院达成合作而推出医疗金融服务。从需求角度上来说，医疗消费金融是一种刚需。

而从信任度的角度来说，目前推出了分期医疗付费的都是医院，因为医院做这个事情会更容易得到患者的信任。不过未来如果医疗O2O平台推出医疗分期消费金融，信任障碍则需要突破，尤其是不仅要获取患者的信任，还需要获取医院的信任。

整体来看，尤其是对于很多没有资金实力的老百姓来说，医疗消费金融是一件利国利民的事情，但是当前国内的医疗消费金融普及程度还很低，要让医疗消费金融顺利进行，需要医院与金融平台以及机构的共同配合。

（四）教育消费金融正在培训、留学领域兴起

教育消费金融不同于校园电商消费金融，虽然二者都是针对学生，但是一个是针对学生们的购买消费，另一个是针对学生学费，是两个完全不同领域的消费。目前学好贷等众多培训机构都推出了针对大学生学费的分期贷款。从市场的角度来看，随着国内教育的不断改革，中国学生的学费越来越贵，而高校的办学成本也逐年上涨，尤其是研究生和留学生学费，对多数家庭来说都是一大难题。

据统计，在美国的华人贷款市场中，学费贷款仅次于房贷，位居信贷市场第三位，可

见这个市场的庞大。此外，很多学生都会参加各种英语、计算机等技能培训班，而他们一般不会主动开口向父母要钱，教育培训分期付费就成为考虑的首选。

而从申请贷款的程序上来看，学生从银行机构等办理贷款，往往申请的时间比较长，申请的金额额度比较小。专门针对教育放贷的平台申请手续相对要简单很多，而且审核速度也要快很多。同时对于好学贷来说，要给学生放贷，必须要确保学生将来有一定的偿还能力，否则教育学费贷款尤其是留学贷款数额较高，一旦平台的坏账率过高，就会导致平台的资金链出现问题。

（五）农村消费金融即将成为下一个风口

农村金融是当前阿里、京东等巨头要积极进攻的领域，农分期、领鲜理财等平台都已经开始在农村消费金融领域进行布局。不过随着淘宝、京东等电商平台不断渗透到农村，未来农村消费金融也许会成为下一个新的风口。

第一，随着国内农民收入的不断增长，农村消费市场规模正在逐年扩大，尽管当前农村消费金融并没有成为一种主流，但是随着农业电商的渗入，未来农民对于电商产品的金融需求会越来越大。

第二，我国农民消费的观念也开始发生改变。过去农民接受贷款消费的概念几乎不太可能，农村的住房、汽车、家电、教育、旅游等信贷消费市场发展较为滞后，但是随着国内农村社会保障体系逐渐完善，农民对金融消费的需求也将逐渐增长。

第三，随着城乡一体化建设的不断推进，如今很多农村的金融机构网点覆盖率提高了，而且有了大型的电器商场、商贸市场，汽车下乡活动、农村新房建设等都在刺激农民过上新的生活，这些都为农民的金融消费打下了坚实的基础。目前农分期、领鲜理财等农村金融平台在消费领域做得还远远不够，对于它们来说，最难的还是消费者理财习惯的培养，要想让农民朋友把消费金融当成一种常态，确实还需要一段漫长的过程。

此外，落后的网络也是农村消费金融向前迈进的一大障碍。目前虽然农村的网络覆盖率在不断提升，但大多数人上网不熟练，更别提在互联网金融平台上进行消费理财了。

（六）房产消费金融一片"红海"

提到房产消费金融平台，这个就非常多了，诸如好房宝、搜房宝、房融所、土巴兔等，此外，过去传统的银行也一直都在深耕房产金融领域，包括新房金融、二手房金融、装修金融、租房金融等多个方面。从当前消费金融的市场规模来看，房产消费金融的规模是最大的。

第一，毫无疑问，买房对中国大多数消费者来说是一件大事，而且涉及的资金规模比较大。对于相当部分的消费者而言，他们没有那么强大的经济实力基础，不管是新房还是二手房，或是装修房子，都会产生一笔不小的开支，这时贷款就会成为他们考虑的首选。

第二，目前推出互联网房产消费金融的平台主要是新房交易平台、二手房交易平台、租房平台及装修O2O平台。通过借助买房、租房及装修房子的需求积累用户，让用户通过平台进行贷款自然也就顺理成章，而且这类互联网金融平台的放贷时间、资质审核相比银行都要更方便。

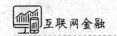

第三，房产金融是整个房产交易过程中不可缺少的部分，少了房产金融就无法形成交易生态闭环。所以从服务的角度来看，提供房产交易的平台同时又提供房产金融，是提升用户体验的一个必要环节，同时也是平台获取新的利润增长点所在。房产消费金融市场规模庞大，竞争同样十分激烈。互联网房产消费金融最大的威胁来自传统银行，房产金融是传统银行非常大的利润来源，传统银行不会拱手相让。另一个威胁来自于平台自身的风控能力，房产消费金融是一笔不小的开支，同时贷款额度也会非常大。传统银行过去在对购房者的资质审核上会相当严格，如今互联网房产消费金融平台为了加快放款速度，对消费者的资质审核有降低标准的趋势，这势必产生一定的风险。

（七）汽车消费金融需要突破 4S 店这道屏障

汽车消费金融与房产消费金融有许多相似之处，众多汽车交易平台如汽车之家、易车网、天猫汽车等都推出了汽车消费金融，购买新车、二手车等都可以进行贷款消费。

与购房类似，购买汽车同样开支巨大，贷款买车无形中就成为众多消费者的一种选择。互联网汽车消费金融正在受到越来越多年轻购车一族的认可与接受，这部分消费群体大多数实力都不是特别雄厚，未来互联网汽车消费金融很可能成为汽车金融的主流。从平台的流量入口来看，汽车之家、易车网、天猫汽车等汽车交易平台都具备庞大的流量入口，而且这类汽车交易平台都拥有一定的知名度和实力，比较容易得到消费者的认可。最为重要的是，在这类平台上办理汽车贷款，手续及资质审核等方面要比线下平台方便快速很多。

对于互联网汽车金融平台来说，他们的最大竞争对手除了银行，还有传统的汽车厂商。从目前的汽车金融市场格局来看，由于购买汽车都是通过线下交易，大多数的消费者选择汽车消费金融的方式都是通过线下的 4S 店，而非直接通过互联网平台，如何引导消费者通过线上平台进行金融消费是互联网汽车金融平台需要突破的难关。

二、互联网消费金融的发展机遇

（一）政策方面

中国人民银行在 1998 年和 1999 年相继放开了个人住房贷款和汽车消费贷款的政策，以促进以商业银行为主导的金融机构开展消费金融业务。发展消费金融对于扩大内需、促进消费、促进经济发展结构合理化发展具有重要意义。2016 年 3 月，中国人民银行、银监会联合印发《关于加大对新消费领域金融支持的指导意见》，政策利好成为推动行业发展的重要力量。

（二）市场需求

我国居民的生活水平逐渐提高，消费需求比较旺盛，超前消费意识逐渐增强，接受新型金融产品的能力较强，使用消费信贷手段来缓解由于预算约束带来的消费不足的理念日渐深入。因此，在居民消费观念日益成熟的背景下，发展消费金融具备了相应的社会基础。

（三）技术优势

互联网消费金融与传统消费金融的不同之处在于，互联网消费金融利用了互联网技术的优势，打造"线上互联网+线下实体"的运行模式。从事互联网消费金融的机构在资金来源上有一定的优势，通过探索信用消费+场景布局，进而打造成一个全新的"互联网+"样本，通过场景的建立，增强客户黏性，不断扩张消费金融市场，实现盈利。

随着云计算的普及，大数据挖掘的成本大幅度降低，可以利用大数据技术精确地进行市场细分、选定目标客户、评估客户信用等级，从而降低资金配置风险，提升风险管理能力。

知识巩固

1. 互联网消费金融的含义。
2. 互联网消费金融的模式有哪些？
3. 互联网消费金融的作用有哪些？
4. 简述互联网消费金融的发展趋势。

案例讨论

平安消费金融助年轻人逐梦前行

为了满足广大年轻消费者的消费金融需求，助力年轻人逐梦前行，平安消费金融打造了首款科技型个人循环消费信用贷款产品"平安小橙花"。其以"贷款+支付"为核心的智能钱包功能，以22～45周岁的年轻消费者多元金融需求为切入点，提供便捷、优质、安全的消费金融服务。

基于金融科技的深度加持，使用平安小橙花只需通过四步操作就可完成线上全流程额度申请，一次申请额度循环使用，不动用不计息。为满足当下年轻消费者多元化的消费场景与支付方式，平安小橙花还打通了主流支付工具，生活支付更加简单方便。

"平安小橙花"，是一款专为年轻人设计的智能钱包，给予年轻人充分的信任，用切实有效的金融支持帮助更多年轻人实现梦想。接下来，平安消费金融将继续在前景广阔的消费金融市场稳健前行，用消费金融助力经济长足发展，让金融的力量成就更多幸福生活。

资料来源：见闻生活. 中国消费金融市场前景备受看好，平安消费金融助年轻人逐梦前行[EB/OL].（2020-08-26）[2022-03-16]. https://www.sohu.com/a/485853646_120143404.

讨论题：

你认为，互联网消费金融的发展如何影响当代年轻人的生活？

第六章　互联网金融门户

 知识目标

◇ 了解互联网金融门户的含义。
◇ 掌握互联网金融门户的分类。
◇ 掌握互联网金融门户的风险。

 能力目标

◇ 能够理解互联网金融门户的特点。
◇ 能够解析互联网金融门户的业务模式。
◇ 能够认知互联网金融门户的发展趋势。

 任务提出

新浪财经首次入围 QuestMobile TOP50 赛道用户规模 No.1 APP

新浪财经是一家创建于 1999 年 8 月的财经平台，经过 20 余年的发展壮大，已经成为全球华人的首选财经门户。新浪财经在财经类网站中占有超过三分之一的市场份额，始终保持绝对领先优势，市场占有率为第二名的三倍！

新浪财经成立 20 余年，对企业高管和政府经济决策部门人群的覆盖率超过 90%，始终是网民的首选金融门户网站。

新浪财经开发出如金融超市、股市行情、基金筛选器、呼叫中心、金融产品在线查询等一系列实用产品，帮助网民理财；除此之外，新浪财经为网友搭建互动、交流、学习的财经大平台。财经博客、财经吧、模拟股市、模拟汇市等均成为业界最早、人气最旺、最知名的财经互动社区。

2021 年 7 月 27 日，移动大数据服务商 QuestMobile 发布中国移动互联网 2021 半年大报告，报告中显示，在 2021 半年度中国移动互联网实力价值榜中，新浪财经首次入围 TOP50 赛道用户规模 No.1 APP。据 QuestMobile 6 月数据，新浪财经 6 月 MAU 创新高，达到 3762 万，跃居股票交易类第一位，用户规模环比第一季度提升 86%。新浪财经当之无愧是国内领先的金融信息服务提供商，拥有全市场覆盖范围最广的市场资讯报道。

资料来源：新浪科技. 新浪财经首次入围 QuestMobile TOP50 赛道用户规模 No.1 App[EB/OL].（2021-07-28）[2022-03-16]. http://finance.sina.com.cn/tech/2021-07-28/doc-ikqciyzk8150661.shtml.

分析：
请举例，你所熟悉的互联网金融门户有哪些？

第一节 互联网金融门户产生背景

一、互联网金融门户的概念

互联网金融门户是指专门用于提供金融产品、金融服务信息，汇聚、搜索、比较金融产品，并为金融产品销售提供第三方服务的互联网网站。它的核心就是"搜索+比价"，采用金融产品垂直比价的方式，将各家金融机构的产品放在平台上，用户通过对比挑选出适合自己的金融产品。

互联网金融门户经过近几年的创新发展，形成了多元化的机构种类，如提供高端理财投资服务和理财产品的第三方理财机构，提供保险产品咨询、比价、购买服务的保险门户网站等。由于互联网金融门户平台既不负责金融产品的实际销售，又不承担任何不良的风险，同时资金也完全不通过中间平台，相对而言，这种模式也不存在太多的政策风险。

互联网金融门户按照不同的标准进行分类，可分为不同的类别。

（一）按服务内容和方式的不同划分

根据互联网金融门户平台提供的服务内容和方式的不同划分，可分为第三方资讯平台、垂直搜索平台以及在线金融超市三大类（见图6-1）。

图6-1 互联网金融门户的分类

1. 第三方资讯平台

第三方资讯平台是为客户提供全面、权威的金融行业数据及行业资讯的门户网站，它们大多是由以前的财经资讯网站衍生和分化而来，本身具有较高的行业知名度和从业经验，在线金融超市汇聚了大量的金融产品，提供相应的在线搜索及购买导向，在利用互联网进行金融产品销售的基础上，还提供与之相关的第三方专业中介服务。该类门户一定程度上充当了金融中介的角色，通过提供导购及中介服务，解决服务不对称的问题，典型代表有和讯网、金融界、财经网等。

2. 垂直搜索平台

垂直搜索是指针对某一特定行业的专业化搜索。与普通的网页搜索引擎不同，这一类互联网金融垂直搜索平台对网页信息进行了结构化信息抽取，也就是将网页的非结构化数据抽取成特定的结构化信息数据，是对网页库中的某类专门信息进行一次整合，定向分字段抽取出需要的数据进行处理后再以某种形式返回给用户。客户在该类门户上可以快速地搜索到相关的金融产品信息。互联网金融垂直搜索平台通过提供信息的双向选择，从而有效地降低信息不对称程度，这类模式的典型代表有融360、好贷网等。

3. 在线金融超市

在线金融超市汇聚了大量的金融产品，在提供在线导购及购买匹配、利用互联网进行金融产品销售的基础上，还提供与之相关的第三方专业中介服务，以解决服务信息不对称问题。这种类型的代表有91金融超市、格上理财等。

从产业链角度分析，垂直搜索平台充当的是媒介角色，第三方资讯平台充当的是外围服务提供商角色，二者在产业链中所处的位置大致相同，前者提供的是产品信息，后者提供的是行业资讯和相关数据。在线金融超市居于二者上游，在产业链中充当的是代理商角色，三者的上游是具体金融产品的实际供应者——金融机构，下游是金融产品和服务的最终需求者——客户。

（二）根据细分的服务领域进行分类

根据汇集的金融产品和信息的种类不同，互联网金融门户又可细分为综合类门户、P2P网贷类门户、信贷类门户、保险类门户、理财类门户五种（见图6-2）。

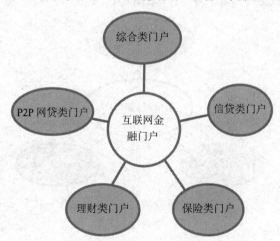

图6-2　互联网金融门户服务领域的分类

其中，第一类互联网金融门户致力于金融产品、信息的多元化，汇聚着不同种类的金融产品和服务信息，后四类互联网金融门户主要聚焦于单一类别的金融产品及信息。互联网金融门户作为交易服务商，始终围绕为顺利实现交易的各个环节提供在线金融服务。

上述两种分类方式并非互斥关系，仅是分类的依据及角度不同，前一种分类方式是从金融产品销售产业链的层面进行归类，后一种分类方式是从互联网金融门户经营产品种类的角度进行划分。因此，出于条理清晰、便于阐述的目的，本书在下面的运营模式分析中将按照第二种分类方式进行具体分析。

二、互联网金融门户的特点

（一）搜索方便快捷，匹配快速精准

互联网金融门户作为互联网金融的一种重要模式，开创了一种"搜索+比价"的金融产品在线搜索方式，也就是通过利用金融产品垂直搜索的方式，将金融机构的各类相关金融产品汇集到门户网站的平台上，客户对搜索到的相关金融产品的期限、风险、价格和收益等信息进行充分全面的对比，根据自身主客观情况选择适合自己的金融服务和金融产品。

具体来看，基于互联网纵向分层的角度分析，互联网金融门户主要的创新之处在于其搜索层，即通过对市场上海量的金融产品信息进行深度的挖掘、甄别、归类、加工和提炼，从而为用户提供完整有效的金融信息、产品和服务。互联网金融门户主要是对网络内容和网络结构的挖掘，对海量金融产品信息的原始数据进行认真筛选和提炼，建立一个个符合某种特定产品类别的金融产品数据库，以便于客户对门户平台上提供的金融产品进行快速、精准地搜索和比价。另外，互联网金融门户还可通过网络用法进行挖掘，将平台上的客户在网络交互过程中的行为等大数据挖掘出来，并对这些数据进行智能分析，以便于更好地了解客户的需求，从而更好地为其提供所需的金融产品。

（二）顾客导向战略，注重用户体验

互联网金融门户的另一个重要特征是其界面比较友好，完全以顾客为导向，即通过对市场进行专业细分来确定平台的目标客户群，根据不同客户的特定需求提供独特的金融产品和服务。互联网金融门户的宗旨就是提升其客户在交易过程中的用户体验度，通过不断扩充产品种类和创新营销手段，来动态地适应客户的需求。

从经济学角度分析，一个经济体获得规模经济效应的前提条件是扩大规模，而对互联网金融门户来说，要想实现规模经济首先要增加客户资源，互联网金融门户注重用户体验的原因也正是在于网络金融产品和服务具有规模经济的特性。具体来看，互联网金融门户额外增加一种产品或提供一次服务的边际成本较低，并且随着门户规模的扩大，其平均成本会随着产品供给的增加而不断下降。因此，互联网金融门户以顾客为导向的战略可以使其根据客户的行为变化及信息反馈，及时了解客户的切实需求，为他们提供差异化的金融服务，甚至可以协助相关的金融机构设计特定的金融产品，以更好地满足客户的特定需求，从而使互联网金融门户进一步扩大市场份额，赚取更多的利润。

（三）占据网络入口，凸显渠道价值

站在产业链的角度来看，处在互联网金融门户上游的是金融产品的实际提供商，也就是传统的金融机构，处在其下游的是金融产品的最终消费者客户，而互联网金融门户作为中间的桥梁，起着沟通上游金融产品供应商与下游客户的重要媒介作用，因此，其最大的价值就在于它的渠道价值。渠道就是水流的通道，被引入商业领域后指商品的销售路线，也就是商品的流通路线，即厂家的商品通过一定的社会网络或代理商而卖向不同的区域，以达到销售的目的。

互联网金融门户作为金融产品销售的中间渠道，承载着大量的信息流。客户在互联网金融门户上不需要逐一地浏览商品信息，而是根据其自身需求进行反向的搜索比较，极大地节省了客户选购金融产品的时间，降低了交易成本。因此，当互联网金融门户拥有品牌效应并积累了大量的信息流量后，自然会成为各家金融机构热衷的销售渠道，为金融机构发展互联网金融提供重要的网络入口。

三、互联网金融门户的历史沿革

（一）互联网金融门户的变迁

要了解互联网金融门户的历史，首先要了解互联网门户的产生与发展情况，因为正是在互联网门户发展的基础上，才产生了互联网金融门户。

所谓互联网门户，是指提供某类综合性互联网信息资源并提供有关信息服务的应用系统。门户网站最初提供搜索引擎、目录服务。在互联网发展初期，大多数网民面对茫茫网海无从下手，正是雅虎这种以提供搜索服务为主的网站扮演了引领网民"入门"的角色，成为网民进入互联网的"门户"。后来，门户网站将提供新闻服务作为其主业乃至核心竞争力。无论是搜索还是新闻，都只是门户发展的某一个阶段。

伴随着互联网的快速发展，网民数量急剧增多，网络信息也呈现出几何级数的增长趋势，具有特定需求的网民想在信息过剩的互联网上找寻到符合自身兴趣爱好的信息需要耗费大量的时间，过程十分烦琐。显然，此时面对特定群体的特定搜索需求，综合门户已经不能满足人们的需要。因此，能够满足特定群体信息检索需求的垂直门户便应运而生。

之后，随着网络技术的不断进步，垂直搜索引擎的出现进一步推动了门户网站的发展。在垂直门户的基础上，又衍生出了许多依托于垂直搜索技术的垂直搜索平台。

垂直搜索平台是一种新型的搜索引擎服务模式，相对于通用搜索平台的信息无序化，其搜索结果可以集中于某一特定行业，搜索内容的相关性要高于通用搜索平台，因此，其最显著的特点就是搜索结果专业、精确及深入。此外，垂直搜索平台往往服务于某一特定领域中的特定人群，客户可以在平台上进行信息反馈，因此，垂直搜索平台还带有浓厚的社区化特点。总而言之，垂直搜索平台的本质仍旧是垂直门户，只是依托于垂直搜索技术对垂直门户信息提供方式进行了一次优化整合。至此，随着客户需求的不断变化、网络技术的不断精进，门户网站完成了从综合门户到垂直门户、从通用搜索平台到垂直搜索平台的转变。

国内垂直门户的产生还要追溯到房地产行业，1999年、2000年先后出现了搜房网、新浪乐居等家喻户晓的垂直门户网站。随后，随着网络技术的不断精进，垂直搜索引擎的出现推动了门户的进一步发展。在垂直门户的基础上，衍生出了许多依托于垂直搜索技术的垂直搜索平台。

（二）互联网金融门户的发展

门户网站的发展经历了从综合门户到垂直门户、从通用搜索平台到垂直搜索平台两个重要阶段。而互联网金融门户便产生于第二阶段，即垂直门户的快速发展时期。此时，随着国内互联网逐步向大众渗透，网络应用逐渐深化，网络服务垂直化已成为重要的发展趋势，为互联网金融门户的形成提供了可能性。

首先，网络营销逐渐成为金融领域重要的营销途径之一。随着互联网的发展，越来越多的客户倾向于先通过网络查询金融机构及相关产品的信息，充分了解后再进行交易。借此，营销从过去的被动式营销逐步转化为了现在的互动式营销，这就需要线下和线上的不断结合，为互联网金融门户提供了生存发展的市场空间。

其次，随着金融产品的不断增多，客户面临着严重的信息过剩问题。对于客户而言，从网络中的海量信息里，需要耗费大量的时间成本来寻找适合自身需求的信息。而随着网络搜索技术的不断革新，金融搜索逐渐趋向垂直化，垂直化搜索的出现，不仅高效地整合了金融机构的资源，而且还将相关金融产品信息快速准确地传递给客户，以便客户更加快速、精确地搜寻到其自身所需的产品，大幅度降低了搜寻成本，促进了金融业的发展。

上述两点为互联网金融门户的产生和发展提供了宝贵的契机，促使其形成了依托垂直搜索引擎、云计算等网络技术，以金融产品信息汇集和金融产品在线销售为主的门户网。随着互联网金融热潮不断持续，互联网金融门户也迎来了快速发展的良好机遇。

第二节　互联网金融门户运营模式分析

互联网金融门户的运营模式是指互联网金融门户内部人、财、物、信息等各要素的结合方式，也是商业模式的核心内容，它体现在技术、理论、盈利等不同层面。从技术层面来看，互联网金融门户提供了交易环节外的在线金融服务，通过将大数据技术、垂直搜索技术与金融顾问、贷款初审等传统金融服务相结合而实现了金融搜索以及金融业务流程的更新。从理论层面来看，互联网金融门户利用数据的可追踪性和可调查性等特点，依托数据分析及数据挖掘技术，根据客户的特定需求，为其筛选并匹配符合条件的金融产品。从盈利方面来看，现阶段互联网金融门户的主要收入来源有佣金、推荐费、广告费、培训费和咨询费等。总体来看，无论是佣金、广告费还是推荐费，互联网金融门户盈利的核心在于流量以及转化率。

与吸引流量相比，更为重要的是在流量基础上提高转化率，因为要在短期降低互联网金融门户处理信息的成本是不易的，所以在流量固定的假设条件下，互联网金融门户的转化率越高，收益也就越高。因此，互联网金融门户要注重网站内容与页面设计，提供内在价值高的金融产品，同时创新搜索方式，简化操作流程，努力增强用户黏性，从而提高转化率，使互联网金融门户获取稳定且可持续的收入。

一、综合类门户

（一）门户定位

综合类门户的本质与信贷类门户、保险类门户以及理财类门户并无太大差异，其核心定位依然是互联网金融领域的垂直搜索平台和在线金融超市。综合类门户与其他门户的不

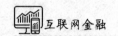

同之处在于所经营的产品种类，后三者均聚焦于某种单一金融产品，而综合类门户则汇聚着多种金融产品。综合类门户本身不参与交易，而是引入多元化的金融产品和大量相关业务人员，为客户搭建选购各类金融产品以及与业务人员联系对接的平台。

（二）运营模式

综合类门户主要起金融产品垂直搜索平台及在线金融超市的作用，业务模式仍然以 B2C 及 O2O 模式为主。在以垂直搜索平台为核心定位的综合类门户上，客户不仅可以快速、精准地搜索到各类金融产品，对其进行比价，还可以通过平台与相关业务人员联系对接，进行线下咨询及购买，并通过信息反馈系统实现金融 O2O 模式的闭环。

以线上金融超市为核心定位的综合类门户，充当的是金融中介的角色，其业务形态是在线导购，不提供信息的双向选择，只提供直接的购买匹配及导购服务，解决的是服务不对称的问题。以软交所科技金融超市为例，软交所科技金融超市定位为专业的中介服务平台，通过连接科技创新链条和金融资本链条，致力于打造中国最领先的科技金融服务平台。

目前，软交所科技金融服务平台通过合作渠道以及相关从业人员提供的信息建立的数据库，汇聚着企业贷款、股权融资、政策融资、企业理财以及新三板类金融产品的信息，并对产品信息进行实时更新，以确保客户搜索到的产品信息真实有效。同时，根据客户不同的需求进行数据分析和匹配，为其筛选出满足其特定需求的金融产品。

在企业理财栏中，客户只需填写相关信息，如理财金额、理财期限以及风险保障，再单击产品搜索按钮，即可搜索到符合条件的企业理财产品信息列表。然后详细比较产品详情，确认所需购买产品后，客户便可提出购买申请并提交订单完成在线购买。

科技金融超市通过线上网络平台与线下活动平台相融合的 O2O 运营模式，为客户提供种类齐全的金融产品和服务。这些产品和服务分类明晰，并且与合作机构的信息对接非常顺畅，大大降低了客户的信息搜寻成本。另外，科技金融超市严格把关金融产品和服务质量，大大降低了客户交易风险。同时，科技金融超市跟踪交易数据，在积累大量交易数据的基础上，对客户的特定需求实现精准匹配。

（三）盈利模式

综合类门户的盈利模式可划分为以下三种。首先，综合类门户依托其流量价值，吸引在线广告的入驻，从而收取广告费用。其次，综合类门户通过向金融机构推荐客户和交易量，从中收取相应的费用。最后，综合类门户通过撮合交易，收取相应佣金。在客户购买金融产品的过程中，综合类门户可为其进行全程协助，待交易完成后向金融机构收取一定比例的费用作为佣金。

二、网贷类门户

（一）门户定位

P2P 网贷类门户与 P2P 网贷平台存在本质上的差异。P2P 网贷平台是通过 P2P 网贷公司搭建的第三方互联网平台进行资金借、贷双方的匹配，是一种"个人对个人"的直接信贷模式。而 P2P 网贷类门户的核心定位是 P2P 网贷行业的第三方资讯平台，是 P2P 行业的外围服务提供商，通过为投资者提供最新的行业信息，并为其搭建互动交流平台，致力于推动 P2P 网贷行业健康发展。P2P 网贷类门户仅仅聚焦于 P2P 网贷行业，并没有涉及银行等金融机构的传统信贷业务，因此，需要将其与传统信贷类门户加以区分，单独归类并进行分析。

（二）运营模式

P2P 网贷门户网站秉承公平、公正、公开的原则，对互联网金融信息资源进行汇总、整理，努力实现信息对称，并具备一定的风险预警及风险揭示功能，起到了对网贷平台的监督作用。因此，在 P2P 网贷类门户网站上，用户可以搜索到大量相关的 P2P 网贷行业的资讯、行业数据，有效地降低了借贷双方的信息不对称程度。同时，P2P 网贷类门户以客观中立的立场，通过门户工作人员走访、考察等方式，将全国各地具备资质且运营状况良好的 P2P 网贷平台纳入网贷类门户的导航栏中，为有理财需求和有贷款需求的客户提供相关信息参考，有效地解决了其对 P2P 网贷平台的信息获取问题。

以网贷天眼为例，作为 P2P 网贷行业第一门户网站的第三方网贷资讯平台，网贷天眼自成立以来，为客户提供了一个公开透明的信息交流平台。网贷天眼开设了资讯、导航、P2P 理财、数据、评级、网贷平台、问答、社区、投友圈 9 大板块，为客户提供了大量的 P2P 网贷信息作为参考。

此外，P2P 网贷类门户还具备一定的风险屏蔽及风险预警功能。例如，网贷之家通过平台准入审核，筛选出具备相关资质及良好信誉的 P2P 网贷平台，并对进入平台的信息进行实时监控，以便于在携款跑路等事件发生前及时进行风险预警。

（三）盈利模式

目前，第三方资讯平台类互联网金融门户网站的盈利模式与传统资讯类网站的盈利模式相比差异并不大，依然是通过广告联盟的方式来赚取利润。不难看出，该营利模式的核心就在于流量，依靠网站的流量、访问量和点击率，吸引广告商。门户日均访问量越多，越容易吸引企业投放广告，从而获取更多利润。此外，有一部分 P2P 网贷类门户还通过对 P2P 网贷平台进行培训及提供相关咨询服务的方式来实现营收。

三、信贷类门户

（一）门户定位

与 P2P 网贷类门户不同，信贷类门户主要与银行及相关金融机构直接对接。目前，该类别互联网金融门户核心业务形态主要以"垂直搜索+比价"为主，因此，信贷类门户定位是信贷产品的垂直搜索平台，将传统的线下贷款流程以及信贷产品信息转移到网络，为传统信贷业务注入互联网基因。

现阶段，信贷类门户虽然将线下信贷产品业务流程转移到线上，初步实现了信贷业务流程在线化，但由于信贷产品极其复杂并具有一定风险，因此，目前国内客户购买信贷产

品的方式依然以 O2O 模式为主，即客户通过在线搜索信贷产品信息进行比对，然后到线下的相关金融机构进行购买，这就是所谓的 ROPO（Research Online Purchase Offline）模式，而距离线上自助式购买还有很长的一段路要走。

目前，国内信贷类门户数量较多，典型代表有好贷网、安贷客、融道网等。

（二）运营模式

鉴于信贷类门户的核心定位为垂直搜索平台，因此该类门户不参与借贷双方的交易，也不做属于自己的信贷产品。在该类网站上，客户可搜索到不同金融机构的信贷产品，并通过各类产品间的横向比较，选择出一款适合自身贷款需求的信贷产品。

在信贷产品信息采集方面，信贷类门户通过数据采集技术以及合作渠道提供的信息建立数据库，汇聚着各类信贷产品信息，并对产品信息进行实时更新，以确保客户搜索到的产品信息真实可靠。

在信贷产品搜索及匹配方面，信贷类门户设计了简明的信贷产品搜索框，包括贷款类型、贷款金额以及贷款期限等条件，便于精准定位客户的贷款需求，并根据其不同的需求进行数据分析和数据匹配，为客户筛选出满足其特定需求的信贷产品，供其进行比价。

此外，部分信贷类门户如融 360、好贷网等，还采取了信贷经理入驻信贷门户的方式，为客户及金融机构搭建信息交流及网络直销平台。所谓信贷经理入驻，是指任何一家金融机构的信贷经理或业务人员在经过审核后，均可入驻门户，从而达到获取更多客户资源的目的。

最后，在客户申请贷款完成后，可通过信息反馈系统，即信贷经理评价和用户短信评价两种方式，来实现金融 O2O 模式的闭环。

（三）盈利模式

该类互联网金融门户是信贷产品的垂直搜索平台，由于涉及具体的金融产品，而不是行业资讯及行业数据，因此，信贷类门户的盈利模式与第三方资讯类门户有所不同。现阶段，其收入来源主要以推荐费以及佣金为主，广告费、咨询费以及培训费等收入相对占比较低。

四、保险类门户

（一）门户定位

保险类门户的核心定位分为两类：一类是聚焦于保险产品的垂直搜索平台，利用云计算等技术精准、快速地为客户提供产品信息，从而有效地解决保险市场中的信息不对称问题；另一类保险类门户定位于在线金融超市，充当的是网络保险经纪人的角色，能够为客户提供简易保险产品的在线选购、保费计算以及综合性保障方案等专业性服务。保险类门户为客户提供了一种全新的保险选购方式，并实现了保险业务流程的网络化，具体包括保险信息咨询、保险计划书设计、投保、核保、保费计算、缴费、续期缴费等。

（二）运营模式

保险类门户对各家保险公司的产品信息进行汇总，并为客户和保险公司提供了交易平台。同时，为客户提供诸如综合性保障方案评估与设计等专业性服务，以确保在以服务营销为主的保险市场中，依靠更好的增值服务争取到更多的客户资源。目前，虽然国内外保险类门户数目繁多，但按其业务模式划分，保险类门户主要以 B2C 模式、O2O 模式以及兼具 B2C 和 O2O 的混合业态经营模式为主。

其中，B2C 模式的典型代表如慧择网，其本质是在线金融超市。与平安等保险公司网络直销平台不同，慧择网精选了各家保险公司的产品以供客户选择，搭建了类似于聚美优品的垂直类电子商务平台。客户通过对不同保险产品的价格、内容等详细信息的比对，逐步进行筛选，最终选择适合自身需求的保险产品。

而国内的大家保、富脑袋、Ehealth Insurance、Insurance hotline 则是 O2O 模式的典型代表，其本质类似于信贷类门户中的垂直搜索平台好贷网。门户本身并不从事保险销售，而是通过"搜索+比价"的方式为客户提供保险机构、保险产品的深度信息搜索和比价服务。客户只需要填写投保人信息门户即可为其筛选出适合投保人的保险产品及投保方在确定所要购买的产品后，客户直接单击相关链接，即可进入保险机构进行投保，极大地节约了交易成本。

以大家保为例，该门户首页的设计和 Ehealth Insurance、Insurance hotline 等国外保险类门户极其相似，其主体是一个简约的要求提交框，其中包含"给谁投保"和"出生年月"两个选项。客户只需输入相关信息，并完成后续信息的填写，即可免费获取五家保险公司的产品报价及保险定制计划。在客户完成保险挑选后，即可进入相关保险机构进行保险购买。

通过大家保，客户足不出户就可收集到为自己量身定制的保险计划，在详细对比了保障内容和价格的差异后，还可轻松约见保险经纪人为其提供服务，价格公开透明，服务质量也能得到良好保证。

在国内众多的保险类门户中，大童网是唯一一家兼具 B2C 和 O2O 模式的保险产品电子商务平台。与大家保相比，大童网的运营模式与其既有相似，又有区别。相似之处在于两者都是通过"搜索+比价"的方式将各家保险机构的不同产品进行分类展示，并通过不同的标签加以区分，为客户提供直观的对比，提高其搜索效率。而差异在于大童网不仅具备保险产品 O2O 模式，还兼具了带有电商属性的保险产品 B2C 模式，是为客户提供在线选购、在线支付的电子商务平台。

此外，现阶段保险类门户汇集的险种还是以复杂程度低、同质化较高的意外险和车险为主，其原因不仅在于该险种易于横向比价，更为重要的是该类产品的边际成本较低，在保险类门户达到一定规模后，有助于其实现规模经济效益，从而发挥门户的渠道优势。

（三）盈利模式

纵观国内外的保险类门户，其盈利模式通常可分为以下三种：第一种是客户完成投保后所收取的手续费；第二种是依托保险类门户规模大、种类全、流量多等优势，通过广告

联盟的方式收取广告费用；第三种是向保险机构或保险代理人提供客户信息和投保意向，从中收取佣金。

五、理财类门户

（一）门户定位

理财类门户作为独立的第三方理财机构，可以客观地分析客户理财需求，为其推荐相关理财产品，并提供综合性的理财规划服务。理财类门户与信贷类门户、保险类门户的定位并无太大差异，只是在聚焦的产品类别上有所不同，其本质依然分为垂直搜索平台和在线金融超市两大类，并依托于"搜索+比价"的核心模式为客户提供货币基金、信托、私募股权基金（PE）等理财产品的投资理财服务。此外，部分理财类门户还收集了大量的费率信息，以帮助客户降低日常开支。

目前，国内理财类门户数目繁多，且形式各异，既包括传统的 PC 端网站式门户，如格上理财、存折网、我爱卡、earnest 及 LowerMyBills 等，又涵盖了移动端的 APP 门户，如铜板街、挖财等。

（二）运营模式

理财类门户并不参与交易，其角色为独立的第三方理财机构。理财类门户结合国内外宏观经济形势的变化，依托云计算技术，通过合作机构等供应渠道汇集了大量诸如信托、基金等各类理财产品，并对其进行深度分析，甄选出优质的理财产品以供客户搜索比价。

同时，通过分析客户当前的财务状况和理财需求，如资产状况、投资偏好、财富目标等，根据其自身情况为用户制定财富管理策略以规避投资风险，向其推荐符合条件的理财产品，并为之提供综合性的理财规划服务。

以存折网为例，该门户是国内首家面向个人理财的垂直搜索平台，为客户提供银行理财产品、P2P 理财以及货币基金的深度搜索，其业务模式是典型的 O2O 模式，客户只需根据自身需要，选定期限、币种、金额以及发行机构，即可搜索到符合条件的理财产品列表，从中比较各种理财产品的发行机构、年化收益率、收益类型和理财周期等信息，选择适合其自身理财需求的产品，在客户确定所有购买的理财产品后，只需在理财产品销售截止日前到发行机构预订购买即可。整个流程（见图6-3）极大地缩短了客户搜寻产品的时间，从而有效降低了交易成本。

图 6-3　存折网理财产品购买流程

除理财产品推荐外，理财类门户还可帮助客户降低日常生活成本，其典型代表为国外的 LowerY Bills。目前该公司已发展成为一家致力于为客户提供各种费率比较以帮助客户节约生活成本的一站式免费线上网站，它的主要业务包括家庭贷款、信用卡、车辆、健康保险、远程服务和无线服务，而它最大的特色就在于涵盖了 500 多家不同种类的服务提供商来匹配客户的需求，具体涉及信用卡、保险、长途话费等相关领域。

打开 LowerY Bills 的首页，客户可根据所需的服务点击相关板块，进而检索、比较同类产品或服务的价格以及相关费率，在提供的服务质量一致的情况下，选择费用最低的金融产品或服务来满足自己的切实需求，这样就能够有效地降低客户的日常生活成本。

除了传统的 PC 端门户网站，理财类门户还开拓了移动端市场，涌现了一批手机理财软件，如理财产品交易平台铜板街、记账理财 APP 挖财以及存折网客户端等。移动端理财 APP 的出现，不仅使得客户可以随时随地查询和购买理财产品，更为重要的是有助于理财类门户发挥其自身的渠道优势，积累更庞大、更优质的客户资源。

（三）盈利模式

现阶段，理财类门户的盈利模式较为单一，主要以广告费和推荐费为主。理财类门户通过带给理财产品供应商用户量和交易量，收取相应的推荐费，因此其盈利模式的关键在于流量。所以有效地提高转化率，将流量引导到供应商完成整个现金化过程，将成为理财类门户稳定收入来源的重要保证。

第三节 互联网金融门户发展趋势

一、互联网金融门户的影响

近年来，在利率市场化以及国内金融消费需求逐渐递增的大趋势下，越来越多的金融行业信息、金融产品以及金融服务涌现出来。金融机构的信息处理和反馈、金融产品的销售以及金融服务的提供，都需要通过更为高效的渠道才能实现，而互联网金融门户就是其中之一。互联网金融门户对传统金融业是一种有效的补充而非颠覆。

从短期来看，互联网金融门户对金融业发展态势的影响主要体现在提高信息对称程度以及改变用户搜索金融产品信息方式两个方面。而从长期来看，当互联网金融门户拥有了庞大的客户资源，积累了渠道优势后，可能会对上游的金融产品供应商形成反向控制。

（一）降低金融市场的信息不对称程度

众所周知，市场信息不对称往往导致道德风险与逆向选择，从而使低质产品逐步代替优质产品，这便是所谓的"柠檬市场"现象。而现阶段，以信息服务为核心的互联网金融门户对金融业最显著的影响就是有效降低了金融市场的信息不对称程度，从而有效地减少了"柠檬市场"现象出现的概率。

首先，互联网金融门户通过搜索引擎对信息进行组织、排序和检索，有效缓解了信息超载问题，其形成的"搜索+比价"模式为客户提供了充足且精准的金融产品信息，有针对性地满足了客户的信息需求，从而减少了逆向选择的发生。

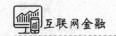

其次，由于 P2P 网贷市场、保险市场存在管理滞后、发展模式粗犷等问题，因此互联网金融门户还起到了一定的监督作用，通过企业征信以及风险预警等方式对相关企业进行实时监督，减少了道德风险的出现。

（二）改变用户选择金融产品的方式

现阶段国内用户选择、购买金融产品还是以向金融机构咨询及代理商推荐等线下方式为主。在这种传统搜索方式下，客户只能逐一地浏览各家金融机构网站或光顾其线下网点比较相关金融产品，但从搜索到购买的整套流程及时间投入过于冗长，客户的搜寻比较成本较高。

随着大数据以及云计算等互联网金融核心技术的发展，互联网金融门户将金融产品从线下转移到了线上，形成了"搜索+比价"的方式，让用户快速且精准地搜索和比较非标准化、风险性和复杂性较高的金融产品成为可能，使得其足不出户就可以搜索到满足自身需求的金融产品。与传统的搜索方式相比，"搜索+比价"的方式大幅提高了客户的搜索效率，既节省了时间，又降低了交易成本，加快了信息及资金的流通速度。

（三）形成对上游金融机构的反向控制

从长期来看，随着利率市场化水平的不断提升，资本市场不断完善，国内金融市场将会步入金融产品过剩的时代，金融领域的竞争格局也会从产品竞争逐步转向产业链竞争。届时，最稀缺的资源莫过于稳定的客户群体，而当互联网金融门户成长为掌握客户资源的重要渠道后，势必会拥有金融产品销售这一纵向结构的决策权以及对上游金融产品供应商，如银行基金公司、保险公司、投资公司等的议价能力，逐渐形成对上游供应商的反纵向控制。

目前，具备垄断属性的传统金融机构实施纵向控制的主要目的之一，就是凭借其垄断地位，通过制定高价格来维持高额的利润。但在反纵向控制中，获取了市场势力后的互联网金融门户并非如此，其需要通过吸收大量长尾客户逐步降低边际成本，从而更好地发挥渠道和成本优势。因此，作为销售渠道的互联网金融门户将更多地采取低价策略来吸引客户。例如，全球最大的零售商沃尔玛的口号就是"天天平价"。

从经济学中静态分析的角度来看，反纵向约束的低价约束更为直接、有效。互联网金融门户通过这种方式迫使上游供应商，即传统金融机构从维持高价格获取高利润的策略，转变成通过高销量获取高利润的新策略，从而增加了消费者剩余，提高了整个社会的福利水平，真正实现了经济效益与社会效益的统一。

能够实施反纵向控制的互联网金融门户需要拥有巨大的企业规模，其核心就是所占有的客户数量。而从整个行业来看，无论是互联网金融门户的整体规模还是拥有的客户资源，还远未达到能够对上游金融机构实施反纵向控制的程度。

虽然目前互联网金融门户很难实现对金融机构的反纵向控制，但从长期来看，当其积累了庞大的客户资源，拥有了强大的渠道优势后，势必会像零售商一样，通过反纵向控制推动互联网金融行业的发展。

二、互联网金融门户面临的风险

（一）法律风险

法律风险主要是监管风险，我国有关金融的法律法规的规制对象主要是传统金融领域，由于无法涵盖互联网金融门户的众多方面，更无法贴合互联网金融门户的独有特性，势必会造成一定的法律冲突。例如，有关互联网金融门户准入标准运作方式的合法性、交易者的身份认证等方面，目前还没有详细明确的法律规范。互联网金融门户极易游走于法律盲区和监管漏洞之间，进行非法经营，甚至出现非法吸收公众存款、非法集资等现象，累积了不少风险。网民在借助互联网金融门户提供或享受金融服务的过程中，将面临法律缺失和法律冲突的风险，容易陷入法律盲区的纠纷之中，不仅增加了交易费用，还影响了互联网金融门户的健康发展。

互联网金融门户面临的主要问题是，传统金融机构所适用的法律是否能够应用到互联网金融门户形式之下的金融机构，金融机构的客户是否可以使用《消费者权益保护法》，以及互联网金融门户网站对交易信息的虚实是否负有保证责任等。

互联网金融门户是传统金融机构拓展业务的一种渠道，将线下宣传和交易通过第三方服务平台搬到线上，其交易主体实质上并未发生变化，交易双方所产生的法律关系性质并未改变。因此，对于其中所涉及的法律问题，基本上是沿用法律规范对传统金融机构的相关规制。不论是银行、信托公司、财务公司还是保险公司，仍然是法律所规定的传统金融机构，仍可沿用法律对传统金融机构进行规制所指定的法律。

互联网金融门户之下，确定金融机构的法律地位之后，金融交易的另一方，即消费者的定位问题一直是一个热点话题。目前我国尚未出台专门性的保护金融消费者的法律法规，只能参照《消费者权益保护法》。

在金融消费领域，一个主要问题是双方地位不平等，金融机构处于明显的优势地位。知情权是《消费者权益保护法》规定的消费者基本权利之一，但是，金融产品与服务的专业性、技术性非常强，金融机构往往会刻意隐匿产品潜质、潜在风险、后果责任等重要信息，在交易时又普遍采用格式条款的方式订立合同。因此，对于金融机构而言，保证交易信息的真实性，对格式条款进行提示、说明是基本义务。

此外，P2P平台的债权转让模式和优选理财计划模式，也是亟须引起关注的互联网金融门户涉嫌非法吸收公众存款的行为。债权转让模式是指借贷双方不直接签订债权债务合同，而对期限和金额进行双重分割，由第三方个人（专业放贷人）先行放款给资金需求者，再由该第三方个人将债权转让给投资者，此时P2P平台成为资金往来的枢纽，不再是独立于借贷双方的纯粹中介，与非法吸收公众存款有一定的相似性。依照最高法设定的标准，是否认定为非法吸收公众存款的行为，核心问题在于资金流转行为是否形成了新的存款、债务或股权关系，专业放贷人是否有先获取资金放贷再转让债权的行为，是否将向社会公众吸收的存款划归自有账户名下，是判断是否触及法律底线的标准。由于目前尚未有法规出台，P2P非法集资的边界并未明确。

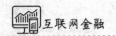

（二）操作风险

操作风险主要是模式创新风险，近几年来，国内外互联网金融门户的种类层出不穷，大部分因为与金融市场环境不相适应，与客户具体需求不相契合而遭遇失败。国内一些互联网金融门户在模仿国外互联网金融业务模式时，由于主观或客观原因，发生扭曲和异化，无法取得如国外同类门户一样的商业成就。互联网金融门户某种原创的发展模式或者过于创新或者创新不足，脱离现实社会经济状况。

互联网金融门户面临的不确定性因素很大，如果某种原创模式过于创新或创新不足，不切合经济实际、不符合客户需求，将无法实现持续盈利，即使条件再好，也将因为模式创新风险而失败。

（三）技术风险

互联网金融门户的技术风险是针对互联网金融门户网络安全性而言的，是目前互联网金融门户面临的最主要的风险之一。

首先，互联网金融门户直接连接到外部不同门类、不同级别的网络。其次，互联网金融门户与业务主机应用系统之间存在着大量的数据通信。因此，一旦互联网金融门户出现内部操作失误或受到外部黑客攻击，不仅整个系统面临停机或瘫痪的风险，更为严重的是金融机构的交易数据以及用户的个人信息将存在泄密的可能，导致难以估量的损失。

鉴于目前互联网金融门户都采用 Web 访问形式，其应用操作系统及网络通信所依托的 TCP/IP 协议等核心技术都存在安全漏洞，致使互联网金融门户面临的技术风险难以完全规避。

互联网的技术风险显而易见，计算机病毒可通过互联网快速扩散与传染。一旦某个程序被病毒感染，则整台计算机甚至整个交易互联网都会受到该病毒的威胁。在传统金融业务中，计算机技术风险只会带来局部的影响和损失，在互联网金融业务中，技术风险可能导致整个金融系统出现系统性风险，进而导致体系的崩溃。

另外，互联网金融门户因技术缺陷在某些特殊时刻无法及时应对短时间内突发的大规模交易也会产生不良后果。随着数据的爆炸式增长，海量数据集中存储，能够方便数据的分析、处理，但安全管理不当，易造成信息的泄露、丢失、损坏。互联网和信息技术日益发达，对信息的窃取已不再需要物理的、强制性的侵入系统，因此，对大数据的安全管理能力也提出了更高的要求。

（四）信用风险

互联网金融门户的信用风险主要体现在信息不对称以及信息泄露方面。网络交易由于交易信息的传递、支付结算等业务活动在虚拟世界进行，交易双方互不见面，只通过互联网联系，交易者之间在身份确认、信用评价方面就会存在严重的信息不对称问题，信用风险极大。

1. 信息失真

现在是一个信息快速传播的时代，从信息传播角度来看，第一时间快速传播有助于抢占重要信息的首发权。但随着信息传播的提速，信息的准确性和精细度可能会呈现下降的趋势，甚至会出现诸如虚假信息等信息失真的情况。

具体来看，互联网金融门户的信息失真主要表现在信息不准确、不完全以及虚假消息等方面，其风险在于一旦出现有纰漏的相关信息被广泛援引、转载，不仅会导致因新闻失实而使互联网金融门户的专业水准及公信力遭到质疑，还会导致因造成客户的经济损失而面临赔偿或法律纠纷等严重后果。

2. 信息泄露

互联网金融门户更多的是充当客户和金融机构中间渠道的角色，因此，客户在交易过程中会留下详尽的私人信息，比如身份证号码、详细住址以及银行账号和密码等。一旦互联网门户监管不严，内部员工为了一己私利向不法机构兜售客户信息，或互联网金融门户受到诸如黑客等外部攻击，客户的私人信息遭到泄露，将会给其信息安全和经济利益带来严重的损失。

目前，我国的社会信用体系还处于完善阶段，较难依靠外界第三方力量对交易双方的信用状况进行准确评价。以 P2P 为例，P2P 平台一般强制要求借款人提供基础资料，自愿提供财产证明、学历证明等详细信息。一方面，此类信息极易造假，给信用评价提供错误依据，交易者也可能故意隐瞒不利己的信息，导致 P2P 平台在选择客户时处于不利地位；另一方面，P2P 平台所获取的资料存在滞后性、片面性，不构成"大数据资源"。这不仅会导致因新闻失实使互联网金融门户的专业水准及公信力遭到质疑，还会导致因客户的经济损失而面临赔偿或法律纠纷等严重后果。

此外，互联网金融门户更多的是充当客户和金融机构中间渠道的角色，因此，客户在交易过程中会留下详尽的私人信息，如身份证号码、详细住址以及银行账户和密码等。一旦互联网门户监管不严，内部员工为了一己私利向不法机构兜售客户信息，或互联网金融门户受到诸如黑客等外部攻击，客户的私人信息遭到泄露，将会给其信息安全和经济利益带来严重的损失。

三、互联网金融门户的风险防范

针对上述互联网金融门户面临的主要风险，需要从微观技术层面和宏观政策层面分别制定相应的风险管理措施，以确保互联网金融门户的健康发展。

（一）完善网络安全管理

互联网金融门户的技术风险防范是保证其良好生存环境、健康有序发展的关键。因此，互联网金融门户可以设立专职的技术风险管理部门及制定相应的部门规章制度来预防和控制互联网金融门户的技术风险。首先，设立专职技术风险管理部门，专门从事网络安全技术开发及管理，以实现对技术风险的防范及管理。其次，建立健全的网络安全规范章程以及奖罚制度，通过内部制约机制的方式规范并完善技术风险管理体系，切实保障互联网金融门户的安全运行。

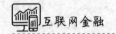

（二）提高核心技术水平

通过开发运用多种网络安全的核心技术，如认证授权、数据加密技术、数字签名技术以及防火墙技术等，针对网络安全可能出现的问题，采取相应的防范措施，以提升网络安全核心技术水平，有效降低技术风险，保证互联网金融门户安全、稳定、顺畅地运行。

（三）增强法律法规保护措施

健全法律法规，完善监管体系。一方面，尽快出台专门的金融消费者权益保护法。建议扩大《消费者权益保护法》的适用范围，加入消费金融服务、金融产品的保护。另一方面，针对互联网金融门户在交易中的法律地位，建议法律给出明确的规定，进而对其是否负有信息披露义务、对信息真实有效性的形式审查义务给出答案，为互联网金融门户模式下的、处于弱势地位的金融消费者提供更为宽广的维权途径。

（四）消费者需提高自我保护意识

《消费者权益保护法》对消费者的基本权利进行了规定，消费者要善于利用这些权利，维护自身的合法权益。这种自我保护意识，既包括事后的维权意识，如积极寻求消费者协会的帮助，向人民法院提起诉讼等，又包括事前的维权意识，如对信息的真实性做出积极的调查思考，不盲目相信网站上的陈述等。不过普遍存在的一个问题是电子证据的确定问题。若交易中发生争议，当事人一方提起诉讼，电子证据的确定是一个难点。在交易过程中，消费者一般没有意识去截取交易过程中的图文信息，这样容易造成消费者在事后的诉讼过程中处于极为不利的地位。因此，金融消费者同样要提高自我保护意识，在交易过程中充分行使知情权，要求金融机构或门户网站对重要信息做出详细的说明和解释，对交易过程中所涉及的重要信息做好保留工作。除此之外，消费者本人也应恪守诚实信用原则，对所提供的个人信息的真实性和交易的真实性负责，严禁任何以合法形式掩盖非法目的的交易行为，切实维护好国家的金融市场秩序。

四、互联网金融门户的发展趋势

互联网金融门户并未对金融脱媒产生直接影响，但是其对传统金融业的创新形成了良好的补充，促进了金融产品信息化程度的提高，给客户带来了更为丰富的金融产品以及更加便利的购买方式，提高了金融交易效率，从而加快了传统金融业适应互联网的步伐。目前，互联网金融门户的商业模式不仅获得了投资机构的认可，而且市场空间广阔，总体上呈现出了良好的发展态势。未来互联网金融门户的发展趋势主要有以下四个方面。

（一）门户发展渠道化

在互联网金融生态系统中，互联网金融门户将成为集资讯、在线销售及相关增值服务于一体的金融产品销售渠道。通过结构化的垂直搜索方式，搭建一个产业联盟平台，聚集产业链上下游企业。互联网金融门户不仅为产业链增加了技术协助，还为供需双方实现信息交流、业务对接及利益共赢提供了良好的平台。

（二）产品类别多元化

对于垂直搜索平台而言，信息不对称是其致力于解决的首要问题，因此，平台上的产品覆盖面越广、产品数量越多，其上游企业的资源越分散，信息传递越充分，平台的价值也就越高。由此可见，在经营产品类别方面，以垂直搜索平台为核心定位的互联网金融门户未来必将呈现产品多元化的发展趋势，即门户将汇聚不同种类的金融产品，从单一金融产品的垂直搜索平台转化为汇聚不同种类金融产品的综合类垂直搜索平台，如信贷类垂直搜索平台可以开展 P2P 网贷、信用卡等搜索业务，而保险类垂直搜索门户可将业务范围延伸到理财、中期信托、短期保险基金等，供用户搜索比价，从而深层次、多角度地挖掘和满足用户需求。

（三）业务模式多样化

互联网金融门户的核心是客户，而随着人民生活水平日益提高，金融产品不断创新，满足客户对金融产品多元化需求的同时提升用户体验，将成为保障互联金融门户核心竞争力的关键。因此，在业务模式方面，互联网金融门户不会仅局限于当前的 B2C 模式，随着依托大数据、云计算等互联网金融核心技术的不断发展深化，互联网金融门户将通过对客户搜索习惯和行为特征进行有效记录和智能分析，从而协助金融机构为客户量身设计金融产品，通过自主定制产品的方式加强客户在交易过程中的自我成就感，提升用户体验，逐步形成互联网金融领域的 C2B 模式。

（四）营销方式移动化

随着移动通信技术和手机终端设备的发展，越来越多的客户形成了使用手机浏览和支付的消费习惯。因此，结合移动互联网的发展趋势，未来互联网金融门户势必会涌现出一批像铜板街以及挖财一样的手机 APP，便于客户随时随地进行搜索比价。通过 PC 端到移动端的全方位布局，互联网金融门户将使其产品信息的传播更加及时，业务流程更加便捷，从而更好地聚拢客户资源，充分发挥其渠道优势。

（五）互联网金融门户的风险分析及防范

互联网金融门户是基于网络信息技术运行的互联网金融模式，门户本身大部分不直接参与交易，仅作为第三方资讯平台或垂直搜索平台为用户提供相关信息及增值服务。因此，互联网金融门户在延续了部分传统金融风险的同时，更多地体现了网络风险的特征。

知识巩固

1. 简述互联网金融门户的分类。
2. 简述互联网金融门户的影响。
3. 简述互联网金融门户的风险。
4. 简述互联网金融门户的发展趋势。

融360再获业内高含金量机构大奖

2021年7月22日,"2021第三届中国零售金融发展峰会暨零壹财经·零壹智库夏季峰会"在成都隆重举行,峰会聚焦"创新与监管、银行数字化转型、科技赋能、贷后管理"等热点领域,重点探讨新市场环境下的零售银行转型、零售银行数字化转型的路径、传统银行网点的数字化转型以及汽车金融的新机遇等话题。本届峰会上,融360获得零壹财经·零壹智库所颁发的"金融数字化服务领军机构奖"。

融360(北京融世纪信息技术有限公司),"互联网+金融"典型业态,是新型的网络金融服务公司,利用大数据、搜索等技术,让百家银行的金融产品可以直观地呈现在用户面前。

融360,成立于2011年,移动金融智选平台,提供贷款、信用卡、理财等金融产品的搜索比价及申请服务。2015年,Star VC投资融360。2017年11月16日,融360旗下的简普科技正式登陆纽交所挂牌上市,股票代码为"JT"。

融360的模式是"搜索+匹配+推荐"。登录网站,融360为用户提供了一个筛选用户真实情况的表单,在勾选了基本的财务状况后,用户输入贷款用途、金额、期限,即可以查询到有哪些金融机构提供这种贷款,以及贷款条件。此外,融360提供了"货比多家"的功能,让整个借贷需求和条件一目了然。用户可以根据自己的偏好,在线选择跟哪家金融机构的借贷经理联系。

融360从商业性小额贷款、房贷车贷等消费贷款的搜索推荐起步,快速进入到信用卡领域。有申办需要的用户可以一站式搜索和比较上千张信用卡,直接填写资料,进行网上申请。

理财搜索和比价服务,使老百姓能够获取理财产品更全面的信息。互联网理财、银行理财、网贷理财还没有专门做信息归集和查询比较的平台,融360理财搜索正好弥补这一市场空间。一部分贷款用户在线上提交申请后,融360在判断其意向的真实性后,会邀请其到线下的贷款便利店网点进行纸质资料收集,用户不用再一家一家地跑。贷款申请者不需要另外交费,融360则向金融机构收取一定比例的服务费。

比如,你想借5万块钱装修房子,可以在网站输入贷款用途、金额、期限及个人信息,系统自动在数据库中搜索、配对,找到不同金融机构的小贷产品,输出一份相应的银行及其他信贷机构的列表。这张列表上呈现了银行名称、信贷产品、利率、总利息、月供、放款时间和贷款总额等信息。用户进行比较后,可以在线填写申请材料,申请一家或几家银行的贷款。申请完成后,相关银行的信贷经理会与申请人进行电话联系,确认信息,申请人可以再度比较各家银行的产品,之后就可以去分行或支行申请贷款。

融360对用户免费,盈利模式主要有以下四种。一是向金融机构推荐贷款客户,并收取推荐费,这一部分盈利来源需要平台的细致匹配来支持。二是撮合交易。在用户申请贷款过程中,融360帮助用户完成整个贷款流程。贷款获批后,融360收取贷款额的一定比例作为返佣。三是金融机构投往该网站的广告费，需要依托流量产生，但广告收益并不是融360收入的重点。四是"一站式的服务费"——融360为金融机构提供风险管理，这个对风险管理的服务费是融360盈利模式中占比越来越重的部分。

资料来源：沈拙言. 第三届中国零售金融发展峰会在成都召开 多方探索零售金融全新增长曲线[EB/OL].
（2021-07-23）[2022-03-16]. http://www.01caijing.com/article/282413.htm.

讨论题：

像融360这样的互联网金融门户网站在当今的经济金融发展中起到了哪些作用？通过查找资料进行小组讨论，并给出自己的观点。

第七章　互联网征信

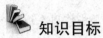

知识目标

◇ 了解征信的含义。
◇ 掌握互联网金融征信的重要性。
◇ 掌握大数据征信的理论基础。

能力目标

◇ 能够理解征信的功能。
◇ 能够解析互联网金融的征信模式。
◇ 能够认知大数据征信的特征。

任务提出

互联网个人征信业务整改已提上日程

2020 年 4 月 29 日，在此前多次约谈蚂蚁集团之后，"一行两会"等金融管理部门又约谈腾讯、京东等 13 家网络平台企业，称普遍存在无牌或超许可范围从事金融业务、公司治理机制不健全、监管套利、不公平竞争、损害消费者合法权益等严重违规问题。

金融管理部门对蚂蚁集团以及 13 家网络平台企业提出要求，严格通过持牌征信机构依法合规开展个人征信业务，整改完成的截止时间将延后到 2022 年年底。

要求中提出，初步上报整改方案的时间点是 2021 年 6 月 30 日，其中，金融业务框架整改基本到位的时间表是 2021 年年底。但对于个人征信业务，监管当局认为数据业务的梳理和整改相对复杂，因此个人征信业务整改完成的截止时间将延后到 2022 年年底。监管部门要求严格通过持牌征信机构依法合规开展个人征信业务。

根据《征信业管理办法（征求意见稿）》，平台向金融机构提供的个人信息，只要是用于信贷决策，比如信用分、反欺诈（即黑名单），都属于个人征信业务，必须持牌征信机构才可以做。

资料来源：科技金融在线. 互联网个人征信业务整改大限已定 必须持牌 2022 年底前完成[EB/OL].
（2021-07-16）[2022-03-16]. https://www.163.com/dy/article/GF1TQJ5G0519RAAQ.html.

分析：

你认为，互联网个人征信的整改对整个互联网金融行业有哪些深远的影响？

第一节　征信体系概述

一、征信的概述

（一）征信的定义

征信，从字面上理解，"征"是指征集、验证、求证，"信"是指信用、诚实、信任，结合企业即为征求或验证信用。征信作为名词，是一系列特定的调查技术操作的名称；作为动词，常指征信活动强调进行资信或信用调查的行为与过程。近现代以来，征信被广泛用作信用调查的同义词。

征信机构是指依法设立的、独立于信用交易双方的第三方机构，专门从事收集、整理、加工和分析企业与个人信用信息资料工作，出具信用报告，提供多样化征信服务帮助客户判断和控制信用风险等。

征信最重要的目的在于防范在非即付经济交往中受到损失，为此需要采集在经济交往中最能显示一个人按期履约的能力和意愿的履约历史记录，并依靠这些信息来判断信息主体的信用状况。征信时以事实为依据，即这条信息是可验证、有记录的。对于准确性不高的信息，坚决不予采集。全球一些大型的跨国征信机构，在信息采集上越来越全面，主要是为了相互印证，全方位、多角度、更准确地判断信用主体的信用状况，如采集各类等级信息、行政处罚信息等，这也有利于促进信息主体在这些方面更加诚信。

综上所述，狭义的征信，是指对于企业信用状况和个人信用状况相关信息进行采集核实，整理、保存、加工并对外提供信用报告、信用登记、信用调查和信用评级等服务。在实践中，征信表现为一种为信用活动提供的信息服务，一般由专业的第三方征信机构依法收集、整理、保存、加工信用主体的信用信息，并提供信用报告、信用咨询等服务帮助客户判断、控制信用风险，为信用管理提供服务的活动。广义的征信则为狭义的征信加上信用管理服务，而信用管理服务包括信用管理咨询、评分模型开发、商账追收、信用担保、信用保险等。

（二）征信的主体

征信信息主体，又称征信对象，即信用调查或信用审查的客体；通俗地讲是信用提供者，也称被征信人，指征信机构采集、整理、加工和适用的征信信息描述对象，包括自然人、法人及其他组织。政府作为债务人的信用形式是政府信用或国家信用，举债方式有发行国债、国库券等；企业法人作为债务人的信用形式是商业信用，举债方式有赊购货品、发行企业债券、向银行借款等；自然人作为债务人的信用形式是个人信用，举债方式有民间借贷、向银行借款等。作为征信的主体需承担提供真实基本信息的义务，同时，也拥有知情权、异议权、纠错权和司法救济权等相应权利。

征信服务对象不同于征信对象。征信对象是信息主体，大都为信用需求者；而征信服务对象则为授信机构及其授信活动，是信用的供给者。征信最本质的、最典型的服务是微

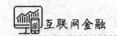

观服务，其服务对象主要是各种类型的授信机构及其授信活动。征信服务对象包括商业银行，同时还包括很多非银行金融机构甚至非金融企业，如小额贷款公司、公积金中心、P2P网络借贷平台等。

（三）征信的内容

征信内容，主要是指征信机构所采集的数据和信息。不同的征信机构采集和处理数据的方式及其数据特征不一样。目前国内征信机构采集的信用数据答题分为三种：一是银行等金融机构的信贷数据（中国人民银行的征信中心掌握着与银行等机构有紧密合作企业沉淀的数据），通信、水、气等缴费及其他公共事业数据；二是电商及第三方支付的交易数据；三是互联网金融企业采集的数据与信息。

二、征信的产生和发展

征信活动的产生源于信用交易的产生和发展，信用是以偿还为条件的价值运动的特殊形式，包括货币借贷和商品赊销等形式，如银行信用、商业信用等。信用本质是一种债权债务关系，即授信者（债权人）相信受信者（债务人）具有偿还能力，而同意受信者所做的未来偿还的承诺。随着经济全球化的趋势加快，信用交易的范围日益广泛，逐步扩散到全国各地乃至全球，信用交易的一方想要了解对方的资信状况就会极为困难。此时，了解市场交易主体的资信状况就成为一种需求，征信活动也因此应运而生。

全球征信业的萌芽始于19世纪中后期，快速发展则是从20世纪60年代开始的。美国是世界上最早发展征信的国家之一。1849年，John M. Bradstreet在辛那提注册了首家信用报告管理公司，随后，通过多年的经营积累，逐步发展成为企业征信领域中规模最大、历史最悠久并具有影响力的领先企业——邓白氏集（Dun&Bradstreet Corporation）。

欧洲在全球征信业的发展中占据着重要地位，欧洲征信业的发展可分为两个阶段。在20世纪80年代以前，欧洲央行由于资金充沛，大公司和固定客户很容易从银行获得融资款，市场对征信的需求量并不大，主要是由公共征信系统采集公司和贷款数额较大的个人客户的信息，为中央银行更好地监督金融市场，防范金融风险服务。20世纪80年代以后，全球市场格局发生了重大变化，新型产业不断崛起，传统产业的融资地位不断下降，征信业又被投资人和金融家们加以重视，用来评估企业申请贷款和信用额度的资质，这时私营征信机构开始兴起。欧洲最著名的征信企业——格瑞顿公（Graydon Inernational Co.）成立于1888年，它有能力提供世界130多个国家和地区的企业征信报告。

在亚洲，日本的征信业产生较早，发展引人注目。日本最早的企业征信公司为成立于1892年的商业兴信所，其业务主要面向银行提供征信。日本征信业有代表性的征信机构是株式会社日本信息中心（JC）、株式会社信用信息中心（CC）和日本株式会社（CCB）。

中国征信业的发展要追溯到20世纪30年代初，1932年6月6日，由著名民主人士和银行家章乃器牵头发起、由多家中资金融机构共同发起的专职征信机构"中国征信所"在上海宣布成立，这标志着中国征信业的开始。然而中国企业征信行业真正起步源于1992年11月中国第一家专门从事企业征信的公司——北京新华信商业风险管理有限责任公司的成立，2011 年其改名为北京新华信商业信息咨询有限公司。新华信的成立标志着中国企业征信行业开始进入市场化运作阶段。

近年来，我国在征信领域的建设取得了快速发展，全国统一的企业和个人信用信息基础数据库已经顺利建成。征信系统的信息查询端口遍布全国各地金融机构网点，信用信息服务网络覆盖全国，形成了以中国人民银行征信中心为主的多层次征信机构体系以及以企业和个人信用报告为核心的征信产品体系，信用中心出具的信用报告已经成为国内企业和个人的"经济身份证"。

三、征信的功能

征信活动服务范围很广，如金融业、电信业、公共事业、政府部门等，从这些服务对象的不同角度出发，可以总结出征信具有六大功能。

（一）防范信用风险，促进信贷市场发展

随机波动理论认为，股价波动遵循随机波动，呈现典型的马尔可夫性质，股价过去的历史和从过去到现在的演变方式与股价的未来变动不相关。但是，对于单一个体而言，人类行为在很大程度上具有路径依赖的特点，预测一个人未来行为的最好方法是看其过去的表现，这一点成为社会信用体系建设的理论基础。银行如果不了解企业和个人的信用状况，为了防范风险，就会采取相对紧缩的政策。通过征信活动，查阅被征信人以前的历史记录，商业银行能够比较方便地了解个人的信用状况，采取相对灵活的信贷政策，扩大信贷范围，特别是对缺少抵押的中小企业、中低收入者等边缘借款人。这对于防范信用风险、促进信贷市场发展具有重要意义。

（二）服务其他授信市场，提高履约水平

现代经济的核心是信用经济，授信市场包含的范围非常广泛，除银行信贷外，还包括大量的授信活动，如企业和企业（多以收账的形式存在）、企业和个人（各种购物卡、消费卡等）、个人与个人（借贷）之间的授信活动，一些从事授信中介活动的机构如担保公司、租赁公司、保险公司、电信公司等在开展业务时，均需要了解受信方的信用状况。

征信活动通过信息共享、各种风险评估等手段将受信方的信息全面、准确、及时地传递给授信方，有效揭示受信方的信用状况，采用的手段有信用报告、信用评分、资信评级等。

（三）加强金融监管和宏观调控，维护金融稳定

通过征信机构强大的征信数据库，收录工商登记、信贷记录、纳税记录、合同履约、民事司法判决、产品质量、身份证明等多方面的信息，以综合反映企业或个人的信用状况。当从更为宏观的角度进行数据分析时，则可以整合出一个企业集团、一个行业和国家整体的信用风险状况。因此，可以按照不同的监管和调控需要，对信贷市场、宏观经济的运行状况进行全面、深入的统计和分析，统计出不同地区、不同金融机构、不同行业和各类机构、人群的负债、坏账水平等，为加强金融监管和宏观调控创造条件。

征信对监管者的帮助主要有两个：监控总体信贷质量；测试银行是否满足监管要求（尤其是满足《新巴塞尔资本协议》要求）。征信对宏观调控者的帮助主要体现在通过整体违约率的测算来判断经济目前所处的周期。例如，意大利的监管机构就利用征信数据库来测算商业银行的资本金要求、总体风险构成等，作为对商业银行进行监管依据的外部补充。

（四）服务其他政府部门，提高执法效率

根据国际经验，征信机构在信息采集中除了采集银行信贷信息外，还依据各国政府信息公开的法规采集了大量的非银行信息，用于帮助授信机构进行风险防范。在这种情况下，当政府部门出于执法需要征信机构提供帮助时，可以依法查询征信机构的数据库，或要求征信机构提供相应的数据。征信活动，使政府在依法行政过程中存在的信息不对称问题得到有效解决，为政府部门决策提供了重要的依据，这些依据主要是通过第三方反映出来的，信息的准确性比较强，有效地提高了执法效率。

（五）有效揭示风险，为市场参与各方提供决策依据

征信机构不仅通过信用报告实现信息共享，而且会在这些客观数据的基础上通过加工而推出对企业和个人的综合评价，如信用评分等。这些评价，可以有效反映企业和个人的实际风险水平，有效降低授信市场参与各方的信息不对称，从而得到市场的广泛认可，有利于政府做出更好的决策。

这些综合评价主要有两个作用。第一是信号传递作用。通过这些综合评价，将新信息和现有信息加以综合，提供给市场，市场根据这些综合评价所处的信用区间，对受信方的信用状况做出一个整体的评价。第二是证明作用。满足一定门槛的信用评分，往往成为监管者规定取得授信的条件之一。

（六）提高社会信用意识，维护社会稳定

在现代市场经济中，培养企业和个人良好的社会信用意识，有利于提高宏观经济运行效率。但是，良好的社会信用意识并不是仅仅依靠教育和道德的约束就能够建立的，必须在制度建设上有完备的约束机制。以美国为例，美国国民的社会信用意识和遵纪守法意识比较强，主要是靠完善的制度约束达到的，当制度约束缺失时，国民的社会信用意识和遵纪守法意识也会面临严峻的挑战。

征信在维护社会稳定方面也发挥着重要的作用。实践经验表明，不少企业和个人具有过度负债的冲动，如果不加约束，可能会造成企业和个人债务负担过重，影响企业和个人的正当经营和活动，甚至引发社会问题。有的国家就曾发生过信用卡过度发展，几乎酿成全民债务危机。一些西方国家建立公共征信机构的目的之一就是防止企业、个人过度负债，维护社会稳定。在我国，征信活动有助于金融机构全面了解企业和个人的整体负债状况，从制度上防止企业和个人过度负债，有助于政府部门及时了解社会的信用状况变动，防范突发事件对国计民生造成重大影响，维护社会稳定。

综上所述，正是因为征信能够帮助实现信息共享，提高对征信对象风险的识别，所以，征信在经济和金融活动中具有重要的地位，构成了现代金融体系运行的基石，它是金融稳

定的基础，对于建设良好的社会信用环境具有非常深远的意义。

第二节　互联网金融征信

一、互联网金融征信的内涵

互联网金融的本质是利用互联网信息及相关技术，加工传递金融信息，办理金融业务，构建渠道，完成资金的融通。目前，我国的互联网金融主要有四种模式：第一种是基于电商交易结算的第三方支付，如支付宝；第二种是基于第三方支付功能的金融产品结算和销售，如基金第三方支付结算牌照和余额宝等；第三种是基于交易信息的小微信用贷款，如阿里小贷；第四种是基于信息平台的融资服务，如 P2P、众筹等。《征信业管理条例》规定："征信业务是指对企业、事业单位等组织的信用信息和个人的信用信息进行采集、整理、保存、加工并向信息使用者提供的活动。"征信相关活动包括向征信机构提供信息的活动、使用征信机构所提供的信息的活动、信息主体维护自身权益以及征信业监督管理部门依法监督管理征信业的活动等。

征信业务的内涵是市场经济条件下一种专业化的信用信息服务，对外提供信用报告、信用评估、信用信息咨询等服务，目的是帮助经济社会活动主体确认其交易对象的信用状况，为其判断风险提供帮助。当前互联网金融的四种运行模式仍然以信用为基础，后两种模式对征信的需求更为迫切，互联网金融征信的内涵仍然在《征信业管理条例》规范的范畴之内。

二、互联网金融征信的重要性

互联网金融是现有金融体系的有益补充，而征信是现代金融的基石，在互联网金融背景下，征信体系的完善更是改善互联网金融生态的重要方面。

（一）征信数据支撑互联网金融发展

互联网金融征信注重消费数据、频率和地位不同于传统的金融业，互联网金融公司，尤其是电子商务平台，拥有自主支付渠道，积累大量数据是它们的优势所在，可以以此有效、快捷地对借款人进行资信评估，并快速发放贷款。基于电子商务平台的大数据金融，就是因为掌握了用户的交易数据才能为内部的商户提供融资业务，并借助大量的网络信贷业务发展壮大，同时将平台信贷的不良率保持在较低水平。例如，阿里巴巴网贷，就是利用其电商平台进行信用数据征集和使用，很好地控制了商户信贷违约的风险，进而实现稳定、可观的利息收入。再如，腾讯苏宁、京东等电子商务企业，也是利用自身电子商务平台上的客户数据开办网络小额贷款或与金融机构合作开发金融产品。另外，P2P 网贷平台放款人通过数据来分析、评估借款人的信用，其实也是借助互联网数据进行征信管理。除上述电商大数据金融及 P2P 网贷平台，还可以独立开展数据征信，国外专门提供数据征信

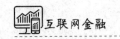

服务的公司就通过搜集、挖掘、加工数据，形成信用产品出售给需要这些征信数据的公司和个人。

（二）互联网金融征信的探索有利于传统征信业务创新

首先，征信需要覆盖更广大人群。金融服务有明显的长尾效应，处于尾部的人群较难获得理想的金融服务。互联网金融的发展弥补了正规金融领域没有服务到的人群，而征信需要为每个有金融需求的个体建立信用档案。其次，征信业务需要探索更便利的服务方式。互联网技术日趋成熟，应用互联网技术对网络上的信息进行征集、加工，并形成征信产品提供给征信需求方是未来征信服务的技术趋势。最后，征信业务需要创新风险评价模式。网络社会中个人的行为方式，已经在电商平台、社交网络、网络工作工具及渠道上留下痕迹，基于此类信息开发有效的风险防范模型，是对传统风险评价方式的重大突破。

（三）互联网金融征信有助于在更大范围内促进全社会形成良好的信用环境

一方面，互联网金融机构可以通过借助征信系统的威慑力和约束力，增加对线下信用风险的管理手段，控制还款人信用，督促客户按时还款，使客户更加重视保持良好的信用记录，更大程度地提高金融资源的配置效率，减少互联网金融模式下的金融交易成本。另一方面，可以使互联网金融的守信用客户积累信用财富，进而提升个人、小微企业的信用水平，使其获得成长为传统金融服务对象的机会和资格。在客户成长发展维度上，互联网金融将为传统金融培育潜在客户，二者形成良性互补。

同时，互联网金融征信有助于控制互联网金融风险。互联网金融征信对信贷风险管控的价值在于它通过网络代替了以前商业银行看报表、现场收集资料的方式，从而大大提高了效率和精确度，而且交易达成后产生的新信息又形成新的范围更广、行业更多、数据更全的征信数据。这些征信数据根据企业需要制定出不同的征信产品。

企业全面掌握融资主体的负债水平和历史交易表现；优化信审流程，降低成本；帮助互联网金融投资人了解投资对象的真实信用水平，为互联网金融企业被迫超出自身能力提供担保获取资金的局面解困，帮助互联网金融企业有效控制风险。

三、互联网金融征信的模式

（一）传统模式

目前国际上主要有市场主导、政府主导、协会主导三种征信模式。

市场主导型模式是由私人组织开发运营，用于商业目的，通过收集、加工信用信息，为个人和企业提供第三方信用信息服务来进行盈利。市场主导型征信体系的特点是政府只处于辅助地位，仅负责信用管理的立法和监管法律的执行，而市场信用机构却占据主导地位，通过发达的行业自律，依靠市场经济法则和运行机制来形成具体的运作细则。采用这种模式的典型代表有美国、英国、加拿大及北欧国家。

政府主导型模式是中央银行或金融管理部门牵头建立的，以"中央信贷登记系统"为主体，以私营征信机构为辅助，强制要求信息主体提供征信数据，征信信息主要用于银行业金融机构防范贷款风险、中央银行加强金融监管及执行货币政策。采用这种模式的典型代表有意大利、奥地利、德国、西班牙、葡萄牙、比利时和法国等。

协会主导型模式是介于前两类模式之间的一类特殊的行业协会会员制征信模式。它是以行业协会为主建立信用信息中心,通过搭建互换平台,达到会员间信用信息共享的目的,不以盈利为目的,只收取成本费用。将自身掌握的个人或者企业的信用信息提供给信用信息中心是会员的义务,反过来中心则给予会员信用信息查询的服务,这种模式主要在日本使用。

(二)创新模式

目前,互联网金融征信模式可在传统金融征信模式基础上进行创新,主要有三种选择:以中国人民银行征信中心为代表的政府主导型模式、以电商征信机构和金融征信机构为代表的市场主导型模式、以互联网金融协会信用信息中心为代表的行业会员制模式。

第一种模式可以丰富政府主导型模式下征信中心的数据库。中国人民银行征信中心采集的金融机构的贷款、信用卡等记录,有系统技术成熟、规模效应、信息保密性强等优势。在互联网金融下,可逐步接入 P2P、众筹等网络贷款平台,并征集相关信用记录在为互联网金融企业提供服务的同时丰富中国人民银行征信中心的数据库。

第二种模式是以电商平台或金融机构为主,设立市场主导型模式的征信机构。电商平台组建征信机构多利用自身用户的交易数据,通过大数据、云计算充分挖掘数据信息,控制信贷风险,并对外提供征信服务。金融机构组建征信机构,通过组建电商平台,并利用综合牌照、风险管理能力等优势,将交易数据和传统资产负债、抵押物等信息综合,充分挖掘银行、证券、保险、信托、基金等信息,控制信贷风险,并对外提供征信服务。

第三种模式是以互联网金融协会为依托,设立行业会员制模式征信机构。互联网金融协会设立征信机构,通过采集互联网金融企业信贷、物流信息开展征信活动,并免费向会员共享,也可通过收取金融中介服务费用向非会员开放。

在互联网金融征信业务发展初期,可以以政府主导型模式为主,互联网金融企业充分利用中国人民银行征信系统,了解借款人信用,控制信贷风险。随着互联网金融企业逐步成熟,中国人民银行征信系统可逐步接入 P2P、众筹等平台,收集信用数据,完善征信系统的数据库,同时逐步引导市场主导型模式健康发展,鼓励互联网电商平台、金融机构组建征信机构,在充分保护个人信息和企业商业秘密的前提下,开展征信活动,条件成熟的可以对外提供征信服务。

四、互联网金融下的征信数据库

(一)征信数据来源

互联网金融下的征信数据主要有六大来源。

一是电商大数据,以阿里巴巴为例,它已利用电商大数据建立了相对完善的风险控制数据挖掘系统,并通过旗下阿里巴巴、淘宝、天猫、支付宝等积累的大量交易数据作为基本原料,将数值输入网络行为评分模型进行信用评级。

二是信用卡类大数据，此类大数据以信用卡申请年份、通过与否、授信额度、卡片种类、还款金额等作为信用评级的参考数据。国内此类典型企业是成立于2005年的"我爱卡"，它利用自身积累的数据和流量优势，结合国外引入的FICO（费埃哲）风险控制模型，从事互联网金融小额信贷业务。

三是社交网站大数据，此类典型企业为美国的Lending Club，它基于社交平台上的应用搭建借贷双方平台，并利用社交网络关系数据和朋友之间的相互信任聚合人气，平台上的借款人被分为若干信用等级，但是却不必公布自己的信用历史。

四是小额贷款类大数据，目前可以充分利用的小贷风险控制数据包括信贷额度、违约记录等。由于单一企业信贷数据的数量级较低、地域性较强，业内共享数据的模式正逐步被认可。

五是第三方支付大数据，支付是互联网金融行业的资金入口和结算通道，此类平台可基于用户消费数据做信用分析，比如支付方向、月支付额度、消费品牌都可以作为信用评级数据。

六是生活服务类网站大数据，包括水电、煤气、物业费的缴纳等，此类数据客观真实地反映了个人基本信息，是信用评级中重要的数据类型。

（二）征信数据采集

互联网金融征信数据采集分为个人征信数据采集和企业征信数据采集，与传统数据采集方式相比，以下方式更适合互联网金融征信数据采集。

1. 合作采集

征信机构可以与政府机构、金融机构、电子商务企业、小额信贷企业建立商业化的信息采集合作关系，也可以通过掌握相关网站的结构，建立数据自动抓取系统，自动化采集。征信机构从事业单位采集的主要方法有两种：一是从公用事业单位通信公司采购数据，至少采集欠费用户的负面信息；二是承接公用事业单位或通信公司的信用风险控制任务，帮助它们建立信用风险防范机制，包括欠费催收工作。

2. 共享采集

对于企业征信机构，获取信用信息的一种重要方式是交换信息，它们需要建立起行之有效的信息资源共享机制。通常来说，交换信息的对象包括政府部门、行业协会、用户群、供应商网等。通过信息资源共享的方式，企业征信机构有可能收到意想不到的效果，交换到以正常方式无法获取的信用信息。通过与自己的用户群交换数据，企业征信机构可以取得一些企业的失信记录，还可以取得一些企业付款行为的数据。另外，个人征信数据采集方式还包括主动建档和社会举报。

（三）征信数据管理

征信机构要建立专门用以储存反映企业和个人信用状况和信用能力相关信息的征信数据库。征信数据库以及基于数据库开展征信服务的信息系统、网络系统，由征信机构投资建设、运营，其设计方案和管理运营必须确保信息及服务的安全。

1．数据筛选

征信数据进行筛选分为企业信息筛选和个人信息筛选。企业信息筛选可以从采集或汇集来的各类企业信息、产品信息等信息中挑选出米，包括从信用信息采集单中挑选出合格的信用信息。个人信息的筛选可以从电子商务企业、金融机构、互联网金融企业政府机构等采集的各类人员消费、贷款、缴费等信息中挑选出来。

2．数据录入

数据录入是指将企业征信数据和个人征信数据录入计算机，使载在不同媒介上的征信数据统一形成电子信息，包括录入所有数据项下的信用信息，其中既有量化信息，又有文字信息。数据录入过程中，还要注意对数据类型的校验，一旦录入的信息不符合系统规则，系统便会自动提示输入错误，并拒绝接受录入错误的数据。

3．数据的存储和期限

（1）征信数据存储的安全性。征信数据库的安全性问题是每个大型企业征信机构都不能回避的严肃问题，安全性问题不仅是管理问题，还可能是法律问题。在征信数据库的安全保卫措施方面，征信机构应该在两大方面予以充分的关注，包括所存储信息的安全、物理设施的安全和配套管理措施。

在存储信息安全方面，征信机构必须保证征信数据的质量和安全，既要做好数据的技术处理，又要保证处于存储状态的数据不受外力的破坏。为了保证征信数据存储的安全，征信机构要请专业机构帮助构建一套防火墙软件及其更新换代机制，让外部的"黑客"不能袭击数据库。

在配套管理措施方面，企业征信机构要制定严格的管理措施，受约束的人员包括数据库的操作和维护人员、被记录企业的人员和征信机构的管理者。对数据的出入，征信机构都要有准确无误的记录，保证包括总经理在内的内部员工不能任意更改任何数据，特别要注意数据库的技术负责人和数据库操作人员的违规操作问题。

（2）征信数据存储的期限。征信数据存储的期限指的是在征信数据库中被保存时间的长短，主要是指征信数据的使用时间长短，也就是征信数据传播时间的长短，从被调查企业的角度看，意味着它们的信用记录或失信记录被公示的时间长短。在保存期限结束后，征信数据通常被转移存储到其他硬盘中不再直接用于制作信用记录。数据库中存储大量的利用率极低的征信数据，会影响检索效率，降低数据库的利用率指标。因此，征信机构会定期清理征信数据库中的数据，而且首先清理的就是那些利用率非常低的数据，其中最多的是那些保存期限过长的"过期数据"。但是，多长时间以上的征信数据是过期数据，并没有法律或国家标准方面的要求，征信机构可以根据市场需求、行业惯例、自身的需求等因素，自己制定相关的管理规定。

通常来说，需要被清理和转移的过期数据主要包括：① 在政府工商部门登记的名单上消失 5 年以上的企业的记录；② 近 5 年内完全没有被查询过的企业记录，或查询频率低于征信机构规定次数的企业记录；③ 根据法律法规要求，必须删除的"黑名单"企业负面记录；④ 超过 5 年的个人不良信用记录。

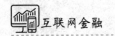

五、互联网金融同业数据库

为共享同业机构间的客户信用交易信息，帮助互联网信贷机构在一定范围内了解授信对象，防范借款人恶意欺诈、过度负债等信用风险，我国建立了一些互联网金融同业信息数据库。这类同业数据库有别于国家金融信用信息基础数据库（即中国人民银行征信系统），属于社会类征信系统，向这类系统提供和查询数据的互联网信贷机构属于征信活动中的信息提供者和信息使用者。互联网金融同业数据库是中国人民银行征信系统的有效补充，目前已有三家企业建立了同业数据库。

（一）上海资信的网络金融征信系统（NFCS）

网络金融征信系统是由中国人民银行征信中心控股的上海资信有限公司于 2013 年 7 月推出的全国首个基于互联网的专业化信息系统。该系统主要收集并整理 P2P 平台借贷两端客户的个人基本信息、贷款申请信息、贷款开立信息、贷款还款信息和特殊交易信息，通过信息共享，帮助 P2P 平台机构全面了解授信对象，防范借款人恶意欺诈、过度负债等信用风险。根据 NFCS 系统的自身定位——网络金融开展业务的必要基础设施，其建设目标是实现网贷企业之间的信息共享，打通线上线下、新型金融与传统金融的信息壁垒，提高网贷失信者的违约成本。

（二）安融惠众的小额信贷行业信用信息共享服务平台（MsP）

小额信贷行业信用信息共享服务平台是由国内一家民营企业——北京安融惠众征信有限公司于 2013 年 3 月创建的以会员制同业征信模式为基础的同业征信服务平台。该系统采用封闭式的会员制共享模式，目前北京安融惠众尚未取得中国人民银行对其经营个人征信业务的批准，仅在会员间实现信息的共享，主要为 P2P 公司、小额贷款公司、担保公司等各类小额信贷机构提供同业间的借款信用信息共享服务，帮助防范借款人多重负债，降低坏账损失，建立行业失信惩戒机制。

（三）国政通的互联网金融信用服务平台

中关村互联网金融信用信息平台，简称互联网金融信用平台，是由北京国政通科技有限公司受中关村管委会的委托，于 2013 年 8 月正式启动的互联网金融服务产品。互联网金融信用平台主要为企业提供三个层次的信用信息服务：基础服务是整合利用权威数据源提供的基本信用信息核查服务；在此基础上，通过互联网金融企业间的信息共享，整合其他行业信用信息，逐步建立完善的信用信息库，提供包括良性信用记录和失信记录等信用信息查询服务；在真实详尽的信用数据库基础上，引入信用评分技术，提供针对不同业务特点、不同用户需求的个性化评分评级服务。

六、互联网金融征信的隐私保护

互联网金融企业以电子商务、社交网络为平台，大量采集用户的基本状况、财产状况、经营状况、交易数据、选择偏好、消费规律和信誉评价等信息，但是信息采集超出了法律规定。因此，互联网金融征信应遵守征信业务规则。

（一）采集个人信息应当经信息主体本人同意

《征信业管理条例》第十三条规定，采集非依法公开的个人信息应当取得信息主体本人同意。在传统的征信模式下，没有取得信息主体的同意，采集者就无法获取信息。但是，互联网金融征信和传统的信息采集不同，只要个人登录网站，互联网金融企业就可以自动记录个人的网络行为，很可能在信息主体还不知情的情况下，就已经完成对个人信息的采集。还有一些网站在用户注册的时候，通过自身的强势地位，强制采集用户的个人信息，否则用户就无法完成注册。这些行为削弱了信息主体的权益，弱化了互联网金融征信行为中数据采集和使用机构在采集个人信息时的责任，不利于互联网金融的健康持续发展。

（二）明确禁止采集和限制采集的个人信息的范围

互联网金融企业采集的个人信息中的身份信息、财务状况、消费偏好等通常具有高度敏感性，有可能涉及个人隐私，甚至关乎人格权利。互联网金融的目的在于在陌生的网络社会中建立起交易双方的信任，以便利交易，而不是让个人抛开隐私，完全暴露在网络公众之下。互联网金融征信活动应当始终保持对个人人格权利的充分尊重，应当按照《征信业管理条例》第十四条的规定，明确绝对禁止采集和限制采集的个人信息的范围。同时，为保证征信业务活动的质量，互联网金融征信活动中采集的个人信息，只要能够识别信息主体，能对信息主体的信用状况充分判断即可，没有必要过度采集。

（三）建立个人不良信息告知制度

《征信业管理条例》第十五条规定，信息提供者向征信机构提供个人不良信息，应当事先告知信息主体本人。目前，很多从事互联网金融的企业都将其运营过程中产生或采集到的信贷交易信息、电子交易平台信息、物流信息、资金流信息等进行整合，逐步建立了独立或同业内的信息系统。当互联网金融企业在向这些信息系统报送客户的不良履约信息时，应当按照《征信业管理条例》的规定，事先告知信息主体，以尽可能避免由于错误提供不良信息造成对信息主体权益的侵害，同时也要督促信息主体履约，避免不良信息的产生。

第三节　大数据征信

大数据征信是指运用大数据技术重新设计征信评价模型和算法，通过多维度的信用，形成对个人、企业、社会团体的信用评价数据。征信数据主要来源于网络上的公开数据、用户授权数据和第三方合作伙伴提供的数据。同时，互联网企业通过电商活动建立了宝贵的信用资源，从电商、微博等平台获取客户网络痕迹，从中判断借款人的信用等级，形成整体风险导向，完善大数据的积累。

大数据征信从其本质上来看是将大数据技术应用到征信活动中，突出强调的是处理数

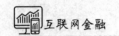

据的数量大、刻画信用的维度广、信用状况的动态呈现、交互性等特点，这些活动并未超出《征信业管理条例》中所界定的征信业务范围，本质上仍然是对信息的采集、整理、保存、加工和公布，只不过是以一种全新的方式、全新的视角来进行而已。

一、大数据征信的理论基础

（一）大数据征信的经济学原理

1. 信息经济学理论

信息经济学是以"信息"为对象进行分析，优化资源配置，融经济学、管理学、运筹学、系统科学和信息科学于一体的交叉学科。信息经济学也是有关非对称信息下交易关系和契约安排的理论。交易双方是否诚实守信地履行契约约定的责任和义务反映着信息的不对称性，决定了交易能否顺利进行，也决定了风险大小。

大数据征信的目的就是通过更多维度的信息分析总结为代理人提供更全面的参考，从而帮助代理人在合理的措施内，有效减少信息的不对称性，使风险降低。信息不对称使得市场不透明，传统征信收集了银行系统内大量的借贷数据，但覆盖人群不够，我国央行征信系统只有3亿多人有借贷历史，虽然三大征信局覆盖面较广，但还是有一部分人没有包含到。既然传统征信没有有效数据，就无法给那些不在其体系内的人进行信用评估，那么这些人需要借贷时就会从传统机构那里吃到闭门羹。而大数据征信是从互联网上用户的交易、社交等行为数据分析其信用资质。互联网时代用户在很多方面的行为动作都自然而然用软件代替操作，势必留下了很多该个体的特征，利用数据模型分析出来以后，便能形成个体信用评价，某种程度上并不一定比传统征信的可靠性差多少。因此，大数据征信会使得信息对称度提高，信息经济学是大数据征信的核心理论之一。

2. 交易费用理论

交易费用理论的核心在于节省交易费用，虽然企业和市场两种资源配置可以互相代替，但因为不确定性、小数目条件、机会主义及其存在有限理性有一定差异，致使交易费用高涨。交易费用的攀升会使得市场资源配置效率下降，所以尽量压缩交易成本对市场化下交易结构和行为起着积极正面的作用。大数据征信作为新型而有效的征信工具，从人力成本、高效率等众多方面大大节约了市场的交易成本。传统征信因为某些原因给出较差信用评估时，往往给予较高的借贷费率，这就使得借款者的成本上升，这不利于经济合理发展。大数据征信有利于个体信息尽量对称，从而使得整个市场也趋向这种对称性，进而使得整体借贷费率趋于合理，这将促进经济按更真实的情况发展。

3. 声誉理论

经济学中的声誉是指，在各方信息不对称时，个体间存在一种信誉维持，这种维持会对双方起到一定的正面效用。存在相关合同时，交易行为可以经由法律加以限定，但在非正式合同的交易行为需要声誉来加以限制。较好的信誉机制的形成有助于交易双方降低交易的成本，从长远看可以获得较好的利益。同时，授信方在良好信誉的关系中愿意为受信方提供更多信用服务，社会信用资源也能随之增加。

大数据征信的作用在于促使交易双方为了长远利益去维护声誉，从而形成稳定健康的信用大环境。信用不佳会导致声誉下降，传统征信只在传统借贷范围内建立信用，但其实人们的声誉在其各个行为中都能表现出来。人们使用互联网的频繁度一定程度上已能反映其特征，声誉好坏也可以被分析出来，俗话说，人都是要面子的。大数据征信一定程度上也反映了人们在更多方面的声誉度如何，这会督促人们保持好声誉。

4．长尾理论

长尾市场也称为"利基市场"。"利基"一词是英文 Niche 的音译，有拾遗补阙或见缝插针的意思。菲利普·科特勒在《营销管理》中给利基下的定义为：利基是更窄地确定某些群体，这是一个小市场并且它的需要没有被服务好，或者说"有获取利益的基础"。大数据征信市场的出现也是长尾理论创新应用之一，因为大量没有被服务到的微群体数量非常庞大，而服务却没有跟上。传统征信基本上对接大额借贷客户居多，对小额借贷不屑一顾，除了信息不全面问题，也有经济成本问题。而互联网的出现使得细分市场被挖掘，而大数据征信又更加针对性地分析这部分小微群体的行为痕迹特征。这部分群体数量非常大但单笔借款可能比较微小，但是乘积总和不可小觑。这就是长尾理论支持的海量不被传统机构重视的需求得以被挖掘和满足，而大数据征信正契合这点。

（二）大数据征信的管理学理论

1．数据挖掘理论

在海量数据时代，征信系统需要利用数据挖掘技术对庞大数据进行提取分析，建立数据挖掘理论和评分模型，从而运用到经济活动的各个环节中去。数据挖掘是一个交叉学科，涵盖了数学、统计学、机器学习、数据存储、AI 和高性能计算等多个学科，它需要有专业性人才参与挖掘大数据中有意义的模式与规律。所以，建立健康的大数据征信体系的前提之一是将其核心数据挖掘并完善起来。

2．信息加工理论

当整个社会的企业与个人信息需要录入征信系统时，就需要信息的整个征信过程是信息从接收到利用的过程，大数据征信对信息加工更加频繁。加工传统征信的产生并不在互联网大数据等技术普及的时代，互联网和电子设备似乎已经成为人们的日常必备品，从而在这些基础设施上留下了人们的行为痕迹。现代科技的进步使得信息计算处理技术进入更高的层次，大数据征信离不开数据挖掘和信息加工，这都是对数据在技术上的处理高地。没有这些方面的支持，大数据也出现不了，自然也没有"大数据+征信"产生，所以这两者也是与经济学理论的信息经济学和交易费用理论一样，是大数据产生的关键原因。

3．政府管制理论

政府管制的措施主要有审批、发放牌照、对企业限定经营范围等。有政府管制力量的介入可以维持一部分特定市场的行为。由于征信机构牵涉众多个人或企业的利益，所以征信系统对政府管制的需求是双向的。一方面，整个征信体系需要政府的监督与管理；另一方面，征信行业也会谨防管制过度而阻碍整体的发展。作为征信系统的一部分，大数据征

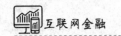

信对政府管制的应用与实践和传统征信亦一样。

大数据既然能采集挖掘人们各方面的特征，这些数据自然就有价值，价值带来两方面后果，一面是好，一面是坏，好的一面就是促进经济发展带来普惠，而坏的一面就会导致数据被滥用，隐私被泄露，使被征信主体可能遭受经济损失甚至其他损失。这些都与利益有关，那么就要进行法律法规制约，所以政府管制的角色作用就体现了，必须制定公平合理的监管措施。

（三）大数据征信的社会科学理论

大数据征信不仅是涉及经济学或信息学的某一学科，同时还需要结合社会科学原理。心理学认为信用是指信任和安全感，是一种心理现象。伦理学中的信用是处理人际关系应当遵循的基本道德。

安全感和信任感某种程度上来自一方对另一方的信任，信任是非常重要的东西，信任也是了解对方特征以后做出的认可。按照之前所说，大数据征信能够一定程度地刻画出主体的特征。例如，在借贷方面，假设分析结论是对方有意愿和有能力还款，那么我们就应该予以信任把资金借给他。又例如在交朋友或婚恋方面，如果知道对方的信用度，产生的信任感会提升，因为认为对方是个靠谱的人，这也将一定程度改善人际关系，这点也可以反过来说，维护人际关系也需要提升自己的信用。而大数据征信就是被量化的信用，满足社会对信任的需要。

所以总的来看，大数据征信综合了信息经济学、交易费用理论、声誉理论、长尾理论、数据挖掘理论、信息加工理论、政府管制理论以及社会科学理论。

二、大数据征信的特征

互联网金融的业务一般都在线上完成，从申请到完成最快可能只需要几分钟的时间，而传统的征信流程时间长、进展效率低、业务覆盖面窄，已经无法满足越来越多的业务需求，大数据技术的发展，使信息来源收集到的一切可行数据都成为信用分析的基础，为互联网金融征信体系的建设指引了新的方向。大数据征信相对于传统征信有以下几点特征。

（一）依托互联网，覆盖范围大

与银行直接发生过借贷关系的人群，可以通过全国个人征信数据库查询到信用记录，如收入情况、社保缴纳、信用卡消费等，从而进行相应的风险评估。但这一主要数据库牵涉面仍十分有限。在互联网上，只要个体登记注册，开立银行账户，进行纳税甚至社交等活动，便能用网络的痕迹，进行数据的深层挖掘与有效分析，同样也可能获得有价值的信用信息，这使征信人群辐射范围愈加扩大，得到延展。

（二）获取广谱数据源，多方渗透

传统征信主要使用传统结构化数据，其主要来源为借贷范畴，而大数据征信不仅限于目前的形式，除了现金流等财务数据外，根据互联网的活动痕迹，还可获知客户的交易行为、社会关系等半结构化的数据。通过对这些半结构化数据甚至非结构化数据，进行不同维度、不同层次的挖掘与分析，可以得到关于人心理、行为、性格等根本的有价值的数据源，使之成为新数据的来源之一，继而纳入征信体系。由此可见，大数据提供的广泛而复杂的信息源对征信业务的信用评估渗透力与影响力十分强大。

（三）横向时间展开，实现数据实时性

离线的事后分析数据，让传统征信评价模式陷入了数据少、时效差的泥潭。在飞速发展的互联网+金融时代，只关注、分析考察对象历史信息早已不够。取代传统征信的精确性，大数据把重点转移至数据相关性方面。依靠大数据所具备的存量和热数据的典型特征，数据已成为一种在线实时更新的状态。在大数据征信的分析对象中，不仅包括考察目标的历史记录，还在时间的横向维度上加入当前信息。当数据的纵向挖掘与横向拓宽相结合时，信用评价的处理速度与决策效率将更加高效。

三、大数据征信相关案例

（一）芝麻信用

蚂蚁金服旗下拥有四大平台，即支付平台、融资平台、理财平台和保险平台，阿里将支付数据传输给蚂蚁金融云大数据库。融资、理财、保险三大平台以自身的客户数据为基础，一方面将操作过程中的客户业务数据传递到蚂蚁金融云大数据库，另一方面也会通过支付平台来进行支付结算，而这部分交易数据也会随同支付平台输出到大数据库蚂蚁金融云，专注于云计算领域大数据的研究和研发，可以把各行为主体纷繁复杂的信息数据映射为其自身详细的信用评价，形成芝麻信用分和企业信用报告。

芝麻信用作为蚂蚁金服旗下独立的第三方征信机构，通过云计算、机器学习等技术客观呈现个人的信用状况，已经在信用卡、消费金融、融资租赁、酒店、租房、出行、婚恋、分类信息、学生服务、公共事业服务等上百个场景为用户、商户提供信用服务。

2015年1月5日，中国人民银行发布了允许8家机构进行个人征信业务准备工作的通知，被视为是中国个人征信体系有望向商业机构开闸的信号，腾讯征信、芝麻信用等位列其中。

芝麻信用的数据主要来源于以下三个方面。

（1）阿里体系内的数据，包括阿里巴巴体系（淘宝、天猫）的电商交易数据和蚂蚁金服的金融数据。

（2）外部合作机构提供的数据，主要有两种方式，政府方面的数据以购买方式获取为主，包括工商部门、学历学籍部门、法院、公安、电力、煤气公司等公共事业机构。另外，一些本身具有大数据积累的商业公司也是芝麻信用的合作对象，如运营商，这部分通过合作、置换、服务输出等方式获得。

（3）用户自主上传的信用数据。芝麻信用在2015年7月上线了上传功能，用户可以主动上传个人信息，包括学历学籍、单位邮箱、职业信息、车辆信息和公积金五个方面。目前，芝麻信用带有购物、金融和社交三种不同维度的数据，其接入的外部数据源在八成以上，而阿里的数据源已减少至不足两成。

芝麻信用是依据方方面面的数据而设计的信用体系。芝麻信用分是芝麻信用对海量信息数据的综合处理和评估，主要包含了用户信用历史、行为偏好、履约能力、身份特质、人脉关系五个维度。芝麻信用基于阿里巴巴的电商交易数据和蚂蚁金服的互联网金融数据，并与公安网等公共机构以及合作伙伴建立数据合作，与传统征信数据不同，芝麻信用数据涵盖了信用卡还款、网购、转账、理财、水电燃气缴费、租房信息、住址搬迁历史、社交关系等。

"芝麻信用"通过分析大量的网络交易及行为数据，可对用户进行信用评估，这些信用评估可以帮助互联网金融企业对用户的还款意愿及还款能力做出结论，继而为用户提供快速授信及现金分期服务。

本质上来说，"芝麻信用"是一套征信系统，该系统收集来自政府、金融系统的数据，还会充分分析用户在淘宝、支付宝等平台的行为记录。

芝麻信用在构建信用评分模型体系时，利用云计算、机器学习等技术，能以较低的成本对海量数据的关联性进行分析，还在充分研究和吸收传统征信评分模型算法的优势的基础上，积极尝试前沿的随机森林、决策树、神经网络等模型算法，挖掘出和信用表现有关联的特征，从而更加高效和科学地发现大数据中蕴含的信用评估价值。目前，芝麻信用应用了一种改进的树模型 GBDT，深入挖掘特征之间的关联性，衍生出具备较强信用预测能力的组合特征，并将该组合特征与原始特征一起使用逻辑回归线性算法进行训练，从而获得一个具备可解释性的准确的线性预测模型。

芝麻信用体系包括芝麻信用评分、信用报告、反欺诈、行业关注名单等一系列信用产品，提供反欺诈 IVS 信息验证服务（基于实名用户的欺诈风险识别，帮助提升合作伙伴反欺诈识别能力）、芝麻数据变量服务 DAS（还原用户画像，个性化的策略模型）、负面信息披露、芝麻信用评分（即芝麻分是芝麻信用产品中的核心产品），并为用户提供信用评分、还款提醒等服务。

芝麻分看似是一个简单的分数，背后是芝麻信用对海量信息数据的综合处理和评估。2015 年 1 月，芝麻信用开始在部分用户中进行公测，并推出芝麻信用分，这是我国首个芝麻信用分。与国际通行的信用评分类似，芝麻分分区间设定为 350 分至 950 分，分数越高，代表信用程度越好，违约可能性越低。

芝麻分综合考虑了个人用户的信用历史、行为偏好、履约能力、身份特质、人脉关系五个维度的信息。

（1）信用历史，即过往信用账户还款记录及信用账户历史。目前这一块内容大多来自支付宝，特别是支付宝转账和用支付宝还信用卡的历史。

（2）行为偏好，指在购物、缴费、转账、理财等活动中的偏好及稳定性。比如一个人每天打游戏 10 小时，那么就会被认为是无所事事；如果一个人经常买纸尿裤，那么这个人便被认为已为人父母，相对更有责任心。

（3）履约能力，包括享用各类信用服务并确保及时履约，如租车是否按时归还、水电燃气是否按时缴费等。

（4）身份特质，即在使用相关服务过程中留下的足够丰富和可靠的个人基本信息，包括从公安、学历学籍、工商、法院等公共部门获得的个人资料，未来甚至可能包括根据开车习惯、敲击键盘速度等推测出的个人性格。

（5）人脉关系，指好友的身份特征以及跟好友互动的程度。根据"物以类聚，人以群分"的理论，通过转账关系、校友关系等作为评判个人信用的依据之一，其采用的人脉关系、性格特征等新型变量能客观反映个人信用，但目前还没有将社交聊天内容、点赞等纳入参考。

（二）腾讯征信

腾讯征信是首批经人民银行批准开展征信业务的机构之一，专注于身份识别、反欺诈、信用评估服务，帮助企业控制风险、远离欺诈、挖掘客户，切实推动普惠金融。腾讯征信依托于腾讯集团，信用信息主要来自社交、游戏、电商及第三方支付平台和合作平台。其中主要运用社交网络上的海量信息，如在线、财产、消费、社交等情况，为用户建立基于互联网信息的征信报告。腾讯庞大的客户群体为腾讯征信提供了海量信息。

腾讯征信由腾讯旗下的财付通团队负责，通过其大数据平台 TDBANK，在不同数据源中，采集并处理包括即时通信、SNS、电商交易、虚拟消费、关系链、游戏行为、媒体行为、基础画像等数据，运用统计学、传统机器学习等方法综合考察用户的消费偏好、资产构成、身份属性和信用历史四个维度，得出用户信用评分，为用户建立基于互联网信息的个人征信报告。

腾讯征信业务服务的对象主要包括两类：一是金融机构，通过提供互联网征信服务来帮助它们降低风险，能够为更多用户提供金融服务；二是普通用户，用很便捷的方式帮他们建立信用记录，这些信用记录能反过来帮助他们获得更多的金融服务。

腾讯征信的征信产品主要分为两大类别：一类是反欺诈产品；另一类是信用评级产品。其中，反欺诈产品包括人脸识别和欺诈评测两个主要的应用场景。

1. 人脸识别产品

腾讯财付通与中国公安部所属的全国公民身份证号码查询服务中心，达成人像比对服务的战略合作。公民身份证查询中心，拥有全国所有公民的户籍信息，拥有国内最权威的身份信息数据库。双方通过深度合作，结合腾讯独创的技术算法，大力提升人脸识别的准确率及商业应用可用性，联手帮助传统金融行业解决用户身份核实、反欺诈、远程开户等难题。

人脸识别系统主要包括人脸图像采集、人脸检测、人脸特征提取，以及特征相似度匹配与识别。

2. 反欺诈核查产品

腾讯征信旗下对公业务产品——账户级反欺诈产品已经开始接入合作机构，此款产品是国内首个利用互联网数据鉴别欺诈客户的产品，主要服务对象是银行、P2P、小贷公司、保险等机构，能帮助企业识别用户身份，发现恶意或者疑似欺诈客户，避免资金损失，支持国家的普惠金融政策。

3. 信用评分及信用报告产品

腾讯信用是腾讯征信推出的个人征信管理平台，腾讯信用主要基于历史行为信息，通

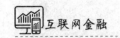

过采集不同维度的信息，运用大数据、机器学习以及传统统计方法相结合的技术手段来客观地反映用户的信用水平，从而得出用户的守信指数，用信用分来反映用户的信用水平，分数的多少是通过专业、先进的信用评分模型评估得出的，分数越高代表信用水平越高。

在腾讯信用，不仅能查询到用户的信用评分、管理用户的信用，而且能享受到好信用带来的金融特权和生活特权服务，金融特权包括现金借贷、银行办卡和消费分期等服务，生活特权包括信用出行等服务。

腾讯信用评分及报告则来自腾讯社交大数据优势，全面覆盖腾讯生态圈 8 亿活跃用户，通过先进的大数据分析技术，准确量化信用风险，有效提供预测准确、性能稳定的信用评分体系及评估报告。

对于个人用户，腾讯信用评分体系不但可以查询个人信用报告，还可以提高和完善自身信用情况，形成良性循环；对于银行等商业机构，该信用评分体系可以与自有体系形成交叉比对，帮助机构更准确地对用户个人信用做出判别，挖掘更多价值用户。多家金融机构的实用验证证明，腾讯信用评分体系预测效果适用于银行，且评分性能稳定。

腾讯信用主要通过"履约、安全、财富、消费、社交"五大指数，基于用户的历史行为，用科学统计方法综合评估的结果，最低 300 分，最高 850 分。

（1）履约指数——用户平时是否守约，如贷款、信用卡是否按时还款。

（2）安全指数——用户的手机 QQ 支付、微信支付的安全设置是否到位，如账户是否有实名认证和数字证书。

（3）财富指数——用户的个人资产情况，如各类资产的构成、理财记录等。

（4）消费指数——用户的手机 QQ、微信支付行为如何，如购物、缴费等场景的行为及偏好。

（5）社交指数——用户在 QQ 上的社交行为和人脉关系如何，良好的社交行为和人脉关系有助于提升社交指数。

知识巩固

1. 互联网征信的含义。
2. 互联网金融征信的模式有哪些？
3. 互联网金融征信的重要性有哪些？
4. 简述大数据征信的理论基础。

案例讨论

信息主体在线查询渠道进一步扩展

为做好征信服务支持新冠肺炎疫情防控，自 2020 年 3 月以来，征信中心会同合作机构有序拓展信息主体在线查询渠道，陆续开通网上银行、手机银行（以下统称网银）及中国银联"云闪付" APP 信用报告查询试点服务。目前，开通网银个人信用报告查询服务的全国性商业银行有 12 家，开通企业信用报告自主查询服务的商业银行有 11 家。中国银联"云闪付" APP 信用报告试点查询服务于 2021 年 1 月 8 日在上海、广州、深圳、杭州、重庆、南宁、长沙、福州8个城市上线。

2021年1月1日至3月31日，个人信用报告网银查询总量为622.9万笔，占同期信息主体查询总量的23.5%，其中"云闪付"APP累计提供个人信用报告查询47.4万笔；企业信用报告网银查询总量为22.1万笔，占同期企业自主查询总量的26.1%。

在前期试点服务平稳运行的基础上，"云闪付"APP个人信用报告查询服务于3月30日扩展至全国31个省会城市以及大连、青岛、宁波、厦门、深圳5个计划单列市，为更多的银行卡持卡人提供在线信用报告查询服务。

资料来源：中国人民银行征信中心. 信息主体在线查询渠道进一步扩展[EB/OL].（2021-04-01）[2022-03-16]. http://www.pbccrc.org.cn/zxzx/zxdt/202104/50e7f9b561a4448297eef7d51a4a8b0d.shtml.

讨论题：

你或你的家人是否查询过个人征信？通过哪些渠道查询？

第八章　大数据金融

知识目标

◇ 了解大数据的含义。
◇ 掌握大数据的分类。
◇ 掌握大数据金融的应用领域。

能力目标

◇ 能够理解大数据的特征。
◇ 能够解析大数据金融的特点。
◇ 能够认知大数据带给金融业的变革。

任务提出

银政企合作+大数据金融　"中银创园 e 贷"实现批量精准普惠金融服务

为更有效地支持实体经济，推动普惠金融高质量发展，中国银行苏州分行以批量化服务、定制化方案、智能化定额、综合化经营的普惠新发展理念为指引，创新推出"中银创园 e 贷"，通过与各级政府引导的创新载体开展源头合作，依托互联网金融、大数据等科技力量实现科学定额、快速决策，积极推动金融服务模式从单点服务向批量服务迈进。

"中银创园 e 贷"以政府重点引导的科技产业园区为突破点，以点带面做好各大产业园区内企业客户的精准服务。同时，充分运用互联网金融时代产物，以苏州中行微信公众号普惠专区为主阵地，开辟"中银创园 e 贷"线上服务渠道，通过自建的在线大数据分析模型，从普惠金融风控偏好出发，整合覆盖行业、股东、经营、财务、融资、信用等多维度关键要素算法，科学高效输出企业的风险预判，改变了以往单纯依靠人力线下逐一摸排、收集客户信息的低效输出模式，以模型数据分析提升普惠金融智能化程度。

通过"银政企合作+大数据金融"双管齐下，"中银创园 e 贷"以科学高效的金融互动实现信贷资源的精准投放，有效缓解了普惠业务"散、杂、频"与传统银行服务"少、慢、疏"间的矛盾，以线上申请、秒出预额、快捷审批的服务优势，展现了中银普惠品牌的专业性。截至 2021 年 6 月 30 日，业务开展仅一个月，中国银行苏州分行已先后与苏州国际科技园、中科院纳米所国家吴中双创示范基地、吴中科技创业园、浙大工研院等 6 座国家级、省市级重点科创聚集载体开展了交流合作，首轮批量对接产业园内客户数量超过 300家，已实现首批 1500 万元授信的精准投放。

资料来源：大众证券网. 银政企合作+大数据金融 "中银创园 e 贷"实现批量精准普惠金融服务[EB/OL].
（2021-06-30）[2022-03-16]. http://www.dzzq.com.cn/finance/44489601.html.

分析：

你认为，互联网个人征信的整改对整个互联网金融行业有哪些深远的影响？

第一节　大数据概述

在互联网中，大数据无处不在。无论是漫无目的地浏览网页、观看视频，还是看微博、聊微信，以及有目的性的搜索，每个用户都会产生数据，这些分散的数据汇集到网络中形成数据流，并最终聚集到网络服务提供商，形成大数据。

一、大数据的内涵与特征

（一）大数据与小数据

大数据（big data）是指在一定时间范围内无法用传统数据库软件进行采集、存储、管理和分析的数据集或数据群，需要通过新的处理模式才能体现出的具有高效率、高价值、海量、多样化特点的信息资产。利用数据挖掘分析技术可以使这些结构化、半结构化、非结构化的海量数据产生巨大的商业价值。

小数据（small data），或称个体资料，是以个体为中心，需要新的应用方式才能体现出的具有高价值、个体、高效率、个性化特点的信息资产。大数据和小数据有着本质的区别，虽然两者都是以创造数据价值为目的，但是在收集目的、数据结构、生命周期、分析方法及分析重点五个方面都存在着不同的定位。

1．收集目的

小数据的目的性很强，往往是为了一个目标，制定规划进行收集、整理和分析，不会收集与其研究目的无关的数据。而大数据收集没有明确的目标，收集的数据范围更广，在数据采集阶段并不明确知道会产生什么结果。

2．数据结构

小数据的数据基本来自相同的行业和领域，数据种类单一，结构统一，并采取一种有序排列的结构化方式。而大数据的数据来自不同的行业和领域，数据种类复杂，数据标准和格式有所不同，非结构化的数据居多，无法进行统一排序。

3．生命周期

小数据的生命周期比较短，几乎只有几年的时间，待相关问题解决或相关项目结束之后，小数据一般会被删除。而大数据的工作主要是进行预测，只有基于完整的历史数据才能对未来进行相对准确的预测。因此，大数据的生命周期相对较长，大部分会被永久保留。

4．分析方法

小数据采用一般的统计方法对收集的所有数据进行分析；而大数据因其复杂性一般通过分布式的方式进行分析，采用训练、学习、聚合、归一化、转化、可视化等多种不同的

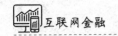

方法分析。

5. 分析重点

小数据以个体行为数据为对象，主要是对个体数据信息进行全方位的、精确的挖掘分析，重点在于深度；而大数据以某个群体行为数据为对象，主要是对大范围大规模的数据处理分析，重点在于广度。

小数据不涉及大量的、急速的数据，或是繁多的信息种类，也没有隐含与个体有关的复杂化信息，并常以微观角度解释小型对象。而大数据则立于宏观角度，致力于表述宏观现象。简言之，用大数据得到规律，用小数据匹配个人。

（二）大数据的内涵

大数据的概念较为抽象。大数据中的"数据"是指广义的数据，不仅包括传统的结构化数据（即可以用二维表格表述的数据），还包括非传统的非结构化数据（如视频、音频等）。大数据中的"大"既形容数据量多，又形容数据产生和变化的速度非常快。大数据的内涵主要体现在数据类型、技术方法和分析应用三个方面。

1. 数据类型方面

大数据不仅包括传统的结构化和半结构化的交易数据，还包括巨量的非结构化数据和交互数据，它是包括交易和交互数据集在内的所有数据集，如社交网站上的数据、在线金融交易数据、公司记录、气象监测数据、卫星数据和其他监控、研究和开发数据。

2. 技术方法方面

核心是从各种各样类型的数据中快速获取有价值信息的技术及其集成，依据大数据的生命周期的不同阶段可以将大数据处理技术分为大数据存储、大数据挖掘和大数据分析三个方面。大数据存储包括直接外挂存储（DAS）、网络附加存储（NAS）、存储域网络（SAN）等存储方式。大数据挖掘主要采用的是分布式挖掘和云计算技术。

3. 分析应用方面

重点是采用大数据技术对特定的数据集合进行分析，及时获取有价值的信息。常用数理统计方法进行数据分析，如可视化的数据分析工具。在数据分析过程中不仅需要计算机进行自动化的分析，还需要人工进行数据的选择和参数的设定。

（三）大数据的特征

大数据具有五个特征：大体量（volume）、多样性（variety）、时效性（velocity）、准确性（veracity）、价值性（value）。

1. 大体量

大体量，即数据量大，是大数据的基本属性。大数据一般是指10TB（1TB=1024GB）规模以上的数据量，甚至可从数百TB到数十数百PB、EB的规模。资料显示，百度首页导航每天需要提供的数据超过1.5PB（1PB=1024TB）。导致数据规模剧增的原因有：① 传感器等各种仪器获取数据的能力大幅提高，越来越多的事物特征可以被感知，这些特征数据将会以数据的形式被存储下来；② 互联网的普及，使数据的分享和获取越来越容易，无论是用户有意还是无意的分享或浏览网页都会产生大量数据；③ 集成电路价格的降低，使很多数据被保存下来。

2. 多样性

数据类型多样化是大数据的第二大特点。大数据包括各种格式和形态的数据。传统的数据大多是以二维表的形式存储在数据库中的文本类结构化数据。随着互联网的发展和传感器种类的增多，诸如网页、图片、音频、视频、微博类的未加工的半结构化和非结构化数据越来越多，以数量激增、类型繁多的非结构化数据为主。非结构化数据相对于结构化数据而言更加复杂，数据存储和处理的难度增大。目前，我国商业银行业务发展相关数据类型已从结构化数据扩展到非结构化数据。

3. 时效性

大数据的时效性是指在数据量特别大的情况下，能够在一定的时间和范围内得到及时处理，这是大数据区别于传统数据挖掘最显著的特征。大数据的流动速度快，当处理的数据从 TB 增加至 PB 时，超大规模的数据快速变化，使用传统的软件工具将难以处理。只有对大数据做到实时创建、实时存储、实时处理和实时分析，才能及时有效地获得高价值的信息。

4. 准确性

大数据的准确性是指保证处理的结果具有一定的准确性。结果的准确性涉及数据的可信度、偏差、噪声、异常等质量问题，原始数据的输入错误、缺失以及数据预处理系统的失效等会导致数据的不准确，进而分析得出一些错误的结论。因此，保证正确的数据格式对大数据分析十分重要。

5. 价值性

大数据的价值性是指大数据包含很多深度的价值，对大数据的分析挖掘和利用将产生巨大的商业价值，数据量呈指数增长的同时，隐藏在海量数据中的有用信息却没有相应比例增长，相反，价值密度的高低常常与数据总量的大小成反比。这样反而使我们获取有用信息的难度加大，以商业银行监控视频为例，连续数小时的监控过程中可能有用的数据仅有几秒钟。

大数据的特征表明大数据不仅数据量巨大，种类繁多，对大数据的分析也将更加复杂。追求速度，更注重时效性、准确性以及价值性，大数据不仅意味着数据总量的快速增长，其更大的意义在于：通过对大容量数据的交换、整合和分析，及时识别与发现新的知识，创造新的价值，带来"大知识"和"大发展"，作为一种重要的战略资产，大数据开启了一次全新的、重大的时代转型。

（四）大数据与传统数据的区别

大数据是以数量巨大、类型众多、结构复杂的数据集合以及基于云计算的数据处理和应用模式，通过数据的集成共享、交叉复用形成的智力资源和知识服务。大数据与传统数

据在产生方式、存储方式、使用方式等方面都有所不同。

1. 产生方式

传统的数据是根据研究目的进行采集，采集的数据具有重要性。因为监管要求、业务逻辑或者技术便利，大数据具有"自产生"的特点，不需要特别的采集过程，比如搜索数据、交易数据等，尽管有些数据可能没有价值。

2. 存储方式

大数据的规模远远大于传统数据的规模。相对于传统数据库，量变引起质变，需要新的数据库技术来支持存储和访问。新型的大数据存储系统除了要具备高性能、高安全、高冗余等特征之外，还需具备虚拟化、模块化、弹性化、自动化等特征，才能满足具备大数据特征的应用需求。

3. 使用方式

传统数据是基于样本思维进行采集的，其分析方法主要是基于概率论理论和抽样理论。通过这些样本数据推断总体，很难从这些数据中提炼出超出研究设计的知识。而大数据则是基于全体思维，所采集的数据基本能够代表整体，通过人工智能、神经网络等讲求高维和高效率的分析技术可以从这些详尽的数据中得出有价值的规律和知识。

（五）大数据的产生背景：计算机技术与互联网的发展

随着计算机的快速发展和互联网应用的成熟，数据量急剧增加，人类进入大数据时代。数据的采集、传输、存储、整合、管理、挖掘、分析等各项技术快速发展。

1. 计算机技术的发展

1946 年，第一台电子计算机的诞生开启了人类社会信息技术革命的序幕。截至目前，计算机技术的发展经历了大型主机、小型计算机、微型计算机、客户机/服务器、互联网、云计算这六大阶段。

（1）大型主机阶段（20 世纪四五十年代）。此阶段的计算机体型十分庞大，如第一台计算机由 180 个电子管组成，重量约 27 吨，占地 150 平方米。在经历了电子管数字计算机、晶体管数字计算机、集成电路数字计算机和大规模集成电路数字计算机等发展历程后，计算机技术逐渐走向成熟。

（2）小型计算机阶段（20 世起六七十年代），半导体和集成电路的改良使得大型主机缩小化，使用成本也因此降低，价格可被中小企业接受且能够满足中小企业的信息处理要求，现在很多企业使用的服务器都属于小型计算机，在体型上大于一般的个人计算机，小于大型主机。

（3）微型计算机阶段（20 世纪七八十年代），这个阶段是对小型计算机的缩小化，计算机已经缩小到可以放置在桌面上，因此被称为"微型计算机"或者"个人计算机"。1977 年美国苹果公司推出了 Apple 二代计算机，大获成功；1981 年 IBM 推出了 IBM-PC，经过不断的改良，功能不断加强，并占领了个人计算机市场，由此个人计算机得到了很大普及。

（4）客户机/服务器阶段。计算机的客户机/服务器结构起源于 20 世纪 60 年代，IBM 与美国公司建立了第一个全球联机订票系统，2000 多个订票终端被连在一起。在客户机/服务器结构中，网络的基础是客户机，核心是服务器，客户机通过服务器获得所需要的网络资源，其优点是能够充分发挥客户端的处理能力，减轻服务器的压力。

（5）互联网阶段。1969 年，美国国防部研究计划署制定的协定将美国加利福尼亚大学洛杉矶分校、斯坦福大学研究学院、加利福尼亚大学和犹他州大学的 4 台主要的计算机连接起来，标志着计算机进入因特网阶段，即互联网阶段。此后，互联网经历了文本、图片、语音、视频阶段，带宽不断变快，功能越来越强大，这是人类迈向地球村坚实的一步。

（6）云计算阶段。2000 年，"云计算"这个技术名词开始流行起来，它是一种基于互联网的计算方式，共享的软硬件资源和信息可以按照需求提供给计算机和其他设备。云计算阶段，计算机能力可以作为一种商品通过互联网进行流通。企业和个人不再需要购买昂贵的硬件，只需通过互联网来购买或者租赁计算能力，为所使用的计算功能付款。云计算囊括了开发、架构、负载平衡和商业模式等，是未来的软件业模式。

2．互联网的发展

互联网不仅改变了传统的信息传播方式，还改变了人们的生活习惯。获取信息变得更加容易，足不出户便可了解世界新闻；沟通更加便捷，QQ、微信等网络工具将人们时刻联系在一起；购物消费更加容易，利用手机或电脑上网就可以快速实现商品交易。因此，互联网的发展不仅是一场信息革命，还是社会变革。网民行为因为互联网的发展更加多元化，文本、图片、音频、视频、地理位置等信息已经成为大数据增长最快的来源。

数据与计算机技术和互联网的发展相辅相成。大体量的数据采集、存储、管理，只有在计算机和互联网技术快速发展的情况下才得以实现，数据的来源越来越丰富，形成信息流；大数据的信息流又通过社会生活和商业模式带动着资金流和物流的发展，进一步推动计算机与互联网技术的改进，大数据与计算机和互联网技术相互作用，相互促进，共同发展。

二、大数据的分类

（一）按照大数据结构特征分类

按照大数据结构特征，可以将大数据分为结构化数据、非结构化数据和半结构化数据。

1．结构化数据

结构化数据是指有结构的数据，也即行数据，在得到数据之前，其结构就是确定的。比如，传统的关系数据模型，可用二维结构表示。二维表中的数据就是典型的结构化数据，其结构事先通过数据模型的定义确定下来，在处理过程中不会改变。

2．非结构化数据

结构化数据是指没有结构的数据，无法用数据库的二维逻辑结构来表现，包括所有格式的文档、文本、图片、视频、音频、各类报表以及标准通用标记语言下的子集 XML、HTML，它们通常没有数据模型，无法进行结构化处理。

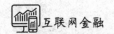

3. 半结构化数据

半结构化数据是指介于结构化数据和非结构化数据之间的数据。半结构化数据也是有结构的数据，与结构化数据不同的是，半结构化数据是先有数据，再有结构。半结构化数据一般是自描述的，数据的结构和内容混合在一起，没有明显的区分，其数据模型是数和图。常见的半结构化数据有 XML、HTML。

（二）按照大数据获取处理方式分类

按照大数据获取处理方式，可以将大数据分为批处理数据和流式计算数据，数据的批处理是指对数据进行批量的处理，如对数据进行成批的增加、修改、删除等操作，流式计算是指可以在实时处理的应用环境中，对大规模流动数据在不断变化的前提下进行持续计算、分析并能捕捉到有价值信息的分布式计算模式，流式数据具有实时性、易失性、突发性、无序性和无限性的特点。

（三）按照其他方式分类

按照大数据处理响应性能，可以将大数据分为实时数据、非实时数据和准实时数据。

按照大数据关系，可以将大数据分为简单关系数据和复杂关系数据，如 Web 日志是简单关系数据，社会网络等具有复杂关系的图计算属于复杂关系数据。

三、大数据的价值

大数据最大的价值，是能够通过挖掘数据之间的相关性，把模糊的、隐含的、时滞性的问题，以可视化的、明确的、预演的方式展现出来，以便于决策和管理单元采取措施改变所暴露的问题。这和传统的数据分析有着明显的不同。以往的数据分析或商业智能，更多的是面向过去已经发生的，而大数据是面向未来即将发生的。对金融行业来说，大数据主要有如下几点价值。

（一）销售机会增多

金融企业掌握了海量的资金往来数据，再结合用户搜索行为、浏览行为、交易行为、评论历史、个人资料等数据，金融企业可以洞察消费者的整体需求，进而有针对性地进行产品生产、改进和营销。百度基于用户喜好进行精准广告营销、阿里根据天猫用户特征包下生产线定制产品、亚马逊预测用户点击行为提前发货均是受益于互联网用户行为预测。

（二）客户服务改善

大数据的应用可以有效地改善客户服务。大数据不仅可以分析量化数据，还可以进行文本、语音分析。在客户体验方面，通过对交易数据、多渠道交互数据、社交媒体数据等的全面分析，帮助企业真正了解客户需求，并预测客户未来行为，从而为客户提供更好的服务。在客户情感分析方面，通过对客服中心、社交媒体等数据的文本分析，语音分析洞察客户情绪变化，分析客户的兴趣点、异常行为、意见、态度等，指导相关部门制定销售策略、市场策略等，并优化改进客户服务。

（三）客户流失预警

开发新客户往往比留住老客户要付出更高的成本，大数据技术的应用可以预警客户流失，减少客户流失率，利用大数据技术分析用户在整个相关产品里的使用行为数据，识别可能流失的客户以及可能导致客户放弃的原因，如客户对产品不满意、对服务不满意，因为其他竞争对手等，以便企业及时采取策略，进行积极有效的改进。研究表明，客户在最终离开之前，很可能会持续关注或已经购买了竞争对手的产品，这些可以依据大数据进行探查。

（四）金融产品创新

大数据应用为金融行业突破传统金融产品带来了革新，高端数据分析系统和综合化数据分享平台能够有效地对接银行、保险、信托、基金等各类金融产品，使金融企业能够从其他领域借鉴并创造出新的金融产品，国内的数据挖掘最早基本也是基于授信所需要的分类挖掘算法而发展的。比如，金融贷款产品正在从抵押贷款向无抵押贷款演变，通过大数据应用建立信用评估机制，极大地提高了信用风险评级的及时性和准确性，抵押贷款模式正在逐步被信用贷款模式所取代。

（五）运营效率提升

在销售运营方面，金融机构能够通过现有客户的人际网络或业务网络，发现更多有价值的潜在客户，利用大数据的分析和预测模型，实现对客户消费模式和购买需求的分析，针对其个性需要展开精准营销，大大提升销售运营效率。在业务流程方面，通过大数据在存储和处理方面的优势，各种数据可被直接推送到需要这些信息的岗位，信息传递的中间环节被压缩，业务流程得到简化，从而带来巨大的效率提升空间。在资金需求预测方面，可以借助大数据构建资金需求预测模型，实现对资金需求的有效预算，帮助金融企业提高周转效率。

（六）商业模式创新

互联网金融和大数据技术正在对传统金融产生巨大冲击，大数据打破了信息不对称的局面，给金融商业模式带来了重大变化，一个很重要的表现形式是大数据的征信和网络贷款，可以根据企业行为数据计算出企业可能违约的概率，在这个基础上进行贷款，比如当前典型的阿里小贷。未来基于大数据的保险也是这样的，根据行为的数据进行保险差别的定价。比如，通过对人体的心率、体重、血脂、血糖、运动量、睡眠质量等数据进行分析，预测客户的健康指数，帮助人身保险公司提高客户识别率，以此制定个性化的费率和承保方案。

（七）风险管控加强

由于金融的本质是对风险的控制和管理，这一特点决定了金融企业在风险管控方面的重视程度远远高于其他行业。风险管控是金融企业运营中的一个重要组成部分，风险发得越早，挽回损失的概率越大。大数据的运用将大大有助于金融企业提升风险管控能力，通过对最底层交易数据的全面甄别和分析，使企业能够提高风险透明度，实现事前预警、事

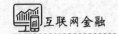

中控制。比如，大数据可以帮助银行建立动态的、可靠的信用系统，识别高风险客户以及各种交易风险，进而有效地进行防范和控制。

金融行业的业务范围是由客户、交易、资金、场所共同组成的联合体，任何一个要素的变化都有可能带来意想不到的价值。

第二节　大数据应用领域

大数据影响着每个人，并在可以预见的未来继续影响着整个人类和社会。大数据冲击着许多主要行业，大数据也在彻底地改变着我们的生活，未来大数据产业将会是一个很大的市场。目前，大数据已被广泛应用于各个行业，本书将主要为大家介绍大数据在商业、通信、医疗和金融这些应用比较早的领域中的应用。

一、商业

商业是大数据应用最广泛的领域。商业大数据的来源可分为两个方面：一方面是大交易数据，即商业交易产生的数据，包括商品数据、市场竞争数据、运营数据、销售数据、顾客关系数据和财务数据；另一方面是大交互数据，商业企业与顾客之间通过 POS、互联网、物联网、移动终端、智能终端、传感器和观测设备等产生的交互信息，主要包括社交网络数据、射频识别数据、时间和位置数据、文本数据和观测数据。大数据在商业中的应用可以归纳为以下四个方面。

（一）客户

在客户方面，大数据的应用主要包括客户洞察、客户细分和动态定位。

（1）客户洞察。互联网、物联网等的顾客数据痕迹能真实而直接地反映消费者的性格、偏好和意愿。

（2）客户细分。传统的以地理位置、人口统计特征为标准的划分被以爱好兴趣、生活方式、价值观、沟通方式为标准的数据化细分所替代。本质上讲，每个人的兴趣、爱好与需求都不同，每个人都是一个细分市场，大数据正在使零售企业向"微市场"迈进，构建基于大数据的顾客购买行为模型，主动推荐个性化的产品和服务。

（3）动态定位。零售业多来源、多格式数据的集成、分析与解释能力使数据的反馈与响应可在瞬间完成，快速识别消费者的购买决策和行为模式的变化趋势，及时准确地更新他们的偏好。

（二）市场

在市场方面，大数据的应用主要包括需求预测和个性化服务。

（1）需求预测。通过对大数据进行统计与分析，采取科学的预测方法，建立数学模型，使企业管理者掌握零售行业潜在的市场需求、未来一段时间每个细分市场的产品销售量和产品价格走势等，从而使企业能够通过价格的杠杆来调节市场的供需平衡，并针对不同的细分市场来实行动态定价和差别定价。

（2）个性化服务。根据客户的购买频次、兴趣点、忠诚度和流失的可能性预测客户的消费意愿，主动为其提供个性化的销售和关怀指导服务，提高销售额和利润率。

（三）商品

在商品方面，大数据的应用主要包括商品分组和商品结构调整。

（1）商品分组。通过对代销记录信息的分析，可以发现购买某一种商品的顾客可能购买其他商品，这类信息可用于一定的购买推荐，或者保持一定的最佳商品分组布局，以帮助客户选择商品，刺激顾客的购买欲望从而达到增加销售额、节省顾客购买时间的目的。

（2）商品结构调整。通过对销售数据和商品基础数据的分析，来指导企业商品结构的调整，加强所经营的商品的竞争能力和合理配置。

（四）供应链

在供应链方面，大数据的应用主要包括仓储管理和供应链提效。

（1）仓储管理。通过对销售数据和库存数据的分析，决定各种商品的增减数量，确保正确的库存。

（2）供应链提效，具体包括选择供应商，优化物流、现金流和配置人力资源等。利用大数据技术，优化整合供应链的各个环节，构建一个统一的供应链平台，各部门共享供应链平台的数据和服务，快速灵活地应对顾客消费变化，降低供应链成本，提高商品采购、仓储管理、物流配送和最终销售之间的运行效率。

大数据在零售商业中已有很多成功的应用案例。沃尔玛通过对消费者购物行为等这种非结构化数据的分析，了解顾客购物习惯，通过销售数据分析适合搭配在一起购买的商品，创造了啤酒与尿布的经典商业案例；淘宝数据魔方通过对消费者行为的分析帮助商家了解淘宝平台上的行业宏观情况、自己品牌的市场状况，据此进行生产、库存决策；美国折扣零售商使用大数据分析，对顾客怀孕趋势进行评分，比较准确地预测了预产期，以此在每个孕期阶段为客户寄送相应的优惠券。在未来几十年，数据分析技术将不断地进步，商业领域将对组织、营销与管理进行突破性的创新。

二、通信

通信行业数据来源广泛，不仅涉及移动语音、固定电话、固网接入、无线上网等业务，还会涉及公众客户、政企客户和家庭客户，同时也会收集到实体渠道、电子渠道、直销渠道等所有类型渠道的接触信息。通信行业发展至今积累了非常丰富的数据，既拥有财务收入、业务发展等结构化数据，又涉及图片、文本、音频、视频等非结构化数据。

目前，大数据在通信行业的应用还处于探索阶段，主要包括网络管理和优化、市场与精准营销、客户关系管理、企业运营管理和数据商业化五个方面。

（一）网络管理和优化

网络管理和优化包括基础设施建设优化、网络运营管理和优化。

（1）在基础设施建设方面，运营商运用大数据选择基站和热点的位置并有效地分配资源。例如，对话单和信息中的流量在时间周期和位置特点方面的分布进行分析，将 4G 基站和 WLAN 热点建立在 2G、3G 的高流量区域；与此同时，对已有基站的效率和成本建立评价模型，发现基站建设的资源浪费问题。

（2）在网络运营方面，运营商可以利用大数据分析网络的流量和变化趋势及时调整资源配置，通过对网络日志进行分析优化，提升网络质量和利用率。

（3）在网络优化方面，运营商可以运用大数据技术实时监控网络状况，对各个小区的网络数据进行综合分析，识别业务热点小区，依次设定网络优化的优先级，实现网络和用户的智能，提高投资效率。

（二）市场与精准营销

市场与精准营销包括客户画像、关系链研究、精准营销、实时营销和个性化推荐。

（1）客户画像。运营商根据客户终端信息、地理位置、通话行为数据挖掘对客户群体进行分类，给每个客户打上行为和爱好标签，完善客户画像，有助于运营商深入了解客户的行为偏好和需求。

（2）关系链研究。运营商可以运用客户资料和通话行为等数据分析客户交往圈，发现高流量用户，寻找营销机会，从而节约成本，提高营销效率。

（3）精准营销。运营商可以通过大数据技术对用户终端的消费能力、消费偏好和近期特征事件进行分析，预测用户需求，精准匹配用户和通信相关业务，寻找合适的推送渠道、推送时间，实现精准营销。

（4）个性化推荐。运营商可以通过对客户画像信息、终端信息、行为偏好等的分析，向客户提供定制化服务，优化产品设计和定价机制，实现个性化推荐和服务，提升客户体验。

（三）客户关系管理

客户关系管理包括客服中心优化、客户关怀和客户生命周期管理。

（1）客服中心优化。首先，根据历史需求数据进行用户上网行为分析，建立客户偏好数据模型，从而提升客服满意度。其次，根据语义分析，识别热点问题和客户情绪，通知相关部门进行优化。

（2）客户关怀和客户生命周期管理，一是获取客户阶段，可以运用大数据技术挖掘发现潜在客户；二是客户发展阶段，运用关联规则等数据挖掘方法进行交叉销售，促进客户消费；三是客户成熟阶段，利用大数据对客户群进行分类，实施精准营销，同时对不同客户进行个性化推荐；四是客户衰退阶段，采用预警模型预先发现高流失风险客户，做出相应的客户关怀；五是客户离开阶段，通过大数据挖掘高潜回流客户，推出客户感兴趣的业务，防止流失。

（四）企业运营管理

企业运营管理，包括业务运营监控、经营分析和市场监测。

（1）业务运营监控。运营商可以运用大数据技术从网络、业务、用户等多个方面为运营商监控管道和客户运营情况。此外，还可以建立 KQ、KP 等指标体系和异动智能监控体系，全面、及时、准确地监控业务运用情况。

（2）经营分析和市场监测。运营商可以通过分析企业内部的业务和用户数据以及通过大数据技术采集的外部社交网络数据和市场数据，对业务和市场经营状况进行总结，主要包括经营日报、周报、月报、季报和年报。

（五）数据商业化

数据商业化是指企业通过自身拥有的大数据资产进行对外商业化，获得盈利。相比于国外，国内的数据商业化还处于探索阶段。数据商业化包括营销洞察、大数据监测和决策支撑服务。

（1）营销洞察服务。美国电信运营商 Verizon 成立了专门的精准营销部门，主要用于提供精准营销洞察和商业数据分析服务。例如，在美国商家最为看中的营销场合，Verizon 对观众的来源进行了精确的数据分析，球队因此能够了解观众对赞助商的喜好等。

（2）大数据监测和决策支撑服务。在客流和选址方面，西班牙电信成立了动态洞察部门开展大数据业务，主要为客户提供数据分析打包服务。该公司与市场研究机构 GFK 合作推出的产品"智慧足迹"通过完全匿名和聚合的移动网络数据，帮助零售商分析顾客来源和各商铺展位的人流情况以及消费者特征和消费能力，并将洞察结果面向政企客户提供客流分析和零售店选址服务。在公共事业服务方面，法国电信运营商的通信解决方案部门承担了法国很多公共服务项目的 TT 系统建设，如法国高速公路数据监测项目，对其每天产生的记录进行分析就可以为行驶的车辆提供准确及时的路况信息，从而有效提高道路通畅率。由于我国运营商的区域化运营，由各地区分公司分别存储通信企业的数据，而没有统一和整合，导致数据孤岛效应严重。

因此，我国通信大数据仍然处于初级探索阶段。通信行业数据的整合和统一是大数据运用的重要一步。我国通信行业目前正着手准备这方面的工作，相信中国的通信行业大数据发展在互联网的竞争压力下会更快。

三、医疗

医疗行业拥有大量病例、病理报告、医疗方案、药物报告等。如果对这些数据进行整理和分析，将会极大地帮助医生和病人。医疗行业大数据目前尚未统一收集起来，无法进行大规模应用。

在未来，借助于大数据平台，我们可以收集疾病的基本特征、病例和治疗方案以及病人的基本特征，建立针对疾病特点的数据库，帮助医生进行疾病诊断。大数据在医疗行业中的应用包括临床操作、付款/定价、研发、新的商业模式、公共健康五个方面。

（一）临床操作

临床操作包括比较效果研究、临床决策交持系统、医疗数据透明度、远程病人监控和对病人档案的高级分析。例如，通过对病人的体征数据、费用数据和疗效数据在内的大型数据集进行精准分析，比较多种干预措施的有效性，可以针对特定病人找到最有效和最具有成本效益的治疗方法；使用图像分析和识别技术，识别医疗影像（X光、CT、MRT）数据或者挖掘医疗文献数据建立医疗专家数据库，从而给医生提出诊疗建议；根据医疗服务提供方设置的操作和绩效数据集，可以进行数据分析并创建可视化的流程图和仪表盘，促进信息透明，帮助病人做出更明智的健康护理决定，提高医疗服务的质量；从对慢性病人的远程监控系统收集数据，并将结果反馈给监控设备（查看病人是否遵从医嘱），从而确定今后的用药和治疗方案；对病人档案的高级分析，确定各类疾病的易感人群，识别患病风险。

（二）付款/定价

付款/定价应用包括自动化系统、基于卫生经济学和疗效研究的定价计划。例如，利用自动化系统（机器学习技术）对索赔数据进行分析和挖掘，可以检测出索赔准确性，在支付发生前识别欺诈行为，避免重大的损失；利用数据分析医疗服务提供方的服务，并依据服务水平进行定价。

（三）研发

研发包括预测健康、调高临床实验设计的统计工具和算法、临床试验数据的分析、个性化治疗以及疾病模式的分析。例如，医药公司在新药物的研发阶段可以基于药物临床试验阶段之前的数据集及早期临床阶段的数据集，及时地预测临床结果；在临床试验阶段通过统计工具和算法挖掘病人数据，评估招募患者是否符合试验条件，加快临床试验进程，根据临床试验数据和病人记录确定药品更多的适应症以及从中发现副作用；通过对大型数据集（如基因组数据）的分析发展个性化治疗；对疾病的模式和趋势进行分析，帮助医疗产品企业制定战略性的研发投资决策，优化研发重点和配备资源。

（四）新的商业模式

新的商业模式包括汇总患者的临床记录和医疗保险数据集、网络平台和社区。例如，汇总患者的临床记录和医疗保险数据集，并进行高级分析，以此提高医生和医药企业的决策能力。在医生诊断病人时可以参考病人的疾病特征、化验报告和检测报告，参考疾病数据库来快速帮助病人确诊，明确定位疾病。在制定治疗方案时，医生可以依据病人的基因特点，调取相似基因、年龄、人种、身体情况相同的有效治疗方案，制定出适合病人的治疗方案，帮助更多的人及时进行治疗。同时，这些数据也有利于医药行业开发出更加有效的药物和医疗器械。另一个潜在的大数据启动的商业模型是网络平台和大数据，这些平台已经产生了大量有价值的数据，包括病人的问诊数据、医生的学习习惯等。

（五）公共健康

大数据的使用可以改善公众健康监控。公共卫生部门可以通过覆盖全国的患者电子病历数据库，快速检测传染病，进行全面的疫情监测，并通过集成疾病监测和响应程序，快速进行响应。这将带来很多好处，包括医疗索赔支出减少、传染病感染率降低，卫生部门可以更快地检测出新的传染病和疫情。

通过提供准确和及时的公众健康咨询，将会大幅提高公众健康风险意识，同时也将降低传染病感染风险。大数据将会对医疗行业产生巨大的影响和推动，它可以揭露健康的影响因素，将最合适的治疗方式推荐给患者；能够促进新的发现，优化治疗结果和削减开支。但目前大数据医疗也面临着患者隐私安全、海量数据收集难题、区域医疗共享以及技术方面的挑战。随着信息化技术的发展，这些问题将逐步得到解决。可以预见，在不久的未来，大数据的应用将渗透到医疗应用的更多领域。

四、金融

在国外，大数据在金融行业中的应用开展较早。例如，美国银行运用客户点击数据集为客户提供特色服务，包括有竞争性的信用额度；花旗银行运用 IBM 沃森电脑为财富管理客户推荐产品。中国金融行业大数据应用主要在近几年运用较为广泛，很多金融机构建立了大数据平台，采集和处理金融行业的交易数据，主要应用于金融行业的营销、服务、运营和风险控制四个方面。

（一）营销

1. 精准营销

精准营销是指根据客户的消费偏好和消费能力确定目标客户，推荐个性化产品。例如，银行对客户刷卡、存款取款、银行转账、微信评论等行为数据进行整理和分析，定期向客户推送广告信息，包括客户可能感兴趣的产品和优惠信息；信用卡中心可以利用大数据追踪热点消息，针对特定人群提供产品，如热映电影、娱乐活动、美食饮品等；证券公司可以通过大数据分析为特定企业提供融资融券产品；保险公司可以根据大数据定制有针对性的保险产品。

2. 社交化营销

社交化营销是指利用社交平台的数据资源，结合大数据分析进行营销。金融行业可以开展成本较低的社交化营销，凭借开放的互联网平台，通过对大量的客户需求数据进行分析，进行产品和渠道推广，然后依据互联网社交平台反馈的用户数据，评价营销方案的可行性，利用口碑营销和病毒式传播来帮助金融行业快速进行产品宣传、品牌宣传、渠道宣传等。

（二）服务

1. 优化客户服务

银行可以根据大数据分析，在节假日问候客户，为客户提供定制服务，预知网点客户的未来资金需求，提前进行预约，提高客户体验；私人银行还可以通过大数据分析，代理客户参与金融市场投资，获取超额利润，优化客户服务。证券公司可以通过大数据分析，快速推出相应的行业报告和市场趋势报告，以利于投资者及时了解热点，优化客户服务；保险公司可以根据大数据预测为客户提前提供有效服务，改善客户体验，同时增加商业机会。

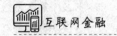

2. 需求分析和产品创新

银行可以从职业、年龄、收入、居住地、习惯爱好、资产、信用等各个方面对客户进行分类，依据其他的数据输入维度来确定客户的需求并定制产品。银行还可以依据企业的交易数据来预测行业发展特点，为企业客户提供金融产品服务。保险行业可以依据外部数据导入，根据热点词汇来判断市场对保险产品的需要，证券公司也可以依据外部数据判读投资者喜好，来定制投资产品，进行产品创新。

（三）运营

1. 提升运营效率

大数据可以展现不同产品线的实际收入和成本，帮助银行进行产品管理，同时，大数据为管理层提供全方面的报表，揭示内部运营管理效率，有利于内部效率的提升。大数据可以帮助市场部门有效监测营销方案和市场推广情况，提高营销精度，降低营销费用。大数据可以通过展现风险视图来控制信用风险，同时加快信用审批。大数据可以帮助保险行业快速为客户提供保险方案，提高效率，降低成本，证券行业也可以利用大数据动态提供行业报告，快速帮助投资人。

2. 决策支持

大数据可以帮助金融企业，为即将实施的决策提供数据支撑，同时也可以依据大数据分析归纳出规律，进一步演绎出新的决策。基于大数据和人工智能技术的决策能有效帮助金融行业分析信用险，为业务决策提供有力支持，金融行业新产品或新服务推向市场前，可以在局部地区进行试验。大数据技术可以对采集的数据进行分析，通过统计分析报告为新产品的市场推广提供决策支持。

（四）风险控制

1. 信用风险评估

银行可以利用大数据增加信用风险输入维度，提高信用风险管理水平，动态管理企业和个人客户的信用风险。建立基于大数据的信用风险评估模型和方法，将会提高银行对中小企业和个人的资金支持。个人信用评分标准的建立，将会帮助银行在即将到来的信用消费时代取得领先地位。基于大数据的动态的信用风险管理机制，将会帮助银行提前预知风险信用违约时间，及时介入，降低违约概率。

2. 欺诈风险管理

保险公司可以利用大数据发现恶意投保和索赔事件，降低欺诈带来的经济损失。银行可以基于大数据建立防欺诈监控系统，动态管理网上银行、POS、ATM等渠道事件。大数据提供了多维度的监控指标和联动方式，可以弥补和完善目前反欺诈监控方式的不足，特别在识别客户行为趋势方面，大数据具有较大的优势，通过收集和整理已有数据，结合外部数据分析，可以有效帮助金融行业进行精准营销并提高运营效率。但在大数据时代，金融行业也面临着诸如自身技术、信息安全、金融监管等方面的挑战，相信随着大数据技术的发展，这些问题会逐步得到解决。

第三节　大数据金融概况

一、大数据金融的内涵

大数据金融是指运用大数据技术和大数据平台开展金融活动和金融服务，对金融行业积累的大数据以及外部数据进行云计算等信息化处理，结合传统金融，开展资金融通、创新金融服务。具体来说，大数据金融通过收集和整合海量的非结构化数据，运用大数据互联网、云计算等信息化方式，对客户消费数据进行实时分析，可以为金融企业提供客户的全方位信息，通过分析和挖掘客户的交易和消费信息掌握客户的消费习惯，准确预测客户行为，提高金融服务平台的效率以及降低信贷风险。金融行业的大数据大致分为以下三类。

（1）传统的结构化数据，如各种数据库和文件信息等。

（2）社交媒体为代表的过程数据，涵盖了用户偏好、习惯、特点、发表的评论。

（3）日益增长的机器设备以及传感器所产生的数据，如柜面监控视频、呼叫中心语音、手机、ATM等记录的位置信息等。

根据金融行业的分类，可以将大数据金融细分为大数据银行、大数据保险和大数据证券。差异化车险定价是典型的大数据保险形式之一，是指保险行业利用驾驶信息来确定车险价格，具有良好驾驶习惯的车主，其车险价格较低，反之车险价格就较高。信用卡自动授信是典型的大数据银行的应用，银行根据用卡客户数据确定是否授信以及计算信用额度。机器人投资是大数据证券的创新模式之一，证券公司根据股价的影响因素建立模型，自动选择股票或寻找交易时机，在适当的风控模型下建立机器人投资云交易模式。

二、大数据金融的特点

大数据金融与传统金融相比，存在如下几个方面的特点。

（一）呈现方式网络化

在大数据金融时代，大量的金融产品和服务通过网络呈现，如支付结算、网络借贷、众筹、资产管理、现金管理、产品销售、金融咨询等都将主要通过网络实现。网络也包括固定网络和移动网络，其中移动网络将逐步成为大数据金融服务的主要途径。

（二）风险管理调整

在风险管理理念上，财务分析（第一还款来源）、可抵押财产或其他保证（第二还款来源）的重要性将有所降低。交易行为的真实性、信用的可信度通过数据的呈现方式将会更加重要，风险定价方式将会出现革命性变化。对客户的评价将是全方位、立体的、活生生的而不再是一个抽象的、模糊的客户构图。基于数据挖掘的客户识别和分类将成为风险管理的主要手段，动态、实时的监测而非事后的回顾式评价将成为风险管理的常态性内容。

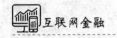

（三）信息不对称性降低

在大数据金融时代，金融产品和服务的消费者和提供者之间的信息不对称程度会大大降低。对某项金融产品（服务）的支持和评价，消费者也可实时获知。

（四）金融业务效率提高

大数据金融的许多流程和动作都是在线上发起和完成的，有些动作是自动实现的，在合适的时间、合适的地点，把合适的产品以合适的方式提供给合适的消费者。同时，强大的数据分析能力可以将金融业务做到极高的效率，交易成本也会大幅降低。

（五）金融企业服务边界扩大

首先，对于单个金融企业，最适合扩大经营规模，由于效率提升，其经营成本必然随之下降。金融企业的成本曲线形态也会发生变化，长期平均成本曲线的底部会更快来临，也会更平坦、更宽。其次，基于大数据技术，金融从业人员个体服务对象会更多，即单个金融企业从业人员会有减少的趋势，或至少其市场人员有降低的趋势。

（六）产品是可控的、可接受的

通过网络化呈现的金融产品，对消费者而言，是可控、可接受的。产品可控是指在消费者看来，其风险是可控的。产品可接受是指在消费者看来，首先其收益或成本是可以接受的；其次，产品的流动性是可以接受的；最后，基于金融市场的数据信息，消费者认为产品也是可以接受的。

（七）普惠金融

金融服务更接地气。例如，极小金额的理财服务、存款服务、支付结算服务等普通老百姓都可以享受到，甚至极小金额的融资服务也会普遍发展起来，金融深化在大数据金融时代可以完全实现。

三、大数据金融相对于传统金融的优势

传统金融对数据的重视程度不高，数据分析技术落后，大数据技术的应用相对缺乏。相比传统金融，大数据金融具有如下优势。

（一）放贷快捷，精准营销个性化服务

大数据金融建立在长期的大量的信用及资金流大数据基础之上，在任何时点都可以通过计算得出信用评分，并采用网上支付方式，实时根据贷款需要及其信用评分等数据进行快速放贷，大数据金融根据企业不同的生产流程和信用评分进行放贷，不受时空限制，较好地匹配了企业的期限管理，解决了企业的流动性问题。此外，大数据金融还可以针对每一家企业的个性化融资需求做出不同的金融服务且快速、准确、高效。

（二）客户群体大，运营成本低

传统金融主要是以人工为主体参与审批，大数据金融是以大数据云计算为基础，以大数据自动计算为主，不需要大量人工，成本较低，不仅可以针对小微企业提供金融服务，还可以根据企业生产周期灵活调整贷款期限。大数据金融整合了碎片化的需求和供给，将服务领域拓展至更多的中小企业和中小客户，更大程度地降低了大数据金融的运营成本和交易成本。

（三）科学决策，有效风控

网络借贷平台或供应链聚集了信息流、物流和资金流，其借贷信息都累积在大数据金融库持久闭环的产业上下游内部，贷款方对产业运作和风险点比较熟悉且容易掌控，有利于风险的防范和预警。大数据金融可以根据这些交易借贷行为的违约率等相关指标估计信用评分，运用分布式计算做出风险评估模型，解决信用分配、风险评估、授权实施以及欺诈识别等问题，通过以大数据金融为基础的风控科学决策，有效地降低了不良贷款率。

大数据金融相比于传统金融有无可比拟的优势。企业可以通过大数据金融对商业模式和盈利模式加以创新，获得在产业链中的核心地位。大数据金融带来的技术革新和金融创新不仅能支持中小企业的发展，还能促进我国经济结构调整和转型升级。因此，大数据金融战略是企业和国家的战略选择。

四、大数据带来的金融业大变革

随着计算机技术和互联网的发展，金融行业的数据采集能力逐步提高，存储了大量时续、动态变化的金融数据。相比于其他行业，大数据对金融业更具有潜在价值。麦肯锡的研究表明，金融业在大数据价值潜力指数中排名第一。伴随着大数据的应用、技术革新以及商业模式的创新，金融交易形式日趋电子化和数字化，具体表现为支付电子化、渠道网络化、信用数字化，运营效率得到极大提升，银行、保险、证券等传统金融行业迎来了巨大的变革。

（一）大数据带来银行业大变革

近几年，大数据高速发展，使得银行业的客户数据、交易数据、管理数据等均呈现爆发式增长，据中国银联公开数据显示，全国仅"银联"银行卡的发行量目前就接近 40 亿，每天有近 600 亿元的交易通过银联的银行卡进行。如果再加上开户信息数据、银行网点和在线交易的各种数据，以及金融系统自身运营的数据，目前国内银行每年上升的数据能达到数十 PB。数据海量增长为银行业带来了机遇和挑战，其服务与管理模式已逐步发生改变。

1. 电子商务平台和电子银行

2012 年开始，多家商业银行开设了自己的电子商务平台，其中以建设银行、中国银行、交通银行的规模最大。这些购物网站与其他电商并没有太大的差别，包括吃穿住行等方面。另外，还有一些商业银行使用其他途径参与电商。商业银行挑战电商市场，其目的并不在

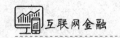

于网上商城的营业收入，而在于扩展客户数据，使客户数据立体化，以了解客户消费习惯、消费能力、兴趣数据、风险偏好等进行客户画像的构建，预测客户行为，进行差异化服务。

银行大力投资改革网上银行业务。相比阿里巴巴、腾讯等跨界者，银行在资金、风险管理能力、人才储备等方面具备优势。国内多家银行大力投资网上平台，推出网上服务，进行多元化创新，为发展自有互联网金融业务奠定基础。目前，商业银行的网上服务包括传统银行业务、电子商务与移动支付，以及 P2P 等新兴业务等。

2. 客户个性营销

随着利率市场化和民营银行设立预期的加剧以及互联网金融的兴起，银行业竞争日益激烈，利差进一步缩窄，银行纷纷进行发展模式的战略转型。实现战略转型目标要求银行必须可靠、实时掌握客户的真实需求，全面完整地描述客户的真实面貌。大数据的发展为上述需求提供了技术条件，通过广泛收集各渠道、各类型的数据，使用大数据技术整合各类信息，还原客户真实面貌，可以帮助银行切实掌握客户的真实需求，并根据客户需求做出快速应对，实现精准营销和个性化服务。例如，新加坡花旗银行根据客户的刷卡时间和地点，结合客户的购物、餐饮习惯等个人虚拟性，可以精确地向客户推荐商场及餐厅优惠信息。

3. 银行风险管理

风险管理是银行的生命线。以往银行在进行信用风险管理时，主要依据客户的会计信息、客户经理的调查、客户的信用记录以及客户抵押担保情况等，通过专家判断进行决策，大数据技术的应用使银行的风险管理能力大幅提高。一方面，通过多种传感器、多个渠道采集数据，使银行更全面、更真实、更准确、更实时地掌握借款人的信息，有效降低信息不对称带来的风险。另一方面，利用大数据技术可以找到不同变量之间的关联关系，形成新的决策模型，使决策更加准确、统一和合理。银行利用大数据能够创新风险决策，赢得新客户，形成利润增长点。

（二）大数据带来保险业大变革

大数据与保险业具有天然的关联性，保险经营的核心基础是大数法则，如保险生命表是以十万人为组来进行测算，无论是财产保险的概率事件，还是寿险的概率生命期，都是由大量数据分析获得的规律。长期以来，保险业通过上门、柜面、信函、电话、短信、微信等多种方式，已经积累了大量的客户交互数据，近年来兴起的互联网保险也成为保险业收集数据的新平台。在全球保险大数据应用市场中，主要领域包括客户行为分析、承保定价、互联网数据分析、市场渠道分析、风险建模、预测分析、商业决策、欺诈侦测等。

1. 承保定价

在大数法则下，保险产品的定价主要是基于样本数据的分析。大数据时代，保险定价是基于社会和全体数据，不仅包括保险公司存储的客户数据，还包括整个互联网上的数据，如来自社交网络上的文字、图片或者视频信息。这将颠覆传统保险精算的理论和技术，推动保险商业模式的革命性和突破性创新，车险将采用差别定价模式，生命表也将发生更新换代式的变革，所有的投保人将获得一个公平的保险价格。例如，保险公司可以通过数据分析，掌握客户车辆主要用途、基本行车路线、路途的风险程度、驾驶习惯等风险状况，以此评估客户车辆的风险指数，进而制定差别费率，对于风险低的客户降低费率，对于风险高的客户提高费率甚至拒绝承保。

2．精准营销

传统的广告宣传手段是采用传统媒体，如电视、广告牌等，每个用户看到的广告一样，若该用户没有相关需求，广告也就没有效果。大数据时代的保险营销不是针对所有群体的一个广告及营销手段，而是实施精准营销。精准营销是通过分析客户行为，制定相应的销售与服务策略，把合适的产品或服务，以合适的价格，在合适的时间，通过合适的渠道，提供给合适的客户，大数据技术的应用，可以帮助保险公司完成寻找目标客户、挖掘客户潜在保险需求等任务。大数据营销使保险公司的客户营销策略更为精确直接，避免以往常见的逐户、陌生拜访、陪同拜访现象，也避免了和同业竞争对手直接碰撞，相比开拓新客户，大数据营销对原有客户购买力的深度挖掘和忠诚度培养具有重要意义。例如，友邦保险开通了网上服务自助平台及微信服务平台，开发了客户关系管理等系统，让销售人员可以科学管理和分析客户在不同人生阶段的保障、理财需求，已经初见成效。线上的精准定位和前期需求的挖掘，与线下高效的销售流程相配合，已经有效提升了客户转化率，为企业创造了更大的价值。

3．欺诈识别

保险欺诈，尤其是健康保险领域的欺诈，具有专业性、隐蔽性等特点，保险公司主要是依靠一些固定标准和列配人员的经验，来判断是否存在保险欺诈，由于缺乏行业内协作机制和共享的信息平台，调查的质量主要是依赖于理赔人员的个人素质以及公安机关的合作情况。从本质上看，欺诈是由双方信息不对称所导致的，大数据能够弱化部分不对称的信息，建立高效的反欺诈鉴别机制。为了防范健康保险交易中诈骗的发生，美国各州在建立全民医疗保险的网络销售平台时，附加建立专业软件平台，用于自动识别和侦破可疑的健康保险索赔数据。在国内，全国各地保险公司正在积极建设客户理赔信息即时共享机制、完善统一的欺诈风险信息库以及广泛的异地协查网络，积极实现商业保险与社会保险之间的实时对接，扩大共享范围，提高支撑识别保险欺诈的数据质量。

（三）大数据带来证券业大变革

随着 A 股市场全面放开一人一户限制、证券经营牌照将会向互联网公司放开，面对居民财富迅速增长和其对理财产品多样化的需求，证券公司受到来自行业内外部的双重压力。当前它们正在进行业务数字化转型，但传统 IT 基础设施环境已经无法满足证券公司的数字化转型和创新战略的要求。随着大数据时代的到来，对于证券公司，数据驱动的创新平台的建设为即将到来的业务差异化竞争提供了强有力的技术支持。相比于银行业和保险业，证券行业的大数据应用相对较晚，正处于起步阶段，目前大数据主要应用于个性化服务、量化投资和股价预测。

1．个性化服务

券商作为金融中介的职能在信息技术的冲击下将有所改变。在大数据背景下，券商将

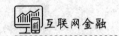

有能力快速收集、传导大量的高质量信息，以设计出符合客户需求的产品组合，并不断根据客户偏好的改变而调整。同时，通道中介服务深陷同质竞争，争夺焦点必然落到价格上，但是如果标准化同质服务不再给券商带来正常利润，最优选择要么是从竞争中彻底退出，要么是转变经营思路，将通道业务转变成包含增值服务的金融服务。

大数据在加强风险管控、精细化管理、服务创新等转型中别具现实意义，是实现向信息化券商转型的重要推动力。首先，大数据能够加强风险的可审性和管理力度。其次，大数据能够支持精细化管理。当前，中国证券业以客户为中心的管理改革已经起步，必然会对券商提出精细化管理的新要求。最后，大数据支持服务创新，能够更好地实现"以客户为中心"的理念，通过对客户消费行为模式进行分析，提高客户转化率，开发出不同的产品以满足不同客户的市场需求，实现差异化竞争。

在过去的十年里，越来越多的证券公司采用数据驱动的方法进行有针对性的服务来降低风险和提高业绩，通过执行特殊的数据分析程序来对一系列资料进行收集、存储、管理和分析大数据集，识别关键业务，以便给客户提供更好的决策。可利用的金融数据源包括股票价格、外汇和衍生品交易、交易记录、高频交易、无结构化新闻和文本以及隐含在社会媒体和网络中的消费者信心和商业情绪。

2．股价预测

传统的股票价格预测是利用股票形态分析理论对股票未来走势的方向和可能性做出预测，这种方法是从海量的历史数据中寻找和某只股票当前趋势相同或相似的趋势，并根据历史趋势判断未来股票价格。股市是个复杂的系统，仅仅根据历史数据进行预测比较片面，不一定准确。在大数据时代，通过网络产生的搜索数据、互动数据等也可以用来预测股市活跃度和股价走势变化。互动数据反映了投资者对某只特定股票的喜好与厌恶，可以简单描述为对股票的操作是持有还是卖出；搜索数据则代表投资者对某只股票的兴趣和关注点，关注度高意味着消息的影响力大。市场本身带有主观判断因素，投资者的情绪会影响投资行为，而投资行为直接影响资产价格。例如，英国的对冲基金 Derwent Capital Markets 是基于社交网络建立的对冲基金，该基金通过分析 Twitter 上的数据内容感知市场情绪，依据对市场情绪数据的分析进行股价预测，进而指导投资者投资。此外，BM 使用大数据信息技术成功开发了经济指标预测系统。借助该预测系统，可通过统计分析新闻中出现的单词等来预测股价走势，这种经济指标预测系统首先从互联网上的新闻中搜索与"新订单"等与经济指标有关的单词，然后结合其他相关经济数据的历史数据分析与股价的关系，从而得出预测结果。

（四）大数据带来征信行业大变革

随着社会经济的飞速发展，征信业所收集、存储、处理的信息数据量呈现爆炸式增长，其必然也会进入大数据时代。在大数据时代，大数据思想和技术以其自身的优势必将为征信业提供新的发展机遇，为征信数据、征信服务、数据采集、征信产品等带来一系列变革。

1．征信数据

大数据时代的到来使得征信数据的来源更为广泛，征信数据的类型更为多样。在数据来源上，传统的征信数据主要来源于个人或者机构的借贷、赊购、担保、租赁、保险、信用卡等活动，这些活动中产生的行政处罚信息、缴纳各类社保和公共事业费用信息等都是征信数据。在大数据时代，征信数据更多的是来源于线上，互联网公司（如淘宝、京东等）通过客户网上的交易记录、评价等信息还有社交网络信息更加真实完整地了解客户的信用状况。在数据类型上，大数据技术使得征信数据不再限于数字、字符这些结构化数据，还包括图片、音频、视频等非结构化数据。例如，交通银行信用卡中心通过智能语音分析，提炼出隐藏在音频数据中的客户信息进行分析应用，每天的数据处理量达到20GB。

2. 征信服务

在大数据时代，征信机构的服务更加及时、高效、全面。例如，在营销服务方面，征信机构运用大数据技术对客户相关数据信息进行收集，勾勒客户画像，从多个方面对客户群体进行细分，从而提供差异化服务，使得营销服务更具有针对性和有效性。在客户维护方面，大数据技术可以帮助征信机构更加便捷、及时、有效地收集和分析客户对征信产品和服务效果的需求，及时反馈客户提出的问题和建议，从而提升客户忠诚度。与此同时，还可以运用大数据技术对客户使用服务的相关数据和征信机构所流失客户的相关数据进行挖掘分析，有助于预测发现可能流失的客户，从而及时对客户维护策略加以改进，保证客户群体的稳定。

3. 数据采集

征信机构传统的数据采集手段因机构性质不同而有差异。一种是公共征信机构，一般是由中央银行经营管理，金融机构（如商业银行、信用卡公司等）被强制要求定期向中央银行报送借款人的相关数据和信息。另一种是私人征信机构，独立于政府和大型金融机构之外，通常通过协议或者合同的方式规范数据采集，其数据的主要来源有提供信息服务的金融机构信贷信息、政府平台公布的公共记录等。而在大数据时代，通常是采用人们生活中含有内建芯片、传感器、RFD（无线射频芯片）等具有电子神经的感知设备产品收集数据信息。这些设备与计算机连接以后，可以随时随地对人们生活产生的各种数据进行收集，所收集的数据内容更加丰富，数据类型更加多样。

4. 征信产品

传统的征信产品主要包括信用报告、信用评分、信用评级、信用风险管理类产品，在大数据时代，大数据技术有助于提升征信产品的质量，推动征信产品的创新，扩展产品服务范围，促进征信业的发展。例如，在征信产品推销方面，可以运用大数据技术对客户的生活习惯等数据进行挖掘分析，预测客户的潜在需求，有针对性地为客户推销相应的征信产品；在征信产品的改进方面，大数据时代的信用报告可以结合客户的生活习惯、性格特点、财务状况、兴趣爱好等信息数据综合评判个人信用状况。与此同时，征信产品的形式也将更加多样化，不仅可以是上报的报表、可视化的图表、详细的可视化分析，还可以是简单的微博或视频信息等。此外，大数据技术的应用能够使得信用评分和信用评级更加准确。

（五）互联网金融中的大数据应用

近几年，互联网金融迅速发展，并不断出现新的模式和应用，但其本质还是属于金融范畴。互联网金融自然产生大数据，它是大数据应用最为广泛的领域，其核心是数据，互联网金融业竞争力的强弱未来将取决于数据的规模、数据的有效性、数据的真实性、数据分析和应用的能力。

其中，大数据技术是互联网金融的重要技术支撑。人们在网上活动的信息都会形成数据，运用大数据技术对数据进行收集、整理、挖掘、分析和深度应用，从而实现互联网金融产品、技术、营销和风险的创新管理。目前，互联网金融的大数据应用包括精准营销、风险管理、信用评价等，互联网金融方兴未艾，相信还会不断出现新的应用。

1. 精准营销

大数据的应用给传统的互联网金融营销模式带来了巨大变革。互联网公司可以运用大数据技术对客户在互联网上记录的交易、支付、评价等行为数据信息进行挖掘分析，根据客户的特征、需求和偏好细分客户群体，对客户进行分类管理，针对每一类别的客户定向投放广告和定制产品，从而实现精准营销。

例如，支付宝聘请了两家位于硅谷的数据分析实验室从事行为分析，将客户细分成50个族群进行研究。亚马逊运用大数据技术对客户的浏览记录、购买行为等进行挖掘分析，进而预测客户的潜在需求。

互联网金融在提高金融效率的同时，也带来了一些难以防范的风险，市场风险、信用风险、流动性风险、法律风险、操作风险等都有不同程度的暴露，且交织在一起。例如，P2P网贷公司倒闭、老板跑路、拆标等的恶意欺诈，资金池、非法集资等违法事件频繁发生。在大数据时代，运用大数据技术能够及时发现风险暴露，采取措施加以规避和防范。在流动性风险的防范方面，余额宝通过对支付宝的大数据如客户数量、流量转化率、客户评价等进行挖掘分析，总结出大量客户申购赎回情况、客户结构、客户行为规律，据此预测出客户下一次申购赎回的时间，从而做出预案以化解流动性风险。在客户流失方面，支付宝根据客户开启和注销账户的数据建立了流失预警模型，进而采取相应的措施争取和留住客户，在系统性风险的防范方面，监管部门通过对大数据的挖掘分析对互联网技能进行实时预警，及时处理突发性事件，防止系统性风险的发生。

2. 信用评价

大数据时代的到来引发了对涉足互联网金融客户信用评价的变革，客户的信用评价不仅包括对评价对象静态信息的分析，还包括动态信息的分析挖掘，同时这也是最重要的征信机构，可以通过大数据技术对客户的注册登记信息（静态信息）以及他们在网络上的购物、支付、投资、生活、公益等数据（动态信息）分析挖掘，形成用户的行为轨迹，通过交叉检验，对客户的真实身份进行识别，进而建立信用评价模型，对客户进行分类，再提供有针对性的服务。

例如，阿里巴巴基于淘宝商户的数据，对其电商生态圈内潜在的客户提供纯信用贷款，阿里和腾讯拟推出的"虚拟信用卡"，用户可以实现网上申请，经过对用户交易大数据核查，即可投资一定的信用额度。微众银行通过大数据技术对贷款人的银行储蓄、贷款数据、信用卡数据、社交数据等进行挖掘分析，从而对贷款人进行信用评估并据此授予贷款人一定的贷款额度，阿里的芝麻信用、腾讯的征信产品、微信的公众号个人信用评分等都是互联网个人征信的开始。

五、大数据金融模式及信息安全

按照大数据服务所处的环节，可以把大数据金融划分为平台金融模式和供应链金融模式。建立在 B2B、B2C 或 C2C 基础上的现代产业通过在平台上凝聚的资金流、物流、信息流组成了以大数据为基础的平台金融，例如阿里金融以及未来可能进入这一领域的电信运营商。建立在传统产业链上下游的企业通过资金流、物流、信息流组成了以大数据为基础的供应链金融，譬如京东金融平台、苏宁易购的供应链金融模式。

（一）平台金融模式

平台金融模式是基于电商平台基础上形成的网上交易信息与网上支付形成的大数据金融，通过云计算和模型数据处理能力而形成的信用或订单融资模式。与传统金融依靠抵押或担保的金融模式相比，不同之处在于：阿里小贷等平台金融模式主要基于对电商平台的交易数据、社交网络的用户交易与交互信息和购物行为习惯等的大数据进行云计算来实时算得分和分析处理，形成网络商户在电商平台中的累积信用数据，通过电商所构建的网络信用评级体系和金融风险计算模型及风险控制体系，实时向网络商户发放订单贷款或者信用贷款，批量、快速、高效，例如，阿里小贷可实现数分钟之内发放贷款。

（二）供应链金融模式

供应链金融模式是企业利用自身所处的产业链上下游（原料商、制造商、分销商、零售商），充分整合供应链资源和客户资源，提供金融服务而形成的金融模式。京东商城、苏宁易购是供应链金融的典型代表，其以电商作为核心企业，以未来收益的现金流作为担保，获得银行授信，为供货商提供贷款。京东商城作为电商企业并不直接开展贷款的发放工作，而是与其他金融机构合作，通过京东商城所累积和掌握的供应链上下游的大数据金融库，来为其他金融机构提供融资信息与技术服务，把京东商城的供应链业务模式与其他金融机构实现无缝链接，共同服务于京东商城的电商平台客户，在供应链金融模式中，电商平台只是作为信息中介提供大数据金融，并不承担融资风险及防范风险等。

21 世纪以来，随着信息技术产业的迅速发展，大数据产业成为新时代背景下继云计算、物联网的发明与广泛应用之后又一大技术产业创新点。金融业通过大数据的应用，催生出基于大数据的客户管理、营销管理、风险管理等应用，商业模式、运营方式、业务模式等不断创新。但在大数据产业呈现爆炸式增长的同时，其大数据信息安全管理水平却呈现非对称发展，所以对现有的信息安全手段提出了更高的要求。特别是大数据技术在金融行业的应用，现在的金融信息化已全面进入信息安全管理阶段，对计算机信息系统有着高度的依赖性，使得金融信息安全面临多方面的威胁，包括大数据集群数据库的数据安全威胁、智能终端的数据安全威胁以及数据虚拟化带来的泄密威胁。大数据时代背景下，高度信息化的金融系统所面临的危险系数更高，必须建立起全方位、多层次、可动态发展的金融安全信息保障体系，以确保金融信息的安全。金融信息安全防范体系可以从这样几个方面完

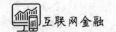

善：建立核心信息区安全防护系统；建立信息交流区安全防护系统；建立内部系统安全防护系统；建立分支节点区安全防护系统；建立管理区安全防护系统。

知识巩固

1. 大数据的含义。
2. 大数据的特征有哪些？
3. 大数据金融的应用领域有哪些？
4. 简述大数据带给金融业的变革。

案例讨论

UCloud优刻得受邀加入北辰山中小银行金融科技联盟　用科技赋能金融

2021年9月9日，UCloud优刻得受邀加入厦门北辰山中小银行金融科技联盟，成为联盟首批科技企业代表。

厦门市北辰山中小银行金融科技联盟是由中国科学院预测科学研究中心、厦门国际银行等联合发起，境内外银行同业机构（含港澳台）、互联网金融机构、科技公司、知名院校、研究院、联合实验室等单位共同设立，为中小商业银行打造信息、资源、知识、智慧、科技共享的全面合作平台，为提升中小商业银行管理效能、核心竞争力服务。

北辰山中小银行金融科技联盟将集聚金融科技创新产业链上下游企业，挖掘产业链数据资源，推动供应链金融业务创新，培育金融科技底层技术创新成果，加快金融与科技场景融合，推动金融科技跨境融合应用，强化服务实体经济。根据计划，联盟将定期发布中小银行金融科技评价白皮书。

作为国内首家科创板上市云计算企业，UCloud优刻得致力于用技术创新服务金融行业。在保险领域，UCloud优刻得服务了上海市普惠保险"沪惠保"，通过应用隐私计算的安全屋大数据流通平台为沪惠保接入上海医保数据，并确保数据在安全可控条件下开放。截至2021年6月30日，参保人数已达718.13万。在普惠金融领域，UCloud优刻得参与上海市普惠金融项目，通过UCloud优刻得安全屋大数据流通平台，服务30多家银行接入上海市公共数据开放平台，通过多维度大数据提高风险预警能力，至今成功发放普惠金融贷款超过700亿元。

UCloud优刻得是国内领先的云计算服务商，自主研发IaaS、PaaS、大数据流通平台、AI服务平台等一系列云计算产品，业务覆盖政府、运营商、工业互联网、教育、医疗、零售、金融、互联网等诸多行业。凭借中立、安全、内资的优势，迄今已服务全球3万多家企业用户和中国370多家上市公司。2020年1月，UCloud优刻得成为第一家登陆科创板的云计算上市公司。

资料来源：陈体强. UCloud优刻得受邀加入北辰山中小银行金融科技联盟 用科技赋能金融[EB/OL].（2021-09-10）[2022-03-16]. https://www.163.com/news/article/GJI570G400019OH3.html.

讨论题：
你认为，大数据科技的发展对于传统金融行业有哪些好处？

第九章　供应链金融

知识目标

◇ 了解供应链金融的含义。
◇ 掌握供应链金融的商业模式。
◇ 掌握供应链金融的发展现状。

能力目标

◇ 能够理解供应链金融的价值。
◇ 能够解析供应链金融的现存问题。
◇ 能够认知供应链金融的发展趋势。

任务提出

2021 产业数字化与物流供应链金融峰会在津举行

2021 年 9 月，2021 产业数字化与物流供应链金融峰会在天津举行，主题为"推进产业数字化实践，构建产融一体化生态"，众多供应链产业链领域专家、企业家共话供应链产业数字化新发展格局。

"数字化技术是实现融合的必要手段，是构建数字信息的基础，需要多种金融资源和产业做深度融合，实现相互促进，合规经营是业务开展的前提。"万联网创始人兼执行总裁蔡宇江说。

据了解，近年来，各省市发布了一系列供应链金融政策。2020 年 12 月 25 日，天津也发布了《关于促进中国（天津）自由贸易试验区供应链金融发展的指导意见》。据介绍，东疆保税港区重点打造五个平台模式：打造口岸服务平台、物流服务平台、金融服务平台、政务服务平台、供应链金融的人才服务平台。

天津东疆保税港区管理委员会新经济促进局副局长王浩宇说："天津东疆保税港区通过不断打造特色产业，初步形成了以租赁、保理、航运物流等为主体，以资产管理为支撑的成熟的服务体系。以制度创新引领业务创新，数字经济和供应链金融才能得到深度融合，最终服务实体经济发展。"

资料来源：李松达. 2021 产业数字化与物流供应链金融峰会在津举行[EB/OL].（2021-10-10）[2022-03-16]. https://finance.sina.com.cn/jjxw/2021-10-10/doc-iktzscyx8812574.shtml.

分析：
你认为，供应链金融的发展对物流和贸易行业有哪些重要的影响？

第一节　供应链金融概述

供应链金融是金融机构以核心客户为依托，以真实贸易背景为前提，运用自尝性贸易融资的方式，通过应收账款质押登记、第三方监管等专业手段封闭资金流或控制物权，对供应链上下游企业提供的综合性金融产品和服务。

供应链金融是中国实体经济发展的重要推动力。在实体经济的产业链中，具有较强议价能力的核心企业在采购和供货方面占据主导地位。核心企业在采购时享有更长的付款期限，在供货时则要求买方预付货款，导致上游企业表内应收账款和下游企业表内预付账款堆积，使上下游中小企业承受较大的资金压力。其中较多中小企业资金实力欠缺、贷款抵押能力弱，即使其与核心企业形成长期稳定的业务往来，亦难以在传统的金融服务框架内获得金融机构的资金支持。在资金流、信息流和物流共同证明中小企业业务稳定可靠的情况下，供应链金融服务商可通过金融产品为中小企业提供资金补充，帮助中小企业缓解资金压力，促进实体经济健康高效发展。

供应链金融是从20世纪80年代开始的，最开始是由世界级企业为了降低成本而衍生出的一种管理概念。在以往的贸易融资中，金融机构只是简单地对单一的企业做出风险评估，由此判断是否授信，而随着大数据供应金融模式的发展，这种方式被改变，现在则是把在供应链上的相关企业看成一个统一体，根据链条的关系和相关行业的特点来将资金有效地投入到供应链发展的相关企业当中，在金融产品和服务上进行不断的调整，使供应链上的相关企业能够得到稳定的发展和有效流转。

供应链金融一般有两种：一种是以金融机构（如银行）为主导的供应链金融；还有一种就是以企业为主导的供应链金融。这两种供应链金融本质上是不同的。供应链金融其实就是一些金融机构在跟企业的客户进行内部交易结构和交易链条分析时，对交易过程中所涉及的流向进行综合把控，然后产生的收入偿还融资，凭借对企业供应链的综合控制，帮助一些企业解决融资方面的问题。我国供应链金融发展最开始是从银行兴起的。随着互联网技术的发展，供应链金融开始广泛流行，并且规模不断扩大，同时将互联网、金融和产业链这三方面的要素进行高度的融合，最终实现了大平台化的特点。在大数据背景下，供应链金融与传统的小企业信贷相比有以下几个特点。

首先，随着互联网技术的发展，供应链金融由原先的"被动授信"转变为"主动授信"。从这个特点的转变能够深度分析挖掘一些信息背后所看不到的价值，有针对性地向客户提供所需要的金融产品。

其次，由于简化了操作，使得获取信息的效率比以往有了很大程度的提升，审核放贷的速度也大大提高。

最后，它能够运用公共的资源系统，对企业的信用记录和相关纳税等情况进行动态监控，实施主动的预警。

供应链体系的产生，带来了资金在供应链内流转的问题。由于企业的独立运作资金在供应链中的流转，与生产销售的方向恰恰相反，依次从经销商、生产企业、上游企业，逐级回流到每个企业手中。这就产生了生产和销售的资金在时间上的错配，通常还伴有空间错配、要素错配等问题。

供应链管理中所面临的种种问题，孕育产生了供应链金融。供应链上下游的众多企业中，拥有优势资源的企业，如具有核心技术企业、稀有性材料企业或垄断性渠道的企业，通常具有较高的话语权，可以赊买赊卖，即先收货进行生产再付款或者先收款用于生产再付货。由于具有良好的生产运营状况和现金流，这些企业通常又可以获得较多的金融授信。相对于供应链中的核心企业，其上下游的中小企业很难获得银行的贷款，融资成本较高。供应链体系中，上游企业和下游企业休戚相关。为了产业的良好发展，供应链金融应运而生。如图 9-1 所示，由核心企业提供授信，为与之合作的中小企业提供账单货物等形式的担保，使得其上下游的中小企业可以使用较低成本获得融资，进行生产运营，促进整个供应链的良性发展。

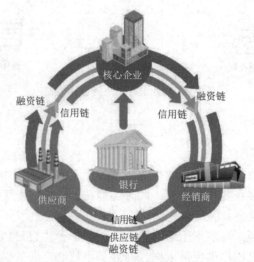

图 9-1　供应链金融融资模式

第二节　供应链金融的商业模式

一、供应链金融商业模式概述

传统供应链金融模式以银行及核心企业为中心，将核心企业的高信用传递到供应链上下游的中小企业。随着云计算、大数据、物联网和区块链等技术的发展，供应链金融模式得以创新，各类型企业如第三方支付企业、电商平台、供应链服务公司、物流公司和互联网金融平台等纷纷开展供应链金融战略布局，成为供应链金融市场的出资方或主要参与商，推动各种供应链金融新商业模式的形成。

（一）商业银行

商业银行的供应链金融模式主要围绕核心企业开展，通过核心企业的信用支持将服务对象延伸至上下游的中小企业，将单一的信贷业务拓展至现金管理等综合性金融服务，帮助中小企业解决融资难问题（见图9-2）。但商业银行的供应链金融对供应链的交易风险控制有严格要求，要求核心企业建有完善的供应链管理体系、严格的供应链的准入标准和退出机制，对不具备完善供应链管理体系的核心企业及其链路企业而言，获得商业银行的金融支持难度较大。

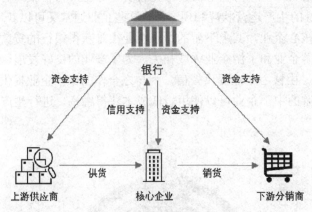

图9-2 商业银行供应链金融模式

资料来源：头豹研究院。

（二）核心企业

供应链中的核心企业积累了深厚的行业背景和上下游资源，利用在行业中的地位优势发展供应链金融，能拓展企业收入来源，同时还能帮助供应链上下游的中小企业实现良性运营，促进供应链稳定发展。

以海尔供应金融为例，海尔集团通过综合性服务平台"日日顺"积累的经销商数据与金融机构对接，为金融机构提供授信依据，开展基于核心企业的供应链金融业务，主要的供应链金融服务模式有货押和信用（见图9-3）。

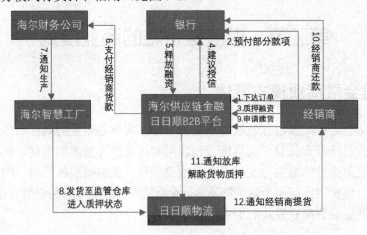

图9-3 海尔供应链金融"货押模式"

资料来源：头豹研究院。

（1）货押模式指核心企业帮助经销商为应对节假日消费高峰以及为获得批量采购折让而进行的短期的大额采购支出进行融资。经销商通过海尔供应链金融间接获得商业银行融资，海尔集团作为商业银行的直接债务人，承担还款义务。

（2）信用模式是海尔供应链金融和商业银行基于经销商的业务信用而提供的金融解决方案。经销商需要向海尔提交当月的预订单，海尔智慧工厂根据预订单完成生产；海尔供应链金融和银行会根据经销商的信用状况完成风险评定，将全款资金支付至海尔财务公司；财务公司通知工厂由日日顺物流配送至经销商处；经销商在收到货物后支付款项至合作商业银行（见图9-4）。

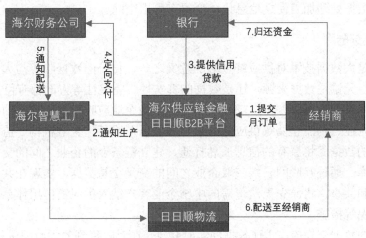

图9-4 海尔供应链金融"信用模式"

资料来源：头豹研究院。

（三）电商平台

电商平台积累了大量连续的历史交易数据，涉及交易方信息、交易周期、交易方履约情况等，发展供应链金融具有天然的数据优势，可根据真实的交易记录对企业进行风险评估。

电商平台可以多渠道接入资金，利用银行、P2P平台或自有资金开展供应链金融业务，基于真实的交易数据，确保贷款资金流向与交易行为一致，明确还款来源，打造资金闭环（见图9-5）。以阿里巴巴、京东为代表的综合电商平台基于其自身平台流量优势，大力发展供应链金融，不断创新业务模式，降低供应链中的中小企业融资门槛。

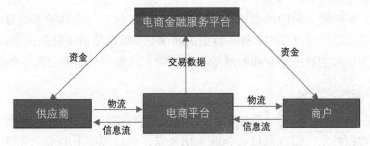

图9-5 电商平台供应链金融模式

资料来源：头豹研究院。

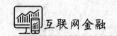

二、大数据与供应链金融相结合

在新时代科技力量技术的推动下，企业的生存模式也在随着时代的变化而做出改变，在信息化网络时代，科技和大数据处理是第一要素，哪个企业掌握了大数据信息就掌握了先决条件。但是大数据本身是没有存在价值的，只有将大数据转化为自己需要的战略信息，才能在生产过程中去创造企业价值。现在有很多企业将大数据与供应链金融相结合，创造出一种新的发展模式，通过这种创新的方式使大数据与供应链金融能够互相结合，发挥最大的作用，将数据处理加工使之信息化，变得有可用空间。

（一）建立数据库

数据收集是大数据技术对供应链金融的意义之一，传统的数据收集与大数据技术下的数据收集相比，无论是数据来源，还是数据的真实性、完整性等方面都有巨大提升。

大数据技术下的数据来源更广泛，从单一的小微企业应收账款和存货的数据变成了核心企业、中小企业、物流仓储等供应链的参与各方以及银行、金融机构、监管机构等数据平台共同提供的数据。将原有的信息孤岛打通，建立链条上的企业之间的交易数据和全方位多维度数据库。通过互联网云端获取企业之间的交叉交易数据，实现在共同的交易平台上的数据连通和共享，将原先无法覆盖的中小企业客户纳入供应链信用体系，摆脱融资中存在的硬性担保等措施。

建立完备的数据交换库、实现数据的实时共享，在对收集到的大数据进行加工、分类、整合、处理后，可以建立适合自己的企业的资料库，实现数据的交互。大数据应用模式可以通过交易网关数据库模式建立起与供应链金融相协调的云端数据库，从云端获取与中小企业交叉数据，结合相关的行业信息，实现数据交换和信息的共享。

（二）减少信息不对称

供应链金融的大数据应用大大减少了信息不对称现状，银行可以根据企业之间的投资、控股、借贷、担保以及股东和法人之间的关系，形成企业之间的关系图谱，有利于关联企业分析及风险控制。银行可以将生产数据、各种物料劳务水电消耗、人员成本和财务报告等一系列情况进行全面整合分析，形成一种动态的、可持续的、多维度的数据源，建立全面系统的征信数据库。

同时通过对供应链金融中的参与主体各自的财务数据进行立体的多维度的分析研究，并通过对交易记录进行交互核对，提高数据的精确性，提高征信评估的准确性和放贷速度，减少信息不对称引起的对中小企业发展的不利影响，降低评估企业过程中的风险。

（三）大数据风险控制

供应链金融的核心仍然是风险控制，将风控与大数据结合，不断完善优化风控制度和体系。应用大数据技术，银行以核心企业为切入点，将供应链上的多个关键企业作为一个整体。利用交往圈分析模型，持续观察企业间的通信交往数据变化情况，通过与基线数据的对比洞察异常的交往动态，评估供应链的健康度，为企业贷后风控提供参考依据。

大数据和供应链金融的发展模式是相辅相成的，二者缺一不可。通过将大数据和供应链金融的结合可以将金融风险控制在可控的范围内，同时也可以提高效率。另外，对于企业中管理层来说，将大数据与供应链金融相结合，可以帮助企业管理者、企业融资方和投资人更加直观地去分析数据，实时掌握资金流动的方向，在瞬息万变的企业竞争中拔得头筹。

在互联网技术的驱动下，企业产业模式也在不断更新，在互联网时代，信息和数据是第一生产力，谁掌握了大数据谁就在商场占有先机。但是将大数据转化为交易产品需要一个过程，完成这个转换才能使大数据创造价值。目前很多企业提出大数据与供应链金融相结合的发展模式，通过这种方式使大数据与供应链金融完美衔接，使信息数据产业化，以创造更多价值。

大数据技术充分利用海量数据资源，加快信息共享。大数据技术的应用将引领供应链金融的变革，改变供应链金融基础数据不完善、信息流通不顺畅等实际问题。大数据技术将供应链金融风控模式数据化、动态化，实现实时风险预警的多级风控效果。

三、基于区块链技术的供应链金融

（一）区块链概况

区块链是一种按时间顺序将不断产生的信息区块以顺序相连方式组合而成的一种可追溯的链式数据结构，是一种以密码学方式保证数据不可篡改、不可伪造的分布式账本。区块链是非对称加密算法、共识机制、分布式存储、点对点传输等相关技术通过新方式组合形成的创新应用。

区块链是一种全新的分布式基础架构和计算方式，具有以下特点。

（1）利用区块链式数据结构验证、存储数据。

（2）通过分布式节点与共识算法生成、更新数据。

（3）利用密码学方式保证数据传输与访问安全。

（4）利用由自动化脚本代码组成的智能合约来编程和操作数据。

区块链主要涉及的核心技术包括共识算法、非对称加密算法、分布式存储技术以及点对点传输技术。

1. 共识算法

共识算法可被定义为使区块链网络达成共识的机制。去中心化的区块链不依赖于中央权威，需建立一个使各分散节点就交易有效与否达成一致的机制，确保所有节点遵守协议规定并保证所有交易能以可靠的方式进行，共识算法可用于保证系统中不同节点数据在不同环境下的一致性和正确性。在共识机制协调下，各节点实现节点选举、数据一致性验证和数据同步控制等功能，使区块链系统具有信息透明、数据共享的特性。

2. 非对称加密算法

非对称加密算法利用一对密钥（公开密钥和私有密钥）对数据的存储和传输进行加密和解密，利用其中一个密钥把明文加密后得到密文，另一个对应密钥用于解开密文得到原本的明文。例如，区块链系统基于非对称加密算法生成公钥和私钥对，若公钥用于数据信

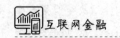

息加密，对应私钥则用于数据解密；若用私钥对数据信息进行数字签名，对应的公钥则用于验证数字签名。密钥对中的其中一个可公开，称为公钥，可任意对外发布；另一个密钥则为私钥，由用户秘密保管，无须透露给任何信息获取方。

3. 分布式存储技术

分布式存储是将数据分散存储于网络中的多个数据节点上，数据库中的所有数据实时更新并存放于所有参与记录的区块链网络节点中，每个节点都有数据库中的完整数据记录以及数据备份，形成一个大规模的存储资源池。在分布式存储方式下，黑客破解和数据篡改的成本较高，篡改者需要同时修改网络上超半数系统节点的数据才能实现数据篡改，操作量过大，导致篡改无法真正执行。

4. 点对点传输技术

点对点传输技术使网络上的各节点无须经过中央权限授权，即可直接相互访问并共享节点拥有的资源，如存储能力、网络连接能力和处理能力等。网络中的所有节点可互相传输，整个网络中没有任何中心，任意两节点都可进行数据传输。

区块链是由非对称加密算法、共识机制、分布式存储、点对点传输等多种技术组合而成的技术体系，集成以上提及的各种技术的优势，可同时实现信息去中心化管理、信息防篡改以及各传输节点相互信任等功能，相比以上各种单一技术应用具有明显优势。

（1）去中心化的分布式记账。区块链上的信息计算与记录不集中于单一服务器中，而是分布于网络上的区块中，各区块间独立且互相连接，可直接进行信息与价值交换。

（2）不可篡改。信息经验证添加到区块链上后将被永久存储，系统中各节点都拥有最新的完整数据库，单个节点无法对数据进行篡改，保证区块链的数据稳定与可靠性。区块链系统中每生成一个新区块，都会产生对应时间戳，并依照区块生成时间的先后顺序相连成区块链，各独立节点通过点对点网络建立联系，为信息数据记录形成去中心化的分布式时间戳服务系统。时间戳使更改记录的困难程度随时间流逝呈指数倍增加，区块链运行时间越久，数据篡改难度越高。

（3）集体维护。系统由所有具有维护功能的节点共同维护，所有节点都可通过公开接口查询区块链数据和开发相关应用。

（4）有限访问。各方仅在经过认证、拥有权限的情况下可对共享账本进行访问。访问权限类型与范围均可在系统控制下进行分配，保障数据的安全性。

（5）匿名性。区块链各节点数据交换在固定算法下进行，由区块链程序规则判断交易的有效性，交易方可在不公开身份的情况下获取交易对手方的信任，有利于在保护用户隐私的前提下保障交易信用。

（二）区块链在供应链金融行业的发展现状

当前，区块链作为一项热门技术，正在成为全球技术应用的前沿阵地，区块链技术应用已延伸至数字金融、物联网、智能制造、医疗、知识产权、供应链管理、数字资产交易等多个领域，有望成为全球技术创新和模式创新的"策源地"，推动"信息互联网"向"价值互联网"变迁。

全球主要国家都在加快布局区块链技术发展，我国在 2016 年年底首次将区块链写入《"十三五"国家信息化规划》，提出要实现抢占新一代信息技术主导权；2017 年 6 月，《中国金融业信息技术"十三五"发展规划》中指出，央行将积极推动区块链等新技术的发展。2019 年 10 月 24 日，中共中央政治局就区块链技术发展现状和趋势进行了第十八次集体学习，习近平总书记在主持学习时强调，区块链技术的集成应用在新的技术革新和产业变革中起着重要作用，要把区块链作为核心技术自主创新重要突破口，加快推动区块链技术和产业创新发展。目前，我国区块链专利申请数量已位居全球第一，随着区块链上升为国家战略层面，区块链必将迎来更加广阔的发展前景。

然而传统供应链金融业务开展过程中面临供应链存在信息孤岛、核心企业信用不可传递、融资方缺乏可信贸易背景支持，出资方无法有效控制各方履约风险等难题，导致诸多供应链上的中小微企业仍难以解决融资问题。

随着供应链金融市场规模的增长，各行业参与方要求或支持运用技术解决传统供应链金融业务的发展难题，区块链技术特征能恰到好处地消除供应链金融存在的痛点，且经过部分实例验证，区块链技术与供应链金融结合，是突破传统供应链金融模式下中小企业融资瓶颈的有效解决方案。因此，区块链应用自 2018 年起在供应链金融行业中大受追捧，各类型参与方开始跑马圈地，发力供应链金融行业。区块链技术提供商采用联合运营或建立区块链平台方式对接金融机构、核心企业的业务需求，通过融资金额提成或平台服务费产生营业收入。部分有实力的商业银行或供应链核心企业采用自主研发区块链技术方案，利用区块链开展供应链金融业务，拓展业务范围，增加营业收入。

由于供应链构成环节复杂，信息冗杂，供应链金融的开展对区块链技术具有强刚性需求，未来供应链金融区块链应用将成为金融行业区块链应用乃至区块链应用行业的发展重点，预计未来五年，区块链在供应链金融行业的营收规模的年复合增速将达到 30.8%。

区块链技术诞生后，国内的公司就对该技术展现了浓厚的兴趣，纷纷入局成立专门的研究院、开发团队。区块链技术的特性，不仅让国内公司看到了该技术未来的应用前景，更是让中国政府看到了该技术在未来科技发展中的战略意义。2019 年 10 月 24 日，中共中央政治局就区块链发展现状和发展趋势进行第十八次集体学习，习近平总书记提出要把区块链技术作为核心技术自主创新的重要突破口。国内区块链技术的发展达到了一个新的高度（见表 9-1 和表 9-2）。

表 9-1　国内互联网公司区块链发展情况

金 融 机 构	区块链应用情况
趣链科技	2016 年 10 月，趣链科技发布国产自研、安全可控的企业级联盟区块链底层技术平台 hyperchain，是国内最早成立并从事联盟区块链技术研发与应用的专业团队 2017 年 9 月，趣链科技发布区块链开放服务平台飞洛 BaaS，为区块链应用和推广，提供安全、便捷、高效的服务平台 2020 年 9 月，趣链科技联盟技术已服务了金融、政务、司法、电力、制造业、军事等关键业务领域，支撑业务规模达数千亿人民币，全国服务人数近 1.5 亿人
蚂蚁科技	2018 年 6 月，蚂蚁科技发布了自主研发的金融级区块链 Baas 平台 2018 年 6 月，支付宝同国际银行合作，实现基于区块链技术的跨境汇款，节约了跨境汇款的时间和成本

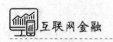

续表

金融机构	区块链应用情况
百度	2018 年 8 月，百度发布了区块链解决方案"超级链"，可快速实现业务和区块链的融合 2020 年 1 月，百度通过将线下广告牌的播放时间、播放次数上传到区块链平台，实现区块链广告监播功能，保障广告投放商的权益
腾讯	2017 年 11 月，腾讯推出了区块链 Baas 云服务平台，借助云技术，搭建了一套高质量、更稳定的区块链服务平台 2019 年 4 月，腾讯发布首款区块链游戏化应用"一起来捉妖"，区块链技术的应用可充分保障游戏玩家数字资产的安全性
京东	2018 年 3 月，京东联合海外品牌商、京东国际供应链等合作方发布了首个基于区块链技术的全球跨境追溯体系，为消费者把关跨境商品的真伪 2018 年 10 月，京东同新泽西理工学院、中科院软件所共同成立区块链联合实验室

资料来源：浙商银行股份有限公司《基于区块链技术的供应链金融白皮书（2020）》。

表 9-2　国内金融机构区块链发展情况

金融机构	区块链应用情况
中国工商银行	2020 年 4 月，中国工商银行发布了银行业首个白皮书《区块链金融应用发展白皮书》 2020 年 5 月，中国工商银行同南京江北新区管委会合作，打造"征拆迁资金管理区块链平台"，实现征拆迁资金透明管理
招商银行	2018 年 10 月，招商银行同中建电商合作，利用区块链搭建产业互联网协作平台，为企业提供融资服务 2019 年 6 月，招商银行同腾讯公司合作，利用区块链构建电子发票线上报销业务，实现区块链同财税的融合
浙商银行	2017 年 8 月，浙商银行基于区块链平台推出了应收款链平台，实现了区块链和供应链的金融融合 2019 年 8 月，浙商银行同国家粮食和物资储备局粮食交易协调中心合作，共同搭建国家粮食电子交易平台，将区块链技术应用到粮食行业
金融壹账通	2018 年 10 月，平安区块链同香港金管局合作，利用区块链构建国际融资贸易网络 2019 年 4 月，平安区块链同天津港合作，利用区块链构建跨境贸易服务网络

资料来源：浙商银行股份有限公司《基于区块链技术的供应链金融白皮书（2020）》。

第三节　供应链金融现存问题及发展趋势

一、供应链金融现存问题

与传统融资方式相比，供应链金融提升了中小企业的融资便捷性，促进供应链内外企业的互动，激发实体经济活力，但现阶段中国的供应链金融行业发展仍然面临众多难题，中小企业的融资难问题在现存供应链金融架构下仍未得到有效解决。

（一）供应链信息难以共享

供应链上下游企业的 ERP 系统不互通，企业间信息难以共享，供应链条上的信息难以传递。供应链信息不透明，增大了金融机构的风控难度，为降低风险，金融机构往往对缺乏数据支持的企业提高授信门槛，容易导致资金需求方的融资成本增加。

（二）虚假信息核验难度大

供应链信息不透明、不对称，为造假行为提供便利，导致供应链金融的开展难度增加。信息的核验成本难以下降，出资方对虚假信息（假客户、假交易、假资金用途、假仓单、假应收账单等）进行验证需要付出较高成本和代价，监管漏洞较大。由于存在监管漏洞，企业间、企业与金融机构间、企业与其他服务机构间套利、套税和套汇行为频发，部分企业捏造虚假信息骗取授信，部分企业利用信息不对称，将仓单重复质押，获取过度授信，增大了出资方的投资风险。

为控制投资风险，出资方将谨慎选择融资项目，贸易背景资料翔实、企业数据信息齐全的低风险项目更受出资方偏爱，而对于缺少良好的征信体系背书、没有可靠抵押物的中小企业而言，获得金融机构的融资较难，非金融机构出资方亦会提高对征信不全的需求方的融资费率或直接放弃对其提供融资，进一步加重中小企业的融资难题。

（三）真实贸易背景难以传递

传统的供应链金融工具传递核心企业信用能力有限，银行承兑汇票有银行担保，银行对委托开立银行承兑汇票的企业信用要求较高，一般的中小企业难以申请开立银行承兑汇票。商业承兑汇票仅能反应收付款双方间的交易关系，实际交易状况无第三方考证，信用度较低，在供应链金融应用中需要可信的贸易背景作背书，而可信的贸易凭证只能传递到一级供应商层级，其他多级供应商无法获取。

供应链上的其他中小企业缺乏实例证明自身的还款能力及贸易关系的存在，银行的高风控要求难以为其提供融资支持。在传统供应链金融体系下，银行一般只能满足核心企业及其一级供应商的融资需求，众多供应链上的中小企业仍然融资困难。

（四）供应链金融环节对账成本高

各机构的信息系统没有形成有效的对接标准，供应链各环节产生的信息存储在不同的系统中，供应链中的资金流、物流、商流信息并未真正融合，无法自动实时共享，为控制风险，供应链金融中的参与方需要定期对资金、物流等信息进行对账。对于供应链较长的行业而言，发展供应链金融业务的定期对账成本较高，且对账操作较为困难。

二、中国供应链金融区块链企业布局情况

中国的供应链金融区块链服务商可分为以银行为代表的金融机构系、以互联网科技巨头为代表的科技企业系、以传统行业巨头为代表的核心企业系以及区块链创业企业系。

四类企业分别从各自的需求出发，以所在领域行业经验为视角，探索区块链技术在供应链金融中的应用。例如，阿里巴巴、京东、腾讯等科技巨头自主研发基于区块链的供应链金融平台，优化自身产品服务。平安银行、中国农业银行等金融机构，开展区块链技术研发，优化自有融资业务。趣链科技、易见、布比等区块链创业企业以区块链技术服务商角色切入供应链金融行业，提供行业解决方案，参与供应链金融区块链系统的搭建。

在供应链金融业务涉及层面，区块链创业企业系集中布局于应收账款融资业务，具有自有金融业务的科技企业布局于常用的供应链金融业务中，核心企业系在保理业务、ARIF融资以及 ABS 业务均有布局，金融机构系在供应链金融业务中布局最为全面，较为冷门的福费廷（Forfeiting）业务亦有涉及。

供应链金融区块链应用领域市场活跃度较其他领域高，包括行业用户、技术提供商、行业协会、政府部门等在内的各界纷纷加入，形成了初级的应用生态。互联网企业利用技术优势，通过建设开放型区块链平台，打造区块链生态，抢占供应链金融区块链应用市场布局先机，如百度、阿里巴巴、腾讯、蚂蚁金服、华为、京东、迅雷、网易等均推出自身的区块链平台，力图与合作伙伴共同探索金融区块链应用。

金融机构则占据渠道优势，基于自身金融业务的发展需求，开始尝试研发供内部使用的区块链应用平台，但由于金融企业技术实力较弱且技术迭代速度较慢，可真正用于实际业务场景的成熟应用尚未诞生。区块链创业企业为区块链技术和解决方案的主要供应商，涉及硬件基础设施、平台开发、技术支持、行业解决方案等。但创业企业不具备互联网企业的技术优势以及金融企业的渠道优势，无法开发通用的区块链应用，一般针对特定领域或特定场景开发特定的技术方案，通过细分场景切入金融区块链应用市场。

区块链创业企业的区块链应用集中于应收账款融资、保理业务，但以保理和货押为主的供应链融资业务主要依靠核心企业和银行促成，区块链创业企业并不具备资金和渠道优势，在供应链金融领域布局受核心企业及金融机构的冲击巨大。区块链技术创业企业在资源方面难以与其他三类市场参与者抗衡，技术应用场景较为单一，在新一轮的供应链金融区块链发展进程中，缺少可圈可点之处。科技公司业务布局广，凭借跨界资源和经验，开拓了供应链金融区块链应用业务。核心企业和金融机构具备供应链金融开展的天然业务场景，在供应链金融运营以及资金流上具备明显优势，在供应链金融区块链应用市场上具有占据较大市场份额的实力。

三、中国供应链金融行业应用价值

（一）信息验证方便，降低出资方运营成本

供应链金融业务开展要求以真实贸易背景为基础，需要确保参与人、交易结果、单据凭证等信息真实可靠。传统供应链金融模式下，交易真实性证明采用人工手段进行验证，存在成本高、效率低等严重缺陷，导致出资供应链金融运营成本高，在大型供应链中，人工验证更是难以实施。通过区块链技术，将多维的供应链交易信息（如采购信息、物流信息、库存信息等）共享上链，免去信息真假核验环节，降低出资方运营成本，同时出资

方、担保方等可多维度印证数据真实性，如利用采购数据与物流数据匹配，库存数据与销售数据相互印证，进一步保证数据的真实性，提高风控能力，降低信息不对称造成的融资损失。

（二）贸易信用可拆解，提升供应链金融渗透率

传统供应链金融模式下，真实贸易背景信息难以传递，供应链中大量三、四级及 N 级供应商或经销商的融资需求仍难以得到满足，倡导解决中小企业融资难问题的供应链金融业务渗透率仍然不高。

区块链技术引入后，可将核心企业的信用拆解，通过共享账本传递至供应链上的供应商及经销商。各级贸易过程中涉及的应收账款和企业交易信用等信息完整地记录在区块链上，金融机构可对任一级别供应商的交易信息进行查看，实现核心企业应付账款信息和承诺付款信用在完整供应链上的多级传递，任意级别供应商均可享受核心企业的信用背书，进而降低融资成本。由于信息透明度增加，金融机构开展供应链金融业务风险降低，金融机构在供应链金融业务中的渗透率将有所提高，中小企业的融资难、融资贵问题将得到更好的解决。

现阶段，中国的供应链金融渗透率约为 15%，而美国的供应链金融渗透率接近 50%，美国的大型企业如通用电气开展的供应链金融业务收入占总营收的 30%，国际银行的供应链金融业务年增长率达 30%～40%，参照发达国家的发展经验，中国的供应链金融市场前景广阔。

（三）智能合约自动执行，降低融资业务风险

智能合约是区块链上自动执行合约条款的计算机程序，在满足执行条件时，系统会自动执行。智能合约的应用能确保贸易过程中交易双方或多方能如约履行义务，避免违约事件的发生，促进交易顺利进行。机器信用的可靠性，提高了交易双方的信任度和交易效率，能有效管控违约风险。

四、供应链金融发展趋势

（一）区块链应用的监管政策逐步完善

区块链技术应用为金融、物流、版权、电商等实体经济领域的发展带来新机遇，但区块链属于新兴应用，与目前的政策监管体系不协调，尚未被法律监管体系完全覆盖，造成区块链的应用存在合规性、合法性争议。例如，基于区块链的供应链金融平台具备电子凭证多级拆分、转让的功能，各级供应商可拆分转让电子凭证获取融资，但现行的法律体系并未对数字凭证的可转让性进行明确规定，若将数字债权凭证视为债权，根据《中华人民共和国合同法》第七十九条规定"债权人可以将合同的权利全部或者部分转让给第三者"，但是否可再次转让给其他方，法律并无界定。

目前基于区块链的供应链金融业务均按照"法无禁止即可为"的观点开展电子凭证的多级转让操作，但若出现争议，无法律保护，可能造成凭证无效转让，关联方权益受损，

不利于供应链金融业务的稳定发展。

随着区块链应用的深化，监管政策及配套法律体系需不断完善，协调新技术应用带来的利与弊。2018 年，政策对区块链应用的监管取得若干成效，如屏蔽了 110 个不合法的虚拟货币交易平台，关闭了 3000 个从事非法虚拟货币交易的账户，封停了 30 多家非法区块链自媒体，加强整顿区块链支付结算业务等，未来区块链技术应用与监管存在的矛盾将得到进一步调和。

（二）区块链应用的监管政策逐步完善

区块链技术将与人工智能、云计算、大数据、物联网等技术深度融合，推动技术落地更多应用场景，助力实体经济的发展。例如，在供应链金融行业单独应用物联网技术将仓储物流、金融机构、供应链上的企业统一联网，则无法保证各联网设备能互相信任进而互相传输交易数据。

但利用区块链技术提供的共识机制，则可保证物联网中的各设备相互信任，通过信息交换和通信，可将各种联网设备产生的数据源上传至区块链网络，实现供应链商流、物流、资金流等信息深度融合，深化共享。区块链的智能合约技术可使物联网中的每个智能设备在实现规定或植入的规则基础上执行与其他节点交换信息或核实身份等功能，保证各数据提供方的数据不被滥用。

同时，区块链点对点的互联传输数据方式，可解决联网设备的算力问题，分布式计算可处理数以万计的交易，充分利用闲置设备的计算力、存储容量和带宽处理交易，大幅度降低计算和存储成本。应用物联网技术可获取更多数据，应用物联网+区块链技术则可获取更多可信数据，提升上链信息的可信性，确保线下设备准确向线上映射，提升系统总体可信性。

区块链与云计算的结合，将有效降低企业应用区块链的部署成本。目前区块链与云的结合方式较多以提供 BaaS 为基础，BaaS（blockchain as a service）指在云计算平台中嵌入区块链框架，利用云服务基础设施部署及管理优势，为区块链技术开发者提供高性能、易操作的生态环境和生态配套服务的区块链开放平台，支持开发者的业务拓展及运营。

**知识巩固**

1. 供应链金融的含义。
2. 供应链金融的商业模式有哪些？
3. 供应链金融的现存问题有哪些？
4. 简述供应链金融的发展趋势。

案例讨论

杭州趣链科技有限公司——飞洛供应链金融服务平台

杭州趣链科技有限公司基于底层技术平台 Hyperchain 研发的飞洛供应链金融服务平台，聚焦于将底层交易资产数字化与标准化，利用区块链达成多方协作，实现资产穿透式管理，完成供应链企业的增信，解决小微企业融资难题。

趣链科技研发的国产自主可控区块链底层平台 Hyperchain 面向企业、政府机构和产业联盟的区块链技术需求，提供企业级的区块链网络解决方案，满足企业级应用在性能、权限、安全、隐私、可靠性、可扩展性与运维等多方面的商用需求。

Hyperchain 支持企业基于现有云平台快速部署、扩展和配置管理区块链网络，对区块链网络的运行状态进行实时可视化监控，是符合 ChinaLedger（中国分布式总账基础协议联盟）技术规范和国家战略安全规划的区块链核心系统平台。Hyperchain 平台具有高吞吐量和低系统延迟的特征，交易吞吐量高达 10 000 笔/秒，系统延迟低于 300 毫秒。

趣链科技在金融区块链应用领域积累了丰富经验，与中国银联、上海证券交易所、中国银行间市场交易商协会、中国工商银行、中国农业银行、中国光大银行、美国道富银行、葡萄牙商业银行、德邦证券等国内外大型金融机构开展区块链相关合作。

资料来源：头豹研究所《2019 年中国区块链在供应链金融行业应用研究报告》。

讨论题：

你还对哪些供应链金融服务平台有深入的了解？请举例说明。

第十章 互联网金融监管

知识目标

◇ 了解互联网金融的风险概况。
◇ 掌握互联网金融风险的分类。
◇ 掌握互联网金融监管建议。

能力目标

◇ 能够理解互联网金融监管现状。
◇ 能够解析国外互联网金融监管经验。
◇ 能够认知互联网金融监管体系架构。

任务提出

周小川：积极利用大数据、人工智能等技术丰富金融监管手段

在 2021 中国（北京）数字金融论坛上，博鳌亚洲论坛副理事长、中国金融学会会长周小川表示，在监管上利用新兴的数字化技术，能够在反洗钱的客户识别和非法交易等方面发挥更重要和关键的作用。监管机构和反洗钱义务主体要通过新的技术手段强化监管和履行反洗钱义务，这也是未来的发展趋势。应强化监管科技应用实践，积极利用大数据、人工智能、云计算等技术丰富的金融监管手段，提升跨行业、跨市场交叉风险的甄别、防范和化解能力。

资料来源：中国网财经. 周小川：积极利用大数据、人工智能等技术丰富金融监管手段[EB/OL].（2021-09-10）[2022-03-16]. https://www.sohu.com/a/488977451_436021.

分析：
你认为，大数据、人工智能等技术对互联网金融监管有哪些深远的意义？

第一节 互联网金融的风险分类

一、第三方支付风险

在互联网金融各业态中，第三方支付业态发展较早，目前已经受到比较规范的监管，既有监管主体，又有监管依据。其中，监管部门是中国人民银行，监管的主要依据是中国

人民银行出台的《非金融机构支付服务管理办法》《支付机构客户备付金存管办法》和《非金融机构支付服务管理办法的实施细则》。其风险相对较小，比较突出的风险主要有法律风险和操作风险。

（一）第三方支付法律风险

由于已纳入人民银行的监管范围，第三方支付业态不存在合规性风险问题，其法律风险主要涉及沉淀资金使用问题和反洗钱问题。

1．沉淀资金带来的法律问题

第三方支付主要在交易双方中起到支付中介或者信用担保的作用。由于交易双方都需要在第三方支付平台设立虚拟账户，在支付过程中虚报账户里会形成沉淀资金。如何监管第三方支付平台有可能在未经客户同意的情况下动用沉淀资金问题，如何确定账户资金的巨额利息归属问题，成为不可回避的法律问题。

2．利用账户洗钱带来的法律问题

第三方支付注册简单，具有一定的匿名性、隐蔽性，难以确保客户身份的真实性。在第三方支付的虚报账户支付和快捷支付模式下，资金可轻松实现无监管状态下的跨地区、跨银行甚至跨境移动且第三方支付机构在各银行系统账户实行轧差清算，使得更难辨别交易资金的真实来源和去向，影响可疑交易分析调查和资金追踪调查。这就给犯罪分子的洗钱活动带来巨大便利，增大了反洗钱监管的难度。

3．市场退出带来的法律问题

由于经营不善或者合并重组，有些第三方支付平台可能遭遇关闭退市的风险。当发生第三方支付平台终止服务、退出市场的事件时用户账户资金退偿、个人信息资料保护将成为非常现实的问题，若没有法律规定，无疑将引发法律风险。

（二）第三方支付操作风险

作为支付中介，第三方支付平台用户量非常巨大，用户操作也相当频繁。任何操作失误或者业务流程设计不当都会引发比较严重的操作风险。

1．新技术、新流程增加了操作难度

第三方支付平台比较多地运用了新技术和新流程，由于缺乏充分的投资，用户很难全面掌握这些相关知识。在这种情况下，用户很容易出现操作失误，造成经济上的直接损失。

2．操作程序和内部控制不当

第三方支付平台在内控管理方面存在些漏洞，对于用户身份认证信息、资金信息以及交易信息等个人敏感数据和信息，没有建立严格的安全保护机制，容易被非法使用或者泄露，导致对用户造成不必要的困扰，甚至引发巨大的经济损失。

二、网络借贷风险

相比于其他互联网金融业态，P2P 网络借贷的风险问题比较突出。目前各 P2P 网络借

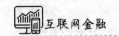

贷平台管理水平良莠不齐，因此，P2P 网络借贷在规模急速扩张的同时也陆续暴露出比较多的风险和问题，主要有信用风险、流动性风险、法律风险、技术风险等。

（一）网络借贷信用风险

P2P 网络借贷面临较高的信用风险，究其原因，主要有以下几点。

（1）对借款人的信用评级还不够完善。由于社会信用体系不健全，P2P 网络借贷平台难以获得比较全面的借款人信用信息，如身份信息、家庭信息、财务状况、还款能力、资金用途、经营能力、其他负债、个人品行等信用信息，因此，P2P 网络借贷平台难以甄别借款人的信用水平，难以比较准确地得出对借款人的信用评级。

（2）信用数据共享机制缺乏。目前，P2P 网络借贷平台还难以从人民银行征信系统查询借款人信用记录或者将借款人违约记录录入人民银行征信系统，平台之间的客户信用数据也没有实现共享，违约成本较低。有些借款人就会利用信用共享机制上的漏洞，在银行、多家 P2P 网络借贷平台进行借贷，导致由信用叠加引发的信用风险。

（3）发放净值标。为了满足投资人对放贷资金的流动性需求，不少 P2P 网络借贷平台发放净值标。净值标是一种以投资待收款、账户余额作为担保，在一定净值额度内发放借款需求的网络借贷标的。投资者通过净值标这个杠杆反复借入借出，成为 P2P 网络借贷做市商，杠杆率达到 5～10 倍。比如，红岭创投网站净值标的净值系数为 0.9，给予投资者的借款额度为账户净值额度的 90%，最高杠杆率可以达到 10 倍。净值标实质上延长了信用链条，一旦链条上的某个环节断裂，就会引发整个链条的信用风险。

（4）平台信息披露不充分。这主要表现为对借款人信息披露不够详细、不够全面和平台自身信息和年度财务报告的披露不够透明，例如，没有把坏账率反映在其财务报告的任何指标中。投资人很难从有限的信息披露中了解 P2P 网络借贷平台的运营情况、管理情况，一些卷款跑路的平台之所以能够得偿所愿，就是因为信息披露不够充分，使得其有通过虚增信用和虚假债权大量筹资和隐瞒资金用途的违法空间。

（二）网络借贷流动性风险

P2P 网络借贷的流动性风险主要源自平台的拆标行为和保本保息承诺。

1．拆标行为

P2P 网络借贷中，借贷双方偏好存在不一致，投资人喜欢投资期限短、收益更高的借款标的，借款人则喜欢获得期限长、成本更低的贷款。为了满足借贷双方的需求进而增加平台的业务量，一些 P2P 网络借贷平台采用拆标方式进行期限错配、金额错配，把期限长、金额大的借款拆成期限短、金额小的标的，这对还款资金链提出较高的要求。

2．保本保息承诺

为了行业信用的不足和吸引更多投资人，绝大多数 P2P 网络借贷平台建立或者引入担保机制，推出本金保障计划，甚至有的平台还承诺保本保息，当借款人出现违约时，由平台以自有资金先行垫付到期的本金和利息。拆标行为和保本保息承诺让平台承担了资金垫付的巨大压力。P2P 网络借贷平台的自有资金往往不足以应对集中到期或大量提现的挤兑情况，结果引发流动性风险。目前已有网赢天下、中财在线等多个网络借贷平台出现了这种风险情况。

（三）网络借贷法律风险

我国 P2P 网络借贷平台违法违规经营情况时有发生，面临着多种法律风险。

1. 合规性风险

目前 P2P 网络借贷平台尚处于监管空白的状态，游走在法律的边缘地带，国家没有专门针对 P2P 网络借贷的法律法规，也没有明确 P2P 网络借贷的业务性质、主体责任、经营范围等问题，以及具体监管部门和监管措施。按照在工商局与工业和信息化委员会注册的经营范围"金融咨询"和"信息服务"，P2P 网络借贷平台只能开展信用评级和信息撮合业务，担保以及债权转让和风险准备金等金融业务都没有获得业务许可而超出了经营范围，存在合规性风险。

2. 非法集资风险

有些 P2P 网络借贷平台建造了中间资金池，在自己的平台发布虚假标的，将所融资金用于自身生产经营或者其他用途，特别是提供本金保障或者保本保息承诺更具有非法集资的嫌疑。

3. 资金存管风险

有些 P2P 网络借贷平台实行了第三方资金存管，但是由平台设立第三方存管中间账户目前处于监管真空状态，平台实际上可以独立支配中间账户的资金。此外，有一大部分 P2P 网络借贷平台没有建立资金第三方存管机制，更容易发生资金被挪用甚至卷款跑路的风险。

4. 洗钱风险

P2P 网络借贷平台既难以识别投资人和借款人的身份信息，又难以掌握投资人的资金来源和借款人的资金使用情况，洗钱犯罪分子很容易通过平台借贷交易来达到洗钱的目的。

（四）网络借贷技术风险

信息安全成为 P2P 网贷平台的技术短板。P2P 网络借贷业务对系统运行环境、病毒防护、数据备份等软硬件配置的安全性要求比较高，但是由于准入门槛低和资金要求低，不少 P2P 网络借贷平台进入该领域后并不具备自主开发信息系统的实力，其平台主要是通过购买模板、简单定制而成的，模板系统的安全性和技术成熟度都不够高，容易出现技术漏洞或黑客入侵等技术风险。而且，P2P 网络借贷平台的技术管理人员多数没有金融从业经历。金融风险管理的专业知识相对缺乏，对网络借贷的重要风险点和风险防范技术不甚了解，难以比较有效地进行系统维护和管理。

三、互联网众筹的风险

众筹模式起步较晚，但发展迅速，在快速发展的同时，众筹模式的各种风险日益显现。众筹业态的突出风险主要有法律风险和信用风险。

（一）众筹的法律风险

众筹是一种新的融资模式，从现有法律体系管理制度中很难找到适用于众筹的法律法规。由于众筹立法速度严重落后于其发展速度，因此，众筹在发展过程中产生了诸多法律风险。众筹的法律风险主要表现在门槛低、监管不足导致的洗钱诈骗问题；容易涉嫌非法集资和突破公开发行证券限制；众筹项目的知识产权保护不力等方面。

1. 容易发生洗钱诈骗问题

众筹平台明显存在准入门槛、监管不足问题。在准入门槛上，成立众筹平台的门槛相当低，只要进行工商登记和网站备案，没有批准设立、业务经营范围许可等方面的要求；在监管上，目前没有专门针对众筹平台的监管部门和监管法律法规。在低准入门槛和监管缺失的情况下，众筹平台非常容易变成诈骗或者洗钱的工具。

2. 容易涉嫌非法集资

众筹与非法集资的界限还没有从法律上得到划清。根据《最高人民法院关于审理非法集资刑事案件具体应用法律若干问题的解释》第一条，向社会公众（包括单位和个人）吸收资金的行为，同时满足"未经有关部门依法批准或者借用合法经营的形式吸收资金；通过媒体、推介会、传单、手机短信等途径向社会公开宣传；承诺在一定期限内以货币、实物、股权等方式还本付息或者给付回报；向社会公众即社会不特定对象吸收资金"四个构成要件，应当认定为刑法第一百七十六条规定的"非法吸收公众存款或者变相吸收公众存款"。

众筹平台通过互联网向社会公众推介，其运营的合法性还没有在法律上得到认可，而且股权类众筹和奖励类众筹都承诺在一定期限内给予股权和物品回馈。众筹平台的这种运营模式与非法集资犯罪的认定标准高度吻合，在利益驱使和监管缺位的共同作用下容易涉嫌非法集资。

3. 容易突破公开发行证券限制

该问题主要表现在股权类众筹模式中。《中华人民共和国证券法》第九条规定，"公开发行证券，必须符合法律、行政法规规定的条件，并依法报经国务院证券监督管理机构或者国务院授权的部门注册"。"向不特定对象发行证券""向特定对象发行证券累计超过二百人，但依法实施员工持股计划的员工人数不计算在内"等情形都属于公开发行证券。毫无疑问，股权类众筹项目的资金募集是面向不特定对象的，会向投资人推介项目，而且累计人数往往超过200人。股权众筹发展会受到诸多法律限制。

4. 容易产生众筹项目侵权问题

该问题主要发生在奖励类众筹模式中。奖励类众筹以创新性项目为主，有些项目还是没有申请专利的半成品创意，难以得到知识产权相关法律保护。在筹资过程中，如果将产品的外观图片设计思路、使用详解等最重要的创新性内容充分在众筹平台上发布，这些众筹项目很容易被盗版商仿造和率先在市面上销售。

当然，不同模式的众筹平台受法律风险的影响程度也有差别，股权类众筹的法律风险相对更严重，奖励类众筹和捐赠类众筹的法律风险相对更小。

（二）众筹的信用风险

信用风险是影响众筹模式发展壮大的关键因素。每种类型的众筹模式都存在信用风险。众筹的信用风险包括项目发起人的信用问题和众筹平台自身的信用问题。

项目发起人的信用问题主要表现为项目发起人使用虚假身份问题和项目资金募集后项目发起人不兑现承诺问题两方面。其原因在于，现行法律对于项目发起人的资格条件和信息披露没有专门的规定，众筹平台对于项目发起人的身份真实性没有严格的核查，对于募资成功的众筹项目也缺乏后续的监督，尤其是对资金流向的监督管理。

众筹平台自身的信用问题主要表现在众筹平台的项目审核和资金管理上。目前情况下，众筹项目的资金流转过程既没有实行第三方存管，又没有监管机构监管，主要依靠自身信用来管理募集资金投资人将资金划拨到平台账户，募集成功后再由平台转账给项目发起人或者募集不成功退还给投资人。此外，项目的风险评估、募集金额信息披露基本上由众筹平台决定项目上线与否存在较大弹性的操作空间。一旦众筹平台出现信用问题，投资人的合法权益将很难得到保障。

此外，众筹网站没有统一的技术标准，技术水平参差不齐，系统安全存在隐患，客户信息安全方面也存在风险问题。

四、互联网理财的风险

准确、有效地识别和防范风险是互联网理财业态健康发展的重要保障。互联网理财存在多方面的风险，具体来说主要包括市场风险、流动性风险、法律风险、技术风险四类风险。

（一）互联网理财市场风险

互联网理财的市场风险主要表现为利率风险，受利率波动性的影响。互联网理财的较高收益是得益于社会资金偏紧、整体利率水平偏高的金融大环境。随着利率市场化的加速推进，整体利率水平下降是一种长期必然趋势。利率波动较大，将会引发市场风险，因为届时互联网理财将难以获得现有的这种利差收益，收益优势将不断丧失。Paypal 旗下基金的最终关闭印证了这种由于利率下降导致的市场风险，未来我国互联网理财业态也可能遭遇类似的情况。

（二）互联网理财流动性风险

流动性风险是互联网理财的主要风险，其风险主要来自于用户大规模集中赎回。互联网理财一般都与货币基金连接，实行"T+0"或者"T+1"赎回方式，承诺用户随时赎回理财产品。为了尽可能获得较高收益以增加用户黏性，所依托的货币基金往往会牺牲资产组合流动性，以期限错配的方式投资期限较长的协议存款或者债券。货币基金虽然风险较小，还不需要缴纳风险准备金，但是一旦出现如发生黑客攻击、大量用户账户被盗、发生重大投资损失等突发性事件，将会出现恐慌性的大量用户集中赎回情况。在这种情况下，基金管理机构短时间内无法变现已投资的资产，兑付用户的赎回要求，进而出现流动性风险。

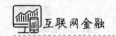

（三）互联网理财法律风险

与其他的互联网金融业态相比，互联网理财的法律风险并不是很高。互联网理财的法律风险主要表现在以下两方面。

（1）销售误导行为易产生法律纠纷。互联网理财产品风险揭示不够，缺乏对客户风险承受能力的测试，销售过程中过于片面强调安全性和收益率，甚至有违规承诺收益率之嫌。

（2）涉嫌违规经营、超范围经营。目前，互联网理财还没有得到有效的监管。有些平台的互联网理财业务并没有获得证监会的基金销售的相关资质，存在打政策"擦边球"行为，可能引致证监会的严格监管和查处。而且，随着规模的不断膨胀，互联网理财受到金融监管的政策风险会进一步加大。

（四）互联网理财技术风险

技术风险是互联网理财不可忽视的且普遍存在的风险类型。互联网理财依赖于基于信息技术和IT系统的网络平台，并通过网络来完成业务交易，其安全性很大程度上由网络技术安全程度决定。技术上的漏洞很容易引发信息泄露、账户资金被盗等技术风险，比如目前已经发生多起余额宝被盗和支付宝客户信息泄露等问题。技术故障也会导致服务中断方面的技术风险，引发用户的心理恐慌，产生对账户资金安全的担忧：能否赎回自己账户上的理财投资。

第二节 互联网金融监管概况

一、我国互联网金融监管现状

互联网金融是传统金融机构与互联网企业利用互联网技术和信息通信技术实现资金融通、支付、投资和信息中介服务的新型金融业务模式，互联网与金融深度融合是大势所趋，将对金融产品、业务、组织和服务等方面产生更加深刻的影响，正成为金融领域研究的热点。但不可否认的是，伴随着互联网金融迅猛发展的现实，对其风险和监管的认知与实践却相对滞后，以P2P为代表的我国互联网金融产业爆发了许多危机，借款人失踪、资金不知去向、平台无力支付导致其无法运营，这些事件使业界对互联网金融风险的关注加大，对互联网金融监管提出了更加紧迫的要求。近年来，我国互联网金融产业暴露出的风险问题较多，从学界到政府对互联网金融监管的思路、范围、措施的研究尚处于初始阶段。目前我国互联网金融监管现状和存在的问题主要包括以下四点。

（一）相关监管机构立法滞后，难成统一监管体系

互联网金融极强的创新能力使其产品、经营模式和从业机构层出不穷，监管机构的立法无法迅速囊括所有的互联网金融产品，要想建立统一的监管体系相对较为困难，并且监管机构也无法在其发展之前预测可能存在的风险，因此对其监管采取的是密切关注而非实

际监管的态度。以目前出现了大量问题的 P2P 行业为例，尽管 2015 年 7 月人民银行等部门颁布的《关于促进互联网金融健康发展的指导意见》中从主体层面明确规定银监会将监管 P2P，但具体监管措施仍未发布。

（二）传统监管主体的监管立场不适应互联网金融业态

传统金融的监管方面有众多法律规章确保传统金融的稳定、安全运行，对金融运行过程中的非法行为、违规操作、惩罚措施以及预防等都做出了明确规定，但如果直接将这些监管法规应用于新兴的互联网金融业态则是不合适的。相较于传统金融，互联网金融的类型、经营方式不断创新，范围、环境等也不断延伸变化，监管对象、主体等要素远超出传统监管体制的范畴，传统金融对于金融监管的监管立场在互联网金融环境下已无法适用，互联网金融在行业的交叉、混合上比传统金融更为复杂，对它的监管需要全新的监管主体和监管立场，以提高监管效率和消除监管的真空地带。

（三）对互联网金融监管的力度强弱难以把握

市场机制在互联网金融运行中具有无可比拟的作用，因此，尽管行政监管也能起到一定作用，但通过法律法规来监管约束各类互联网金融主体的市场行为会使交易机制更为高效，但到底采取多大法律监管力度，或者说让互联网金融有多大的空间来自由发展是一个很难预测的问题。法律监管的力度过小无法起到监管的作用，导致互联网金融野蛮生长，威胁金融体系乃至社会的稳定；法律监管力度过大，会使互联网金融被压制过猛，发展受限，对经济的发展起到负面作用。如何把握互联网金融监管的适度性是一大难题。

（四）互联网金融监管的范围界定困难

互联网金融业务数据都是在互联网线上进行传输、交换和保存的，其业务范围不断发生着动态变化，监管部门的业务范围被界定后，新出现的业务会迫使监管部门不得不继续更新法律。若法律更新步伐与互联网金融发展创新步伐相差较大，就会使互联网金融发展埋下隐患，可能威胁互联网金融体系的稳定。与此同时，要监管一个业务或交易行为是否非法是比较困难的，因为要判断其合法性，就要对交易数据进行收集、审查以及公示，而交易数据是可能被篡改、编造的，这加大了监管机构判断的难度。

二、我国互联网金融监管特征

（一）法律体系滞后

目前，我国互联网金融的法律环境略显滞后和僵硬，各种互联网金融模式发展进程不一，存在大量法律空白，第三方支付模式发展时间较长，产业模式相对成熟，相应的法律制度比较齐全。根据中国人民银行《非金融机构支付服务管理办法》《非金融机构支付服务管理办法的实施细则》以及《支付机构客户备付金存管办法》三项法律文件的定性，第三方支付机构为非金融机构，并要求第三方支付机构必须获得牌照方能经营。《全国人民代表大会常务委员会关于加强网络信息保护的决定》《互联网信息服务管理办法》《中华

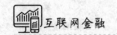

人民共和国电信条例》是具有普遍适用性或专门针对互联网、电信、传统金融领域的法律法规。由此可见，我国的现状是现有法律地位较低，覆盖范围有限，部分法律僵硬滞后，不适应产业发展要求。

（二）监管主体多元化

相较于国际上针对互联网金融尚无主管机构的特点，我国的传统金融监管主体以"一行两会一局"为主导，包括相关行业协会及自律组织等。目前，在我国金融分业情况下，金融发展与创新不断，特别是互联网金融，因此由"一行两会一局"与财政部、国家发展和改革委员会、工业和信息化部等部委组织的联席会议是对互联网金融机构进行全面监管的重要尝试与金融监管创新。同时，央行也已经牵头成立互联网金融发展与监管研究小组，由央行、银监会、证监会、保监会、工业和信息化部、公安部、法制办等共同组成，开展互联网金融发展以来最大规模的政府调研与监管探索，体现了多主体的特点。在针对不同互联网金融业态的监管上，目前仍实行分业监管，初步设定为：P2P 主要由银监会监管，第三方支付自 2010 年已明确由中国人民银行监管，众筹特别是股权众筹由证监会监管。

2015 年 7 月 18 日，由中国人民银行牵头，和银监会、证监台、保监会等相关部门研究决定的《关于促进互联网金融健康发展的指导意见》（以下简称《指导意见》）正式发布，《指导意见》是首份唯一的全国性监管政策，按照"依法监管、适度监管、分类监管、协同监管、创新监管"的原则，确立了互联网支付、网络借贷、股权众筹融资、互联网基金销售、互联网保险、互联网信托和互联网消费金融等互联网金融主要业态的监管职责分工，落实了监管责任，明确了业务边界。

（三）征信与信息安全管理落后

根据中国互联网金融报告显示，我国官方的信息收集和征信体系是制约我国金融发展的一个重要因素，中国人民银行的个人信用数据主要收集于信用卡的消费及还款信息，收集范围过于局限，我国互联网金融安全形势，总体上呈现安全隐患突出、正在逐步规范和总体风险可控等特征。信息安全不仅包括信息系统安全、设备安全、操作安全等，还包括因金融机构信息化与互联网金融发展过程中使用的大部分技术都来源于信息技术先进的国家而带来的信息泄露的安全性风险。互联网金融只有通过落实信息安全制度，采用联防联控途径，才能使信息安全风险可控。

三、国际互联网金融监管现状

作为互联网金融的起源地，英美等互联网技术较为发达的国家也在不断调整互联网金融的政策体系，以适应本国互联网金融发展的实际需求，从而形成了不同的监管模式。

（一）英国对互联网金融的监管

英国的互联网金融监管有监管体制集中、审慎监管与行为监管并重、功能监管与机构监管并存、轻监管重自律的特点。

1．监管体制集中

金融危机后，英国对金融监管体制进行了全面改革，在央行之下新设金融政策委员会（FPC），并新设审慎监管局（PHA）和金融行为监管局（FCA）代替原来负责统一监管的金融服务局（FSA）。目前，英国已将第三方支付、P2P、众筹等互联网金融机构及业务纳入金融行为监管局的监管范畴。

2．审慎监管与行为监管并重

审慎监管与行为监管是金融监管的两大支柱，两者之间必须寻求一种有机平衡，最大程度发挥两者之间相互促进和相互补充的作用。

审慎监管是指监管部门以防范和化解金融业风险为目的，通过制定一系列金融机构必须遵守的周密而谨慎的经营规则，客观评价金融机构的风险状况，并及时进行风险监测、预警和控制的监管模式。

行为监管是监管机构为了保护消费者的安全权、知悉权、选择权、公平交易权、索赔权、受教育权等各项合法权益，制定公平交易、反欺诈误导、个人隐私信息保护、充分信息披露、消费争端解决、反不正当竞争、弱势群体保护、广告行为、合同规范、债务催收等规定或指引，要求金融机构必须遵守，并对金融机构保护消费者的总体情况定期组织现场检查、评估、披露和处置。

在审慎监管方面，英国FCA出台的《关于网络众筹和通过其他方式发行不易变现证券的监管规则》提出了最低审慎资本要求，目的是避免平台借贷规模过度膨胀，保障平台正常运营和发展。在行为监管方面，针对股权众筹，英国建立了投资者适当性制度，对投资额度进行限制，确保线上线下规则一致，并要求进行信息披露和风险警示。

3．功能监管与机构监管并存

对于股权众筹，英国采用功能监管，认定其为证券行为，将其纳入证券监管框架，英国FCA根据投资性众筹的功能特点，特别提出"不易变现证券"的概念，将所有推介"非上市股票"或"非上市债券"纳入监管范围。但针对第三方支付，英国认定其具有金融商品的属性，加大了货币控制难度，为了实现审慎监管的目标，更多地采用机构监管。

4．重视行业自律

英国对互联网金融的硬性监管要求少，占用的监管资源也相对有限。以P2P行业为例，英国监管较松，重点规范信息披露、业务风险提示和消费者权益保护等。相比而言，英国更加重视互联网金融的行业自律。英国的Zopa、Rate Setter和Funding Circle三家领头P2P公司于2011年3月自行建立了行业自律协会P2PFA，通过制定P2P的行业准则规范业务模式和内控机制，其成员共占据了95%的P2P市场份额。

（二）美国对互联网金融的监管

与英国模式有所差别，美国互联网金融监管采取分业的监管体制，以行为监管和功能监管为主，重监管轻自律。

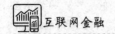

1．分业的监管体制

美国采用分业监管方式，将第三方支付纳入货币转移业务监管框架，主要由联邦存款保险公司（FDIC）实施监管。P2P网贷和众筹融资则纳入证券交易监管范畴，由证券交易委员会（SEC）进行监管，在其主导下的联邦证券发行强制登记和持续的信息披露制度来监管P2P网贷平台。消费者金融保护局（CFPB）负责与消费者的金融产品和服务紧密相关的法律与监管条例的制定和实施。

2．行为监管为主

美国主要实行行为监管，即对互联网金融基础设施、互联网金融机构以及相关参与者行为的监管。例如，美国在股权众筹行业建立了投资者适当性制度，对投资额度进行限制，确保网络平台和实体在线上线下适用一致的规则，并要求进行信息披露和风险警示，证券交易委员会（SEC）要求众筹融资平台登记为经纪商，禁止平台与发行人有利益关联；同时规定了单一企业的融资限额和单一投资人的投资限额，并要求进行信息披露和风险警示。

3．实行功能监管

美国主要以功能来划分监管权限：在P2P行业方面，美国将互联网融资分为股权、借贷两种模式，分别由金融市场监管机构和银行监管机构来进行监管；在股权众筹行业方面，美国认定其为证券投资行为，并将其纳入证券监管框架，通过JOBS法案确定其合法性，并由证券交易委员会（SEC）对其实施监管，监管重点包括信息披露和消费者保护等；在第三方支付行业方面，美国将其界定为传统支付业务的延伸，也对其实施功能性监管，监管重点在于交易行为及其过程。

4．重视政府监管

在美国，政府监管相对比较强势，如P2P网贷，美国监管重点规范信息披露、业务风险提示以及消费者权益保护等。对于股权众筹，美国通过立法明确众筹股权融资适用证券发行监管要求，重点规范投资限额和信息披露制度。

（三）新加坡对互联网金融的监管

各国在互联网金融监管上各有侧重、各具特色。新加坡在互联网金融领域采用集中的监管体制、完备的法律法规体系和鼓励创新的监管态度。

1．集中的监管体制

新加坡金融管理局（Monetary Authority of Singapore，MA）对新加坡所有金融机构和领有资金市场服务执照的公司履行管理职能，其管理的对象范围除了涵盖目前中国"一行两会"所监管对象范围的总和之外，还包括对财富管理、信用评级等准金融类机构的管理。

2．完备的法律、法规体系

新加坡的金融法律体系由银行法、保险法、证券法、期货交易法、基金管理法、外汇交易法以及新加坡金融管理局发出的信函及其他相关法规所组成。在法律体系完备的情况下，新加坡还先后出台了《滥用计算机法》和《电子交易法》及相关指南，针对性地加大了法律监管力度。

第三节　互联网金融监管经验及建议

互联网金融具有"跨界""混业"和"虚拟"的特征，而现阶段，我国实行的是"分业经营，分业监管"的体制，监管方式已经落后于互联网金融的发展，因此，应当依据互联网金融的风险类型、风险特征以及业务模式等方面构建一套监管体系。再者，信息技术迅速发展，大数据和云计算的时代已经来临，互联网金融可利用大数据技术建立金融信息评判标准，建立信用评估平台以及风险预警机制，进而降低信息不对称程度，控制风险；行业组织则可通过设立准入门槛、信息披露机制等监控互联网金融企业风险，营造良好的行业环境；政府可通过大数据技术的存储、计算功能打破"信息孤岛"，放权于地方政府，共同规范互联网金融产业的发展。因此，应建立以法律法规为基础，大数据、云计算为技术支撑，从底层设计和金融基础设施两个角度构建互联网金融的监管体系。

一、互联网金融监管经验

互联网金融创新了支付渠道、理财渠道、投融资渠道以及征信渠道，提高了金融效率，作为一种金融创新，是对监管的套利行为，因此各国在促进互联网金融发展的同时，也在加强和完善互联网金融的监管，逐渐形成较为系统的、专门的互联网金融监管制度体系。互联网金融最早在欧美国家兴起，主要采取的做法如下。

第一，在现有法律法规上进行补充，既为互联网金融深层次发展提供空间，又为稳健经营提供法制环境。美国在网络银行监管方面采用审慎宽松政策，在原立法的基础上进行补充，加强执行申请和消费者保护方面的监管，更多的是强调网络和交易安全；欧盟对网络银行则采取一致性监管原则，力求提供一个清晰、透明的法律环境。网络信贷监管方面，各国一般通过规范一般信贷业务的法律法规来对网络信贷进行规制。例如，英国由公平交易管理局依据《消费者信贷法》进行监管，主要设立网贷机构的准入门槛，但对具体风险控制没有规定，欧盟主要是发布与网贷相关的指引性文件。在第三方支付方面，美国将其界定为非银行金融机构，实行功能监管，主要依据有关电子支付、非银行金融机构和金融服务的法律法规，欧盟与美国依据的法律相似，但更加注重交易过程的安全性。在众筹融资平台的监管下，美国态度更加包容和宽松，2012年通过的创业企业融资法案（JOBS），指出在保护投资者权益的前提下，只要满足相应条件可不必到 SEC 注册便可开展业务活动进行融资。

第二，发达的金融体系和征信系统能够提供良好的市场发展环境。美国 Lending Club 占据美国 65% 以上的 P2P 贷款市场份额，主营个人消费信贷，因此贷款额度比较小，且没有担保，无法有效规避信用风险产生的损失。公司为了保证借贷质量，开发出一套预测性强的信用评级模型，参考借款人历史表现和 FICO 评分，在内部算法的基础上对借款人的信用等级进行分类，实行不同的贷款利率，对于信用等级较低的实行高利率，对于信用等级高的实行较低贷款利率。实际上 Lending Club 的正常运营背后是美国强大的信用体系支撑，因为评级的基础恰恰是在第三方信用数据和 FICO 评分的基础之上。Lending Club 在由银行完成借款后，会进行资产证券化的处理，提高了资产的流动性，实现了风险的分散，依托于美国发达的资本市场为其提供可靠的资本金来源和多样化的资产配置以及风险分散渠道。

第三，构建风险监管体系，设立行业准入、信息披露要求。在第三方支付的监管上，美国和欧盟需核定申请者的资金实力、风控能力、从业人员专业水平和业务类型，只有达到一定标准才能进入此行业，方便了监管机构的过程监督和动态监督；在信息披露方面，P2P 行业比较明显，要求比较严格，如美国要求 P2P 平台必须在美国证券交易委员会（SEC）注册登记，上报平台运作模式、经营状况、管理团队等信息，逐日将贷款列表上交 SEC，并在 SEC 网站发布公告，进行风险揭示，不仅有效地阻止了潜在市场参与者，还能为投资者提供了解平台的途径，为进行追偿提供法律手段。

二、互联网金融监管体系架构

互联网金融是金融行业的变革力量，是传统金融机构工作效率的提高，是普通金融用户参与到金融活动中来的工具。从风控角度看，互联网金融参与者具有长尾特征，因缺乏金融常识，常常触及法律与监管的红线，出现非法集资、诈骗、网络洗钱等犯罪活动。从整体而言，互联网金融监管尚不完善，因此，一方面要提倡互联网金融的创新精神和服务实体经济、服务大众的普惠性；另一方面要有效控制互联网金融的风险，守住"避免产生系统性风险"的底线，维护金融发展和稳定，保护消费者权益。这里从法律法规、监管主体和基础设施三个层面构建我国互联网金融监管的框架。

互联网金融监管框架的构建应当包括法规建设、明确监管主体和基础建设等方面。这里基于中国互联网金融的发展现状和国外经验，设想出监管的基本思路是在法律法规的基础上，构建平台自控、行业自律、政府监管三个维度的监管主体，并根据不同互联网金融平台分类进行风险程度量化和评估，实施不同程度的监管策略。互联网金融监管的四个层次是市场自律、注册规范、审慎监管和严格监管，从松到紧。

（一）互联网金融监管的法律法规建设

互联网金融法律法规建设是开展互联网金融顶层监管设计的首要任务。法律法规最基本的是明确了个体的权利和义务，以互联网金融为主体的法律法规的设定不仅能够在法律上明确互联网金融的内涵和外延，能够为各个互联网金融的部门监管提供法律基础以及提供保障，还能够有效地打击互联网金融犯罪，使社会享受互联网金融的成果之外，也能保护自身的利益，促进金融创新。互联网金融法规的建立相较于传统金融行业，挑战更大，因为互联网金融依靠虚拟化的信息技术进行操作，当借助相关网络技术实施互联网金融犯罪行为时，防范风险的难度加大，造成的损失也难以估量。

互联网金融法规建设的总体原则是打击金融犯罪来规范互联网金融行业的经营行为和保护消费者隐私来保护投资者的利益。具体实施方法是在现行法律、法规的基础上修改与互联网金融发展不相适应的条款，完善消费者保护制度。互联网金融方面应当考虑到网络化、电子化的特点，明确禁止性行为和非法经营，严防网络洗钱等犯罪行为。金融行政管理法体系的建设应注重加快制定《电子合同法》《电子货币服务法》等，同时加快制定和完善《个人信息保护法》，保护个人隐私和信息安全。

2015 年 7 月，中国人民银行等十部委发布《关于促进互联网金融健康发展的指导意见》，发布了部分互联网金融监管的法律法规，主要内容如下：① 互联网支付的监管部门确定为人民银行，指出互联网支付以提供小额、快捷和便捷小微支付为宗旨，向客户进行信息披露，建立客户权益保障机制；② P2P 网贷平台由银监会监管，只能提供信息交互、撮合等中介服务，定位为信息中介；③ 股权众筹由证监会监管，规定众筹融资需通过相应的平台进行，小微企业进行股权众筹需要向投资者披露相应的公司信息，如商业模式、资金等；④ 互联网货币基金由证监会监管，指出资金管理人要严防流动性风险，要遵守人民银行、证监会的关于客户备付金及基金销售结算资金的相关监管要求；⑤ 互联网保险由保监会监管，主要指出互联网保险公司的定位为服务互联网经济活动，应建立防火墙，加强风险管理；⑥ 互联网消费金融和互联网信托由银监会进行监管，主要强调信用风险的防范，审慎客户的信用程度，分散风险。

（二）互联网金融监管的监管主体

在建立法律法规的基础上，互联网金融监管需确定监管主体，监管主体在监管过程中充当着统领全局的角色，实施政策措施来维护互联网金融系统的安全，包括互联网金融机构的许可设立、业务运作、资金存管及日常网站运作等方面，对危害互联网金融健康发展的行为进行管制或惩罚，本部分构建以平台、行业和政府三维度的监管主体构建体系。

1. 平台自控

平台自控是风险防控和监管的基础，属于自我监督的范畴，既顺应企业自身发展的行为激励，又为相关的制度建设提供准备。平台自身可通过建立事前预防、事中跟踪和事后补偿的机制来防范和控制潜在发生的风险事件。事前预防的主要措施为建立征信系统，对借款人的还款能力和还款意愿进行尽职调查和预测，进而降低信息不对称程度，防范发生逆向选择和产生道德风险。建立风险预防机制、风险保障机制和风险补偿机制来应对潜在发生的风险事件。事中跟踪主要是贷后检查，帮助贷款人较为全面地掌握借款人的经营状况，及时发现风险隐患，进而可及时采取相应的风险方法和控制措施。可通过引进相对独立的并对互联网金融业务熟悉的第三方进行全程跟踪和监督，如引进第三方律师事务所，定期出具法律意见书，若在调查的基础上还出现违约行为，则依法追究律师事务所的责任。事后补偿作为风险控制的最后一道防线，是当风险事件出现时，平台有足够的准备和措施去应对，主要措施是准备一定量的资本金，一旦出现问题，资本金作为缓冲工具，提高风险承担能力，其中资本金的重要组成部分是风险金，主要根据自身的风险程度进行量化，确定资金比例，使资金运用达到安全和有效的均衡，风险金严格依赖于评级体系的量化程度，在实际操作中难度较大。另一个建议则是建立贷款保险制度，对风险较高的项目进行保险，实现社会不同主体风险分担的最优配置。

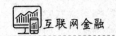

2. 行业自律

行业自律是行业内交易规则的自我制定过程，属市场治理范畴。在了解行业内互联网金融企业发展情况的基础上，实施有效的行业措施，不仅能够减轻政府负担，降低规制成本，而且合理的行业标准，具有针对性和专业性，还能减轻信息不对称程度，因此中国未来的监管方向是以行业自律为主导力量。但互联网金融中的行业自律尚不完善，虽然已成立了互联网金融专业委员会，颁布了《互联网金融行业自律公约》，强调了打造开放平台、完善信息披露、信息共享等，但尚未建立有效的行业监管模型。

第一，行业组织需对不同类型的互联网金融平台设立准入门槛和退出机制。对平台的资质进行考察，对经验范围越界或者风险防控能力不足的企业直接予以否定，不允许进入相应行业；平台的退出因关联太多，一旦发生破产危机，极易引发其他企业发生危机，引发系统性风险，因此应对退出机制进行设计和研究，主要是对存在重大风险的互联网金融企业进行风险提示，实施退出机制，最小化企业破产带来的连锁反应。

第二，设立信息披露机制。只有信息得到有效披露，才能为设立风险机制提供有效的信息来源，即平台风险的监控严格依赖信息的有效性，信息披露能够保证信息的透明度，为消费者有效识别风险、平台加强自我约束以及为行业监管提供基础和条件。信息披露不仅要披露借款人和投资者的信息，重要的是披露平台本身的信息，如股权治理结构信息、财务数据信息和基本运营信息，其中需要注意的问题是，统一信息披露的口径，使信息能够进行有效整合和处理，及时识别风险、控制风险。

第三，实现信息共享。互联网的应用打破了信息垄断，使信息能够快速地传播和使用，尤其是大数据技术的使用，使数据量明显增加，但存在的明显问题是数据的整合。基于商业价值的考虑，各个机构不会将收集到的数据与其他机构实现对接或整合，从而形成"信息孤岛"，因此有必要考虑以行业协会的方式整合信息。

3. 政府监管

政府监管又称政府规制，是克服"市场失灵"的有效手段，为市场治理的主要手段。传统金融实行的是"分业经营、分业监管"，监管主体为"一行两会一局"，互联网金融则具有普惠性、开放性和金融服务一体化的特征，并且跨行业、跨领域乃至跨产品的混业经营趋势日益明显，互联网金融最终会突破分业经营的限制，走向综合经营和混业经营。但短期内由于对互联网金融风险的暴露和认识还不够全面，即便成立专门的互联网金融风险监管机构也需要时间，因此政府监管仍要以"一行两会一局"为核心进行构建。

目前，互联网基金理财的监管主体为证监会，互联网消费金融是银监会，互联网保险由保监会监管，但许多平台涉及支付、保险等多个业务领域，需要各个监管部门或监管层对自己的职权范围进行明确界定，在此基础上进行沟通协调平衡，一些平台起源于民间、根植于地方，呈多元化发展态势，如P2P借贷和众筹融资，那么监管权限应逐步脱离传统的集中式统一监管模式，赋予地方政府对地方中小金融机构的监管权限和风险处置责任，使中央与地方政府充分结合。同时，政府监管在大数据时代应该创新金融监管，构建大数据监管模型以及政府指标体系，如市场准入指标、业务运营指标和风险动态监测指标等。

（三）互联网金融监管基础设施建设

金融的基础设施是金融运行的硬件设施，是正常运转的重要保障。

信息技术的发展为金融基础设施提供了技术平台，提高了信息化水平，加快了各类系统的电子化、数据化的建设速度，并且大数据技术的应用使资源信息得到整合，为金融宏观调控提供高质量的数据分析支持，因此互联网金融基础设施应以信息技术为依托进行大数据技术监控系统建设。

大数据技术监控符合国家金融监管战略要求，符合互联网金融发展趋势。国务院已发布的《促进大数据发展行动纲要》指出，互联网技术在中国有巨大的应用市场，用户规模居全球首位，数据资源丰富，市场优势明显，深化了大数据的部署和应用，也为推动信用信息共享和信息系统建设提供了基础，推动了经济的稳增长、惠民生等。在大数据的背景下，互联网企业应当建立市场化的第三方信用信息共享平台，政府应当逐步开放征信市场，形成以政府为主导的多元化的征信机构，建设企业信用信息公示系统，初步建立社会信用体系，从而为经济高效运行提供基础信用信息服务，社会则应综合各方面的资源，使公共信用数据与互联网、移动互联网、电子商务等数据的汇聚整合，形成社会监督体系。因此，进行大数据监控不仅是互联网金融降低信息不对称程度、增加金融深度、促进金融发展、维护金融系统稳定的重要手段，还是国家战略发展的内在需要和必然选择。

大数据技术的应用开启了互联网金融风险监控的新时代。大数据技术是海量数据和计算能力的完美结合，可在收集、存储、计算海量数据的基础上提取有价值的信息来确定违约模式、完善评分、催收、监测以及异常情况的检测。大数据技术的应用使互联网金融的数据更加丰富：数据维度更广，传统金融的数据基本上是企业运营数据、担保物的估值及央行个人信用数据，而互联网数据利用网络爬虫等技术可获得用户投资行为、消费行为及互联网使用轨迹等多种维度的数据；数据要求更细，传统的数据形式时间周期较长，企业财报也只有年度、季度财报，数据相对粗糙，而互联网金融可抓取和记录网上资金流转等信息的实时数据，真实性较高，提高了数据的频度，缩短了周期；数据主动获取，传统金融机构获取信息的积极性较低，由于在信贷领域有绝对的话语权，只有提出贷款需求时，才会进行信息的获取和调查信用状况，在互联网环境下，参与主体更加广泛、额度变小，需要主动获取数据和数据积累。但大数据技术也并非完美，会相应增加一定的风险，因为大数据在获取一系列数据时（结构数据、半结构数据和非结构数据）需要有效识别，无疑增加了数据挖掘节点，使数据损失的可能性加大，增加互联网风险。大数据技术监控系统分为风险预警机制和征信体系建设。

1. 风险预警机制

中国金融系统性风险监管的基础工程是构建风险预警机制，并且随着大数据、云计算等新一代信息网络技术的发展，可以标准化的监管数据库为依托，通过接入互联网金融平台的后台端口，采集相关平台和产品的数据，形成动态监管系统，进而设立反映金融风险警情、警兆、警源及变动趋势的指标体系，以便在及时发现风险的基础上进行防范。

互联网金融是互联网技术和金融业务的融合，相较于传统金融风险呈现新特征，主要表现为：虚拟性，即交易主体在网络中以虚拟身份在虚拟的平台上进行交易，使风险具有高度虚拟化；突发性，即互联网金融风险的潜伏期较短，易受到事件性风险冲击；传染性，互联网金融有高度的行业跨界性和业务跨界性，关联的主体、客体比较多，构成复杂的网络结构，一旦出现风险源将具有非常快的传染性，严重的话会产生系统性风险。

因此，互联网金融作为金融创新，对整个经济系统有重要的影响，互联网金融的发展提高了风险传染速度，扩大了风险传染范围，较易引发系统性风险，设计金融风险预警机制必不可少。再者，随着信息技术如大数据、云计算的发展，非现场监管力度会进一步增大，要逐步改善信息运行不畅、信息收集缺陷等问题，在此基础上建立监管信息档案以及信息反馈机制，为风险监管机制提供手段和条件。

风险评测模型是金融风险预警的核心，而模型建立的前提为构建一套科学有效的预警指标体系。预警指标选择没有统一的标准，主要取决于专家的主观想法，同时指标选取存在双面性：一方面，风险指标越多，对风险描述越准确，误差越小；另一方面，指标过多会使模型计算时间加长，存储空间变大。所以，风险预警指标建立的主要原则如下：① 全面性，指标应当能够反映被监管主体的基本信息、运行状况、盈利状况和经营变动等；② 多元互补性，应根据不同理论、不同情况选择指标，从而克服单一模型的主观性，使风险描述进行互补；③ 灵敏度，预警指标为在风险发生之前能够准确预测，因此指标应当对风险的爆发有较大的贡献程度和灵敏性，一旦指标发生异常变化，则应察觉出风险的变动；④ 可操作性，指标具有可操作性，数据是否可得、质量可否得到保障，是是否作为指标的首要考虑因素，只有指标可进行获取和量化才能进行下一步的风险预测。

2．征信体系建设

征信是指收集相应的信息，进而评估其信用等级，提供信用报告的过程。征信是风险控制的第一道防线，能够减弱交易双方的信息不对称程度，选择信用程度比较高的交易者，减小违约风险。征信行业的核心竞争力为数据库和信用评估模型的实现。信息技术的发展和大数据技术的应用，使互联网金融在征信过程中具备天然优势：一方面，互联网的大数据技术拓宽了数据种类和来源，而不局限于传统征信数据来源于借贷领域，包含社交、水电费等生活的各个方面，同时时效性强，能够实时追踪，并留有痕迹；另一方面，互联网的云计算能通过利用安全的中央网络和存储能力来提升效率，为用户提供效率和安全的保障。

互联网金融的用户大部分为个人和小微企业，本身利用传统金融机构进行信用活动的记录就较少，导致信用记录缺失，使央行征信系统覆盖人群非常有限，那么普惠金融必须挖掘更多人的信用，可利用大数据技术将看似无用的海量数据，经过基本处理转换成信用数据，进而提取有效的信息对消费者或者中小企业未来风险进行综合评估，防范信用风险的发生。因此，这里将构建以个人和小微企业为业务对象的大数据征信体系。

征信体系因经济发展程度不同而有所区别。欧美国家由政府直接出资建立公共的征信机构，采取公共征信的形式；英美国家则采用市场化征信，是通过市场竞争形成的以大公司为主体的征信系统；日本是以银行业协会建立的会员制征信机构，即行业征信。中国征信业起步较晚，但在法律和技术上已经做出很大的努力，逐步形成了以央行征信中心为主导、多层次征信机构并存的市场体系。现阶段大数据技术促进了征信行业的崛起，征信主体也逐渐丰富。对于规模较大的企业，如阿里巴巴，有电商大数据、支付宝交易数据等，现已构建出自身的征信体系，进行信用评级，如芝麻信用；小规模公司因自身资源的局限，选择借助第三方获得信用评级咨询服务或者达成征信联盟，如陆金所以担保的方式接入央行征信系统。

三、互联网金融监管建议

建立健全互联网金融法律法规体系是互联网金融业健康发展的制度基础。现有《银行法》《证券法》《保险法》等法律都是以传统金融业务为受体制定，而互联网金融具有跨界性等特点，现阶段法律法规基本不适应互联网金融的发展，因此，应在现有法律法规的基础上进行有效的法律建设。

相比于传统金融，互联网金融仍处于发展阶段，并未成熟，但其涉及的领域较广，缺少直接对应的法律法规，使其难以成为体系，而且法规或管理办法的发布主体也呈现多样化，从中央到地方，及相关行业协会，都是法规或管理办法的发布主体，这也导致难以形成有效的覆盖面广的法律体系。对于互联网金融的立法，应当对互联网金融机构的性质和经营范围加以明确，对应不同的业务类型设立相应的法律法规，对不合规的机构进行清理，建立相应的行业规则，设定门槛，维护整个行业的发展。同时，要建立互联网金融业务准入标准和退出机制，按照标准对现有的互联网金融机构进行清理，对不符合标准、风险较高的平台要坚决予以关闭，还要制定互联网金融行业规范，推动建立相关的互联网金融行业协会制定行业规则、规范，共同引导互联网金融行业的健康发展。

（一）完善互联网金融机构的风险防范机制

1. 加强对互联网金融机构的压力测试

对于互联网金融机构进行定期的压力测试，模拟发生一定的系统风险，互联网金融机构的应付机制，通过压力测试的办法揭示风险存在的可能性，由此来加强相关企业内部的风险控制。同时要制定一套风险等级判定，依据企业压力测试的结果向消费者公布企业防御风险的等级，对于风险防御力低的企业还要有一定的惩戒机制。

2. 加强互联网金融机构的信息披露

互联网金融由于具有长尾性，覆盖的群体较多，存在宣传误导等现象，因此需明确规定其资金投向和产品标的，完善信息披露机制。一方面，建立黑名单制度，尤其是借款人信用、用户黑名单信息的披露；另一方面，披露企业相关信息，包括企业是否有明确制定的规则，日常运行是否按照规则进行，各项收支是否公开、透明，是否定期披露经营数据，与投资者资金相关的财务数据披露是否足够等。建立统一的信息披露平台，提升信息披露的质量，及时了解企业的行为，实现有效率、低成本的监督，利用企业报送上的数据进行统计、测算监测企业的整体性情况，在这样开放的信息披露机制之下，平台进行违规经营的难度显著增加，而监督方的负担大大降低。

（二）推进互联网金融信息技术安全建设

1. 政府加强顶层设计，提供政策支持

目前，我国的互联网金融信息技术建设水平比较落后，存在一定的安全风险，为了保

障互联网金融的信息技术安全，防止由于信息泄露而引发系统性风险，政府应该加强顶层设计，推进对互联网核心技术的研发投入，推进使用设备的国产化，逐步替代外国设备，完善互联网金融信息安全的基础设施建设；政府还要制定关于互联网金融行业的信息技术安全标准，引导行业内机构及企业构建符合标准的平台，同时也便于消费者选择安全合规的机构和社会舆论监督，营造良好的生态环境；推动信息安全产业化，实现信息资源的有效利用，采取联合化的方式将风险控制到最低值。

2．互联网金融机构加强信息技术安全建设

互联网金融机构要加大对信息技术安全建设的研发投入，不仅要在硬件水平上提高，还要在软件设施上加大创新，关注交易系统和数据系统并不断升级更新，防范系统性信息技术风险；加强并提高信息技术安全意识，层层修补平台的系统漏洞，针对具有潜在风险的业务进行归纳总结，在一定程度上限制漏洞较大的业务；互联网金融机构应当意识到信息技术的破坏性，提高安全保护意识，切实做好客户信息的保密工作，保障客户和自身的权益；还应当打破"信息孤岛"，实现信息共享，进而掌握金融系统中各个客户的具体情况，尽量避免客户在不同平台多次融资导致风险叠加；加强网络安全管理，加大专业金融人才的培育和引入力度。

（三）加快互联网金融征信系统建设

1．拓宽征信信息采集范围

目前，我国社会信用体系建设的核心是由中国人民银行征信中心负责建设、运行和维护的全国统一的企业和个人征信系统，该征信系统是我国重要的金融基础设施，推动互联网金融征信，对防范金融风险、改善金融生态环境有着重要意义。但就目前来看，委托贷款信息、证券与保险信用信息、P2P 信息尚未完全纳入征信系统，公司债信息尚未纳入征信系统，小额贷款公司、融资性担保公司、资产管理公司和融资租赁公司尚未全部接入征信系统，所以要加快互联网金融领域的征信系统建设，拓宽征信信息的采集范围，特别是要将 P2P 信息、公司债信息纳入征信系统，将从事贷款和融资的互联网金融企业接入征信系统，从更加开放的角度调整征信系统的战略规划与布局，探索采集互联网金融领域的信贷信息，提供更加便捷的征信服务。

2．建立互联网金融大数据征信

互联网金融与传统金融最大的不同就在于前者依托于互联网的发展，一定程度上降低了交易成本。在互联网与金融结合的过程中，产生了大量的数据，互联网金融大数据征信就是基于不同类型的数据对用户的行为习惯进行综合性的分析，依据大数据建立针对该主体的模型，然后得到其信用特征，从而得到更加精确的信用评估结果。互联网金融大数据征信所使用的数据除了包括传统的金融数据外，还包括基于互联网产生的消费数据、生活数据和社交数据。这种大数据征信是按需进行的征信调查，在征得调查主体同意的前提下，根据所得数据建立相关模型，得出信用报告供决策参考。

（四）完善互联网金融信用跟踪及反馈机制

互联网金融信用追踪是对信用主体的信息进行重复的采集，通过相关系统，进行信用

评估和查询，可随时追踪互联网金融主体信用信息的变化情况。同时，要健全失信联合惩戒机制，加大对失信主体的惩罚力度，通过公开披露、业内通报批评、强化行政监管性约束等惩戒措施，使社会、行业协会、政府三方合力对失信主体形成威慑；另外，要加快建立守信激励机制，对守信主体予以优惠措施并加大表彰和宣传的力度，鼓励守信行为；同时，还可以依托信用信息平台，实现信用奖惩联动，拉大失信主体和守信主体之间的反差，使守信激励机制和失信惩戒机制的作用进一步扩大化，让失信者无法生存，从而形成诚实守信的氛围和环境。

 **知识巩固**

1. 简述互联网金融风险概况。
2. 互联网金融风险的分类有哪些？
3. 互联网金融监管的政策建议是什么？
4. 简述国外互联网金融监管的实践经验。

案例讨论

银保监会：推进网络平台金融业务整改　已联合约谈 13 家企业

2021 年 4 月 29 日，在蚂蚁集团整改工作基础上，"一行两会一局"等金融管理部门联合约谈了 13 家网络平台企业，提出了自查整改工作要求。

近两年，银保监会落实多项举措规范网络平台金融业务。2020 年年底，银保监会有关部门负责人就曾对媒体记者表示："建议所有互联网平台都要对照自查，及早整改。特别是涉及网络小贷、保险、理财、信托等业务的机构，更要抓紧，监管部门会安排检查。"

随后，监管部门对互联网金融行为强化监管，涵盖存款、贷款、保险等多方面业务，下架银行互联网存款产品、对互联网平台开展小额贷款业务严格审查等。

2021 年 9 月 7 日，银保监会新闻发言人答记者问时表示，银保监会将坚持依法将金融活动全面纳入监管，所有金融业务必须持牌经营，消除监管套利。

上述发言人提出，银保监会将坚持公平监管和从严监管。对同类业务、同类主体一视同仁，切实防范金融风险，维护金融稳定，对各类金融违法违规行为一如既往地坚持"零容忍"。

资料来源：新浪财经. 银保监会：推进网络平台金融业务整改　已联合约谈 13 家企业[EB/OL].（2021-08-26）[2022-03-16]. https://baijiahao.baidu.com/ s?id=1710243175339810751&wfr=spider&for=pc.

讨论题：

你认为，互联网金融监管对金融业未来良性发展有哪些好处？

参 考 文 献

[1] 中国互联网金融协会. 中国互联网金融年报（2020）[M]. 北京：中国金融出版社，2020.

[2] 李建军，罗明雄. 互联网金融[M]. 北京：高等教育出版社，2018.

[3] 张成虎. 互联网金融[M]. 上海：华东师范大学出版社，2018.

[4] 贲圣林，张瑞东. 互联网金融理论与实务[M]. 北京：清华大学出版社，2017.

[5] 赵华伟，等. 互联网金融[M]. 北京：清华大学出版社，2017.

[6] 吴庆念. 互联网金融基础[M]. 北京：机械工业出版社，2018.

[7] 郑红梅，刘全宝. 区块链金融[M]. 西安：西安交通大学出版社，2020.

[8] 陈辉. 金融科技框架与实践[M]. 北京：中国经济出版社，2018.

[9] 黄光晓. 数字货币[M]. 北京：清华大学出版社，2020.

[10] 希尔. 金融科技 16 讲：从发明数字货币到重塑金融机构[M]. 曾子轩，吴海峰，译. 北京：机械工业出版社，2021.

[11] 凯利. 数字货币时代：区块链技术的应用与未来[M]. 廖翔，译. 北京：中国人民大学出版社，2017.

[12] 腊阳，山丘. 互联网消费金融：业务架构、运营和数字化转型[M]. 北京：机械工业出版社，2020.

[13] 宋华. 互联网供应链金融[M]. 北京：中国人民大学出版社，2017.

[14] 何平平，车云月. 大数据金融与征信[M]. 北京：清华大学出版社，2017.

[15] 张杰. 互联网金融发展与征信体系建设完善研究[M]. 北京：经济管理出版社，2020.

[16] 吴金旺，靖研. 互联网金融法律法规[M]. 北京：中国金融出版社，2018.

[17] 邓建鹏，黄震. 互联网金融法律与风险控制[M]. 2 版. 北京：机械工业出版社，2017.

[18] 李保旭，韩继炀，冯智. 互联网金融创新与风险管理[M]. 北京：机械工业出版社，2019.